수학과 함께하는
AI 기초

☀ 본 교재는 교육부의 지원을 받아 EBS가 제작하였습니다.

☀ 데이터 소스 및 소스코드는 이숲 사이트(www.ebssw.kr)에서 다운로드 받으실 수 있습니다.

인공지능(人工知能, AI; Artificial Intelligence)이라는 말이 요즘처럼 흔히 쓰인 적이 있을까요?

우리는 일상에서 로봇처럼 새로운 기계뿐만 아니라 일상에서 사용하는 세탁기나 냉장고와 같은 전자제품, 통신, 금융, 유통, 교통 서비스, 하다못해 평소 음악을 듣는 스피커에도 인공지능 기술을 적용했다는 광고를 흔히 접할 수 있습니다. 이제 우리의 삶에서 정보 통신, 소프트웨어, 인공지능 등의 디지털 기술이 없는 삶은 상상하기 어려울 정도입니다. 앞으로 인공지능과 함께 살아가기 위해 우리는 인공지능이 무엇인지 이해하고, 나아가 그 기술을 일상생활에 쉽게 활용 및 적용하기 위한 준비가 필요합니다.

현재, 인공지능은 어디까지 왔을까요?

현재 인공지능은 주어진 분야의 지식을 학습하여 스스로 판단하고 추론할 수 있는 기계 학습이 주도하고 있습니다. 이처럼 인공지능, 특히 기계 학습 알고리즘을 표현하고 증명하려면 알고리즘에서 학습할 많은 양의 데이터를 해석하고, 성능을 분석하기 위해 수학의 확률, 통계, 미적분 등의 개념을 사용합니다. 따라서 인공지능 프로그래밍 도구의 활용법에 앞서 알고리즘을 수학적으로 이해하는 과정이 필요합니다. 우리 교재는 인공지능에 관심을 가진 청소년들이 인공지능 알고리즘을 좀 더 체계적이고 논리적으로 이해할 수 있도록 관련 수학 개념을 설명하고, 실제 적용 사례를 프로그래밍으로 제시하여 따라 하면서 배울 수 있도록 하였습니다. 독자들에게 고교 수준의 수학 지식과 파이선 프로그래밍 경험이 있다면 교재의 내용을 이해하는 데에 도움이 될 것입니다.

본 교재는 어떻게 구성되어 있을까요?

PART I. 인공지능의 발전 과정과 함께 활용 방법 그리고 수학과 어떤 연관 관계가 있는지를 담았습니다.

PART II. 본격적인 인공지능 분야로 진입하기에 앞서 기계 학습의 재료가 되는 다양한 생활 데이터, 이미지와 소리 데이터가 컴퓨터과학에서 처리되는 과정과 이를 뒷받침하는 명제, 행렬, 수열, 삼각함수 등의 수학 개념을 소개합니다.

PART III. 데이터를 기반으로 한 기계 학습 알고리즘을 적용하는 일상 사례를 소개합니다. 각 사례에서 기계 학습 알고리즘에 필요한 데이터의 수집과 시각화 과정, 분류와 예측을 위한 선형회귀, 로지스틱회귀, 신경망의 구현과 이를 이해하기 위한 확률, 통계, 지수, 로그, 미분과 같은 수학 개념을 함께 학습합니다.

이 책이 우리 사회의 미래를 이끌어갈 청소년들이 인공지능의 길로 들어설 때 필요한 컴퓨터과학과 수학의 기초 지식을 탄탄하게 다지는 데 밑거름이 되길 바랍니다.

저자 일동

| 구성 및 특징 |

이 책에서는 우리가 일상에서 접하는 다양한 문제 상황을 해결하는데 인공지능 기술을 적용하기 위한 프로그래밍 방법과 함께 수학과의 연결고리를 쉽게 이해하고 학습할 수 있도록 구성하였습니다.

단원 소개
각 단원에서 배울 내용을 재미있게 지도로 표현하고, 이 단원에서는 어떤 내용을 배울지 로봇이 이동하면서 미리 짚어볼 수 있도록 하였습니다.

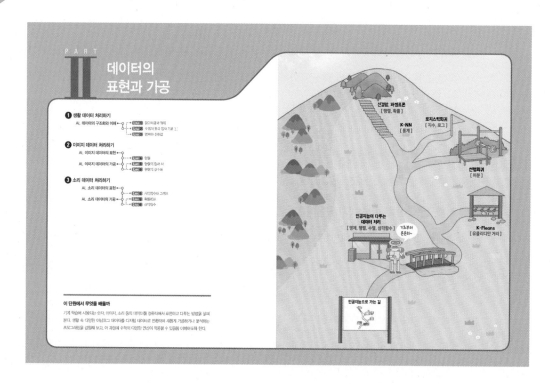

도입
'문제 상황 이해하기'로 친근한 실생활 소재를 스토리텔링으로 제시하여 문제 상황을 이해하고, 해결할 문제가 무엇인지 분석하여 정의(발견)할 수 있도록 하였습니다.

본문 '**문제 해결하기**'로 문제 해결에 필요한 데이터 수집부터 시각화까지 파이선 프로그래밍으로 처리하는 과정을
쉽게 이해할 수 있도록 Step by Step으로 구성하였습니다.

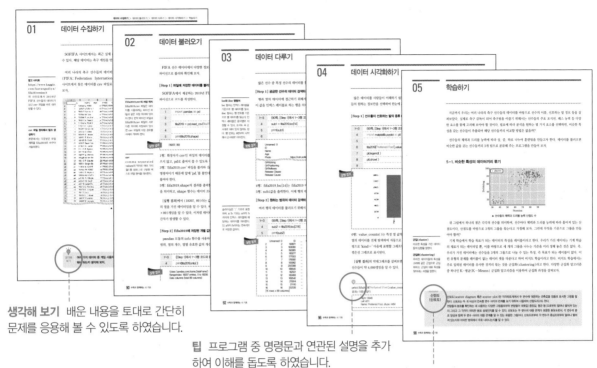

생각해 보기 배운 내용을 토대로 간단히
문제를 응용해 볼 수 있도록 하였습니다.

팁 프로그램 중 명령문과 연관된 설명을 추가
하여 이해를 돕도록 하였습니다.

알고가기 알고 가면 좋을 내용을 적시적소에 배치
하여 보충 학습이 이루어지도록 하였습니다.

PART Ⅱ 워밍업 단계로 **데이터 표현하기 → 데이터 다루기 → 데이터 가공하기** 순으로 구성하였습니다.

PART Ⅲ 한 단계 올라서기 단계로 **데이터 수집하기 → 데이터 불러오기 → 데이터 다루기 → 데이터 시각화하기 → 학습하기**
순으로 구성하여 학습 효과를 높였습니다.

**잠깐,
수학 LINK** '**관련 수학 개념 이해하기**'로 파이선
프로그래밍 중에 사용한 명령, 즉 함수
와 관련 수학의 연관성을 [잠깐, 수학
LINK]로 연결하여 어떤 연관 관계가 있
는지를 쉽게 학습하면서 이해할 수 있
도록 하였습니다.

QR 코드 수학 개념의 이해를 도울 수
있는 EBS MATH 영상 클립을 QR 코드
를 통해 확인할 수 있습니다.

확인 문제 관련 수학 개념을 이해하고
문제를 통해 배운 내용을 정리할 수 있
도록 하였으며, 파이선 프로그램으로도
접근하여 다양한 해결 방법을 알 수 있
도록 하였습니다.

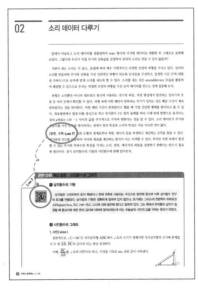

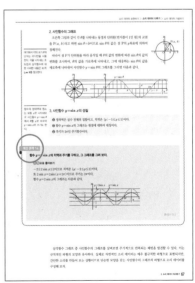

교재에서 실습한 소스 파일은 어디에 있나요?
EBS 소프트웨어 이숲 사이트(https://www.ebssw.kr/ai4u)에서 다운로드 하여 활용할 수 있습니다.

| 차례 |

PART **IV** **부록**

차근차근 알아가는
인공지능 이야기

이 단원에서 무엇을 배울까

인공지능의 개념과 발전 과정을 알아보고, 인공지능 특히 기계 학습의 동작 원리와 활용을 살펴본다. 그리고 인공지능이 탄생한 배경과 해결하려는 영역 안에 수학이 밀접하게 연관되어 있음을 이해하도록 한다.

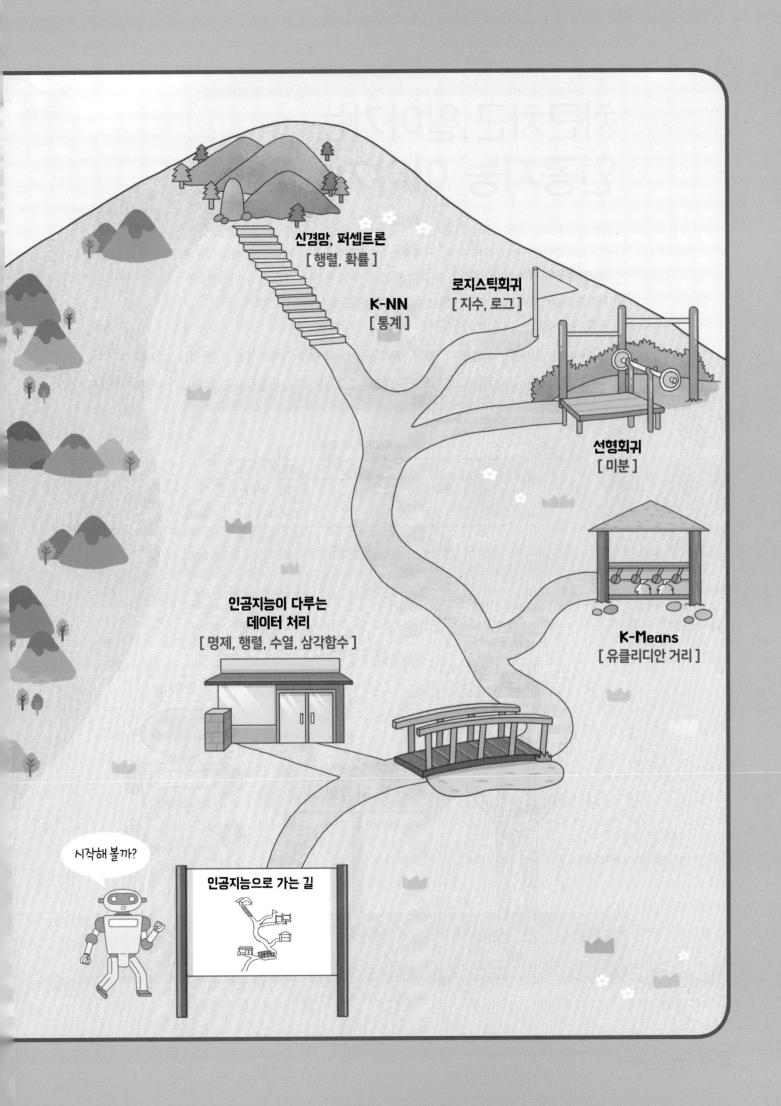

1980년대 반도체 기술의 발전과 함께 컴퓨터의 성능이 획기적으로 빨라지면서 인공지능 분야에 '신경망 이론'이 등장하였다. 신경망 이론은 사람의 뇌 속에서 신경망을 통해 이루어지는 생각과 지능의 과정을 수학적으로 모델링한 것이다. 이로 인해 스스로 사물을 인지하고 학습하는 과정을 컴퓨터가 수행할 수 있도록 시각과 청각을 모방한 인식 기술로 발전하였다.

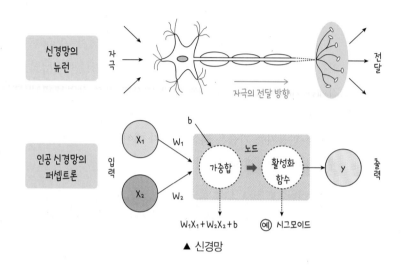

▲ 신경망

2000년대에 들어와서는 사람의 마음(mind)이나 생각을 기호화하고, 이에 따라 데이터를 자동으로 분류 및 추론하는 분야가 주목받기 시작하였다. 왜 그럴까? 이유는 스마트폰과 같은 휴대용 정보 기기들의 확산으로 인해 유무선 인터넷의 사용이 폭발적으로 증가하면서 엄청난 데이터가 만들어졌기 때문이다. 이렇게 생산된 빅 데이터가 통계 기반 예측 알고리즘의 재료가 되어 기계의 학습을 돕는 데 사용되기 시작했다.

2010년 이후에는 통신과 네트워크, 반도체 기술의 발전으로 더 복잡한 신경망 구현이 가능해졌다. 반도체 기술 발전에 따른 계산 능력의 향상과 빠른 통신 속도로 컴퓨팅 비용이 줄어들어 분산 처리 기술이 발전할 수 있었기 때문이다. 특히 심층 신경망(DNN; Deep Neural Network) 기술을 통해 이미지와 소리의 인식 성능이 획기적으로 개선되면서 학습의 데이터 범위가 확대되었다. 점차 사람의 인지 과정을 더 자연스럽게 구현하는 것이 가능해져 그동안 기계가 해내지 못할 것 같았던 문제들도 해결하기 시작했다. 인공지능의 발전 과정을 요약해 보면 다음과 같다.

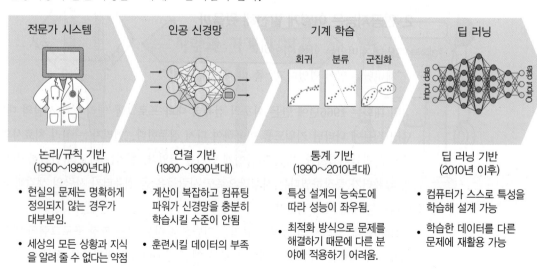

▲ 인공지능의 발전 과정

3. 인공지능은 어떻게 동작할까

사람의 지능이 어떻게 동작하는지, 어떤 작업까지 진행할 수 있는지, 어떻게 만들어지는지 등을 알기 위한 연구는 오래전부터 진행되어 왔다. 그러나 사람이 처리하는 문제 해결 과정을 기계가 똑같이 구현할 정도로 명확하게 밝혀지진 않고 있다.

그렇다면 인공지능 분야는 어떤 내용을 연구하고 있는지 살펴보자.

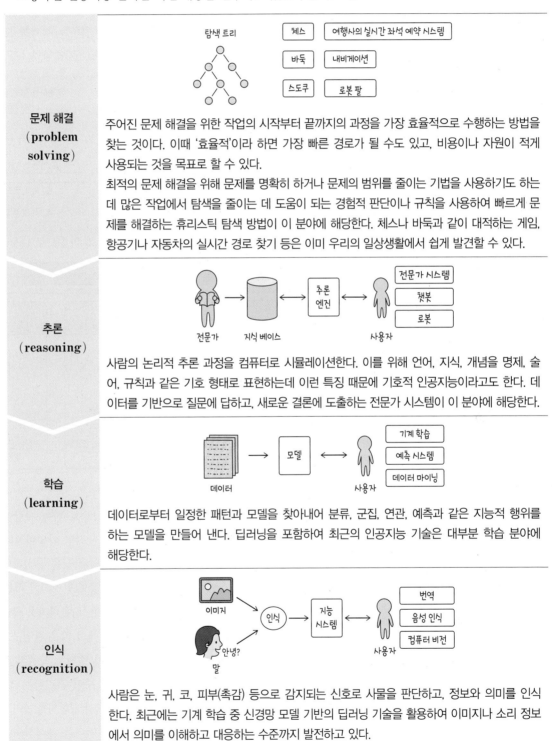

문제 해결 (problem solving)

주어진 문제 해결을 위한 작업의 시작부터 끝까지의 과정을 가장 효율적으로 수행하는 방법을 찾는 것이다. 이때 '효율적'이라 하면 가장 빠른 경로가 될 수도 있고, 비용이나 자원이 적게 사용되는 것을 목표로 할 수 있다.

최적의 문제 해결을 위해 문제를 명확히 하거나 문제의 범위를 줄이는 기법을 사용하기도 하는데 많은 작업에서 탐색을 줄이는 데 도움이 되는 경험적 판단이나 규칙을 사용하여 빠르게 문제를 해결하는 휴리스틱 탐색 방법이 이 분야에 해당한다. 체스나 바둑과 같이 대적하는 게임, 항공기나 자동차의 실시간 경로 찾기 등은 이미 우리의 일상생활에서 쉽게 발견할 수 있다.

추론 (reasoning)

사람의 논리적 추론 과정을 컴퓨터로 시뮬레이션한다. 이를 위해 언어, 지식, 개념을 명제, 술어, 규칙과 같은 기호 형태로 표현하는데 이런 특징 때문에 기호적 인공지능이라고도 한다. 데이터를 기반으로 질문에 답하고, 새로운 결론에 도출하는 전문가 시스템이 이 분야에 해당한다.

학습 (learning)

데이터로부터 일정한 패턴과 모델을 찾아내어 분류, 군집, 연관, 예측과 같은 지능적 행위를 하는 모델을 만들어 낸다. 딥러닝을 포함하여 최근의 인공지능 기술은 대부분 학습 분야에 해당한다.

인식 (recognition)

사람은 눈, 귀, 코, 피부(촉감) 등으로 감지되는 신호로 사물을 판단하고, 정보와 의미를 인식한다. 최근에는 기계 학습 중 신경망 모델 기반의 딥러닝 기술을 활용하여 이미지나 소리 정보에서 의미를 이해하고 대응하는 수준까지 발전하고 있다.

출처: '정보적 사고에서 인공지능까지'(김현철, 2019, 153쪽)

최근 인공지능 분야의 핵심은 데이터 기반의 기계 학습(machine learning)이다. 통상적으로 컴퓨터로 어떤 작업을 한다는 것은 컴퓨터가 해야 할 일을 상세하게 절차적으로 명시한 프로그램을 알려 주고(프로그래밍), 컴퓨터가 프로그램에 따라 수행하는 것(자동화)이다. 그런데 이 방식은 컴퓨터가 정해진 방법 대로만 움직일 뿐 생각을 덧붙이는 것은 아니다. 사람은 어떤 작업을 하는 동안 학습을 통해 원래 알고 있던 방식을 심화, 개선, 수정하는 방식으로 발전시킨다. 이렇게 발전된 학습 효과는 성능이 개선된 것일 수도 있고, 비용의 절감 또는 소요되는 시간의 절약일 수도 있다.

사람의 이러한 학습 방식을 흉내 내려는 것이 기계 학습이다. 기계 학습은 주어진 데이터로부터 원하는 결과를 더 효율적으로 정확하게 찾기 위한 학습 방법을 프로그래밍하는 것으로 볼 수 있다. 학습 방법이 프로그래밍된 기계에 샘플 데이터로 훈련시킨다. 훈련을 통해 원하는 결과를 도출할 수 있는 처리 방법을 학습한 후, 새롭게 입력받은 실전 데이터를 앞서 학습한 방식으로 처리한다.

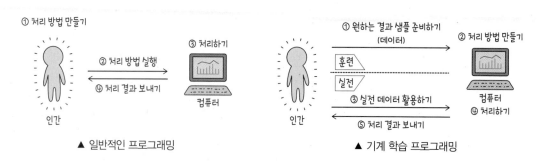

▲ 일반적인 프로그래밍　　　　　　　　　▲ 기계 학습 프로그래밍

기계 학습은 학습의 과정에 따라 지도 학습, 비지도 학습, 강화 학습으로 나눌 수 있다.

▲ 기계 학습 분류

지도 학습은 기계가 이미 정답이 정해져 있는 데이터를 바탕으로 하여 사람이 원하는 정답의 방향으로 학습하는 방식이다. 따라서 대량의 데이터가 제공될수록 더 효율적인 학습이 이루어질 수 있다.

비지도 학습은 기계가 정답이 없는 데이터 집합에서 데이터의 특성을 분석하여 군집화하는 학습 방법이다. 만약, 데이터의 발생 환경이나 테스트 환경 등이 일관되지 않으면 정확한 학습이 이루어지기 어렵다. 따라서 정확한 학습 환경이 마련되는 것이 중요하다. 지도 학습과 비교해 비지도 학습이 더 어렵고 예측 결과가 불확실할 수 있으나 정답 데이터를 제공하지 않아도 된다는 점에서 많은 관심을 받고 있다.

강화 학습은 학습 과정에서 정답을 도출한 경우 보상을 주어 정답을 도출할 가능성을 높이는 방법이다. 예를 들어, 반려견이 올바른 행동을 했을 때 간식을 보상으로 주어 훈련하는 것과 비슷하다. 강화 학습에서 보상은 가중치를 높여 주는 것으로 반영되어 수학적 계산식에 따라 경험치를 높이고, 최적화 성능을 향상한다.

지도 학습이나 비지도 학습과 같이 컴퓨터가 주도적으로 데이터를 해석하여 답을 도출하는 경우, 어떤 데이터가 제공되느냐에 따라 왜곡된 결과로 유도될 수 있다. 만약, 왜곡된 결과가 자율 주행 자동차나 에너지, 교통 등 사회 인프라 시스템이나 로봇에 적용된다면 인류에게 매우 큰 혼란을 초래할 것이다. 따라서 인공지능 기술로 기계의 자율성이 높아질수록 인류와 인공지능이 함께 살아갈 때 필요한 공동체 의식, 사회 규범, 윤리에 대한 부분도 고민해야 한다.

4. 인공지능을 어디에 활용할까

우리 주변에서 활용하고 있는 인공지능으로는 무엇이 있을까? 다음과 같이 구체적인 사례를 통해 살펴보자.

▣ 추천 서비스

사람의 구매 패턴, 선호하는 장소, 음악 등 여러 데이터를 기반으로 그 사람이 선호하는 정보를 추천하는 인공지능 기술은 통계 기반의 추론 기능을 활용한다. 개인으로부터 일정 기간 수집한 데이터, 그 개인과 유사한 집단에서 선별한 관련 데이터 등 엄청난 데이터를 빠르게 탐색하고 분석하며 통계적 의미를 도출하는 계산을 하는 인공지능 기술은 이제 사람이 해낼 수 있는 경지를 넘어서고 있다. 다만 인공지능의 추천에 의존하다 보면 내가 좋아하는 분야의 제한된 정보에 묻혀 편협하고 왜곡된 관점에 갇힐 위

▲ 교보문고 추천 시스템

험이 있다. 이러한 점이 인공지능을 활용하되 인공지능에 의존해서는 안 되는 이유이다.

▣ 챗봇, 인공지능 스피커

문자나 음성으로 대화가 가능한 챗봇은 소셜 네트워크 메신저를 통해 2000년 전후로 등장했다. 몇 가지 질문에 자동으로 응답을 하는 수준에서 시작하였으나 이제는 정해진 패턴의 명령어가 아니라 사람이 일상적으로 하는 말(자연어, natural language)을 인식하고, 의미를 구별하는 자연어 처리 인공지능 기술로 발전하는 중이다. 여기에는 음성 인식, 의미 기반의 정보 탐색, 음성 합성 등의 다양한 기술이 사용되는데 스마트폰 업체들이나 통신 및 소셜 네트워크 플랫폼 업체에서 인공지능 스피커를 포함한 관련 서비스와 제품들을 출시하고 있다.

▲ 인공지능 스피커

▣ 자율 주행 자동차

자율 주행 자동차는 주로 자동차 곳곳에 장착된 각종 센서에서 수집한 정보를 기반으로 속도 제어와 앞차와의 안전거리 유지, 차선 준수 등 주행과 관련한 부분을 조절한다. 여기에 카메라를 통한 이미지 인식 인공지능 기술을 접목하면 자동차에 눈을 달아 주는 셈이다. 이로써 자율 주행에 필요한 통제 기능의 정확도를 더욱 높일 수 있다. 특히 자동차는 사람의 안전과 밀접한 관계가 있으므로 도로의 다양한 상황으로부터 자율 주행에 필요한 정보를 정확하고 신속하게 추출할 수 있는 인공지능 기술이 필요하다.

▲ 자율 주행 자동차

▣ 의료와 헬스

의료 분야에 이미지 인식 인공지능 기술을 사용하면 정확한 영상 분석과 사례 검토를 통해 진단의 정확도를 높일 수 있다. 게다가 기계이기 때문에 진단을 위한 문진이나 필요한 검사를 빠뜨리는 실수를 걱정하

지 않아도 되고, 환자를 대할 때 개인적인 선입견이 없는 장점이 있다. 또한 밤낮없이 빠르게 일할 수 있어서 의사의 훌륭한 조력자가 될 수도 있다. 실제 암 진단 병원에서는 인공지능 기술을 도입하고 있으며, 환자의 신뢰도도 높은 편이다. 다만, 환자와 상담하거나 복잡한 대화를 통해 맥락을 짚어내는 등의 역할은 여전히 사람이 해야 하며, 여러 상황을 종합해 직관적이고 창의적인 판단을 할 수 있는 것도 사람의 몫이다. 사람과 인공지능의 협업은 지금도 꾸준히 진행되고 있다.

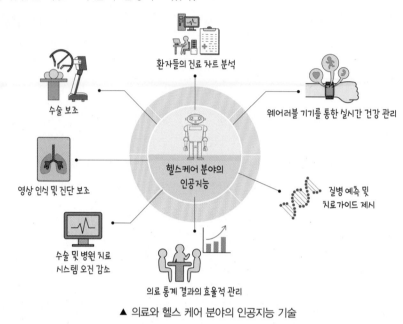

▲ 의료와 헬스 케어 분야의 인공지능 기술

5. 인공지능과 수학은 어떤 관련이 있을까

수(數)는 세상의 다양한 규칙을 표현하기 위한 가장 근본적인 기호이다. 다음 그림처럼 보이거나 혹은 보이지 않는 개념을 대표성을 갖도록 기호로 일반화하면 그들 간의 관계를 직관적으로 표현할 수 있다.

▲ 수의 표현

대상이 다르고 단위도 다르지만 3이라는 수가 의미하는 것은 동일하다. 그 무리에 3개의 개체가 존재한다는 것이다. 이렇게 3이라는 기호의 의미가 공유되면 새로운 기호와 함께 규칙을 적용할 수 있다. 예를 들어, 개체 3개가 있을 때 2개의 개체가 더 생긴다면 모두 5개의 개체가 되는 규칙인 더하기 '＋' 기호를 적용할 수 있는 것이다.

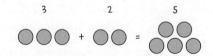

▲ 기호를 이용한 수와 수 사이의 규칙

이제 더하기 기호와 수의 관계가 정의되면 우리가 일상 속에서 발견하는 개체에도 같은 규칙을 적용할 수 있다. 따로 말하지 않아도 사과 3알과 사과 2알을 더하면 사과 5알이라는 것을 이해하게 된다. 수의 합, 차, 곱, 몫 등은 규모가 큰 수의 집합에서 평균, 분산, 표준편차 등 해당 집합의 성격을 표현할 수 있는 통계적 공식으로 발전한다.

그러나 반드시 수의 집합에서만 수학적 개념이 나타나는 것은 아니다. 다음과 같이 뉴턴의 가속도 법칙을 생각해 보자.

물체에 힘이 가해졌을 때 물체가 얻는 가속도는 물체의 질량(무게)에 반비례하고, 가해진 힘의 크기에 비례한다.

$$a = \frac{F}{m}$$

(a: 물체의 가속도, F: 힘의 크기, m: 질량(무게))

문장으로도 서술할 수 있지만, 법칙에 나타난 각 요소를 기호로 약속한 후 수식으로 표현할 수도 있다.

논리학에서는 논리적으로 뜻이 명확한 문장의 참과 거짓을 숫자 1과 0으로 표시하고, 그 관계는 기호로 표현한다. 이를 통해 어떤 가설이 얼마나 참에 가깝고 거짓에 가까운지를 따져 보는 확률 개념과 법칙을 활용할 수 있다.

우리가 알고 있는 여러 수학 공식들도 이처럼 다양한 분야에서 표현된 규칙들로부터 만들어지고 있다. 세상의 현상과 문제를 수의 세계로 투영한 후 수학의 공식으로 풀어내거나 설명이나 검증하는 것이 '계산(compute)'이다. 컴퓨터는 계산을 위해 만든 기계이다. 따라서 우리가 해결하고자 하는 문제를 수학적으로 표현할 수 있다면 컴퓨터로도 빠르고 정확하게 처리할 수 있도록 만들 수 있다. 그러므로 이 책에서는 인공지능 프로그래밍으로 문제를 해결하는 과정에서 필요한 수학적인 개념을 함께 다루고자 한다.

사람의 판단 과정과 기계의 흉내 비교

우리가 살아가는 매 순간은 선택과 판단의 연속이다. 자다가 알람이 울리면 고민을 한다. 5분만 더 잘까, 그냥 일어날까. 일어나기로 했다면 양치를 먼저 할까, 아니면 일단 물부터 마시고 생각할까 ….

물론 여기까지는 선택과 판단이라기보다 이미 몸에 밴 습관일 수도 있다. 하지만 여전히 그 과정에서 이럴까 저럴까 갈등하는 과정이 숨어 있기도 하다. 만약 알람 소리에 바로 일어나지 않고 5분 더 자겠다고 판단했다면, 미리 가방을 싸두었거나 혹은 며칠 전에 알아둔 지름길로 등교하니 시간을 절약할 수 있기 때문이라는 근거가 있을 것이다. 이처럼 우리는 경험과 현재의 상황을 바탕으로 판단을 내린다.

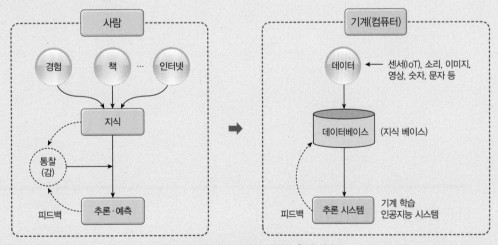

▲ 사람의 판단 과정과 기계의 흉내 비교

사람이 지금까지의 경험과 현재 상황을 재료로 하여 결정을 내리는 과정을 컴퓨터에 이식하여 자동화하려는 시도가 인공지능의 시작점이다. 판단 기준과 처리 과정은 알고리즘으로 구현하고 이전의 경험이나 현재 상황은 데이터로 관리할 수 있다. 컴퓨터가 이와 같은 사람의 판단 과정을 흉내 내려면 필요한 데이터를 수집하고 처리하기 위해서 컴퓨터에서 데이터를 어떻게 다루는지 이해할 필요가 있다.

데이터의
표현과 가공

이 단원에서 무엇을 배울까

기계 학습에 사용되는 숫자, 이미지, 소리 등의 데이터를 컴퓨터에서 표현하고 다루는 방법을 살펴본다. 생활 속 다양한 아날로그 데이터를 디지털 데이터로 변환하여 새롭게 가공하거나 분석하는 프로그래밍을 경험해 보고, 이 과정에 수학의 다양한 연산이 적용될 수 있음을 이해하도록 한다.

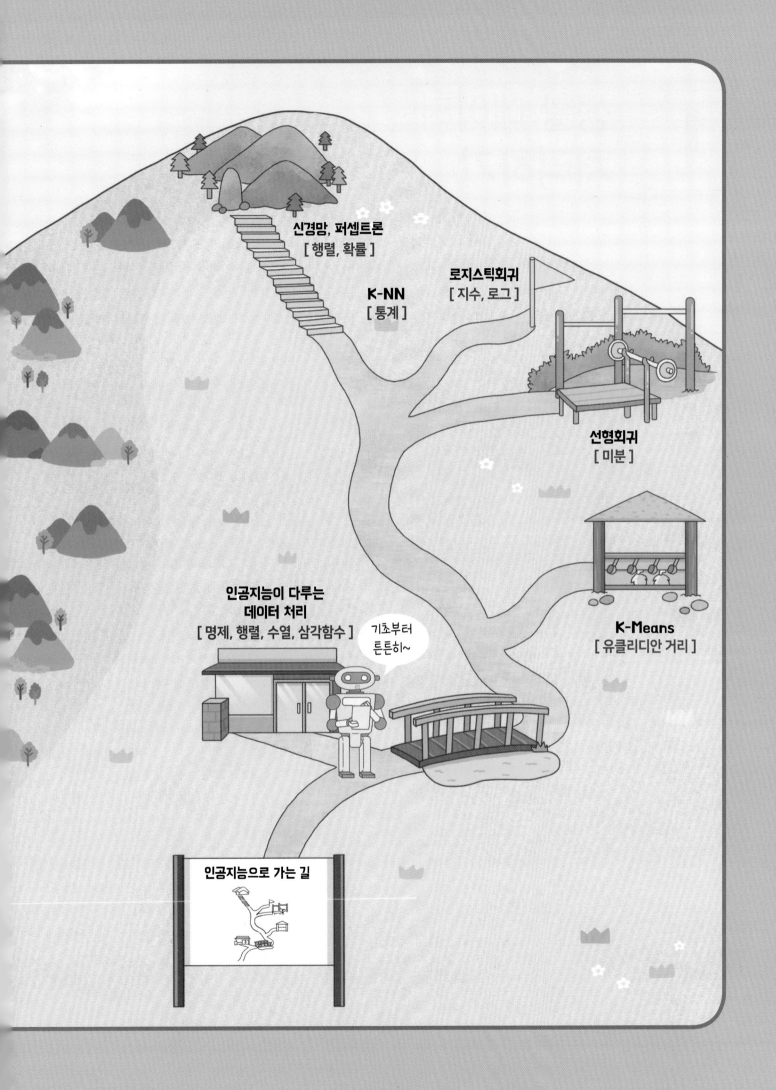

1 생활 데이터 처리하기

요즘 은재네 가족의 주된 관심거리는 삼촌의 디저트 카페이다. 삼촌은 전국 각 지역의 재료로 만든 차와 다과를 수년간 연구하여 카페를 창업하기로 결정하였다. 삼촌은 수많은 커피전문점 사이에서 경쟁력을 갖추려면 어떻게 해야 할지 걱정이 많았다. 은재는 삼촌을 도울 방법을 생각해 보다가 즐겨보던 TV 프로그램에서 음식점 창업을 생각하는 사람들을 위한 체크리스트가 생각났다.

체크리스트

☑ 비슷한 업종의 유명한 맛집을 직접 방문했는가? 어떤 특징이 있는가?

☑ 우리 가게만의 시그니처 메뉴를 연구했는가? 개발했다면 시식단을 두고 직접 손님의 선호도를 조사했는가?

☑ 카페를 열 장소에서 오가는 사람들의 유동 패턴과 특징을 충분히 파악했는가?

☑ 메뉴의 단가를 결정하기 위해 합리적인 원가 산출법을 적용하는가?

은재는 삼촌의 성공적인 창업을 응원하기 위해 체크리스트의 항목을 바탕으로 데이터를 수집하고, 정리해 보기로 한다.

01 생활 데이터 표현하기

은재는 삼촌과 카페를 열기 위해 고려해야 할 점을 다음과 같이 정리해 보았다.

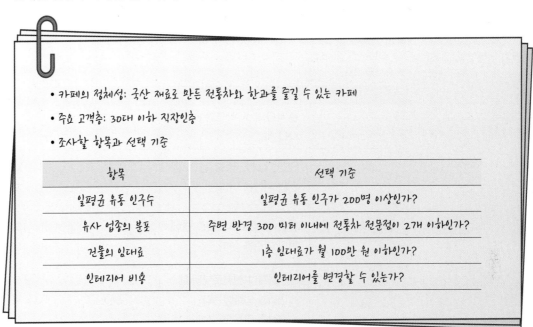

* 카페의 정체성: 국산 재료로 만든 전통차와 한과를 즐길 수 있는 카페
* 주요 고객층: 30대 이하 직장인층
* 조사할 항목과 선택 기준

항목	선택 기준
일평균 유동 인구수	일평균 유동 인구가 200명 이상인가?
유사 업종의 분포	주변 반경 300 미터 이내에 전통차 전문점이 2개 이하인가?
건물의 임대료	1층 임대료가 월 100만 원 이하인가?
인테리어 비용	인테리어를 변경할 수 있는가?

위에서 중요하다고 생각되는 항목들을 다음과 같이 정리하여 수학 기호로 조건(판단 규칙)을 나타내 보았다. '모든 조건을 만족해야 카페를 연다.'라는 판단 규칙을 정하고, 이것을 순서도로 표현할 때 조건식을 사용하여 확인해 보니 규칙이 만족하는지 아닌지를 더욱 쉽게 파악할 수 있었다.

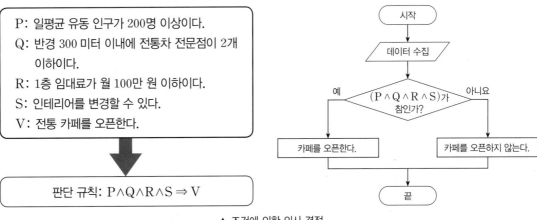

P: 일평균 유동 인구가 200명 이상이다.
Q: 반경 300 미터 이내에 전통차 전문점이 2개 이하이다.
R: 1층 임대료가 월 100만 원 이하이다.
S: 인테리어를 변경할 수 있다.
V: 전통 카페를 오픈한다.

판단 규칙: $P \wedge Q \wedge R \wedge S \Rightarrow V$

▲ 조건에 의한 의사 결정

[잠깐, 수학 LINK 1] 수학에서는 이와 같은 논리적 추론 과정에 사용되는 논리적으로 명확한 조건 혹은 문장을 명제라 한다. 명제의 내용과 상관없이 해당 명제의 옳고 그름에 따라 논리의 흐름을 일반화하여 기호로 표현할 수 있다. 수학의 명제와 논리는 초기 인공지능의 의사 결정 시스템에 반영되었다. 컴퓨터는 0과 1의 조합으로 명령을 인식하고 모호함 없이 옳고 그름이 명확해야 작업을 수행할 수 있는데, 이 점이 명제의 논리적인 특징과 잘 맞아 떨어진다. 잠시 알고리즘과 명제에 대해 알아보자.

1 알고리즘과 순서도

우리에게 당면한 어떤 문제를 해결하기 위해서는 그 해결 과정을 단계적으로 정하고, 이를 논리적으로 구성할 필요가 있다. 어떤 문제를 해결하기 위하여 유한 번의 계산 방법 또는 처리 순서를 나타낸 것을 **알고리즘**(algorithm)이라고 한다. 또한, 알고리즘의 처리 순서를 알기 쉽도록 약속된 기호를 사용하여 그림으로 나타낸 것을 **순서도**라고 하며, 순서도를 그릴 때 많이 쓰이는 기호는 다음과 같다.

▼ 순서도 기호

기호	의미	사용 예
⬭	순서도의 시작 또는 끝을 나타낸다.	[시작] → [끝]
▭	연산, 실행, 명령 등 모든 처리 기능을 나타낸다.	$X \leftarrow A + 2$ A에 저장된 값에 2를 더한 후 X에 저장하라.
◇	판단 기호로 마름모 안에 판단 기준을 쓴다.	$n = 4$, 아니요, 예 $n = 4$이면 '예'로, $n \neq 4$이면 '아니요'로 이동하라.
▱	• 사용자나 센서로부터 데이터를 입력받는다. • 저장한 값을 출력한다.	출력 X X에 저장된 값을 출력하라.

2 명제

☞ 명제와 조건에 대한 보다 자세한 내용은 35쪽 LINK 3을 참조한다.

참과 거짓을 판별할 수 있는 문장 또는 식을 **명제**라고 한다. 이를 테면 '삼각형의 세 내각의 크기의 합은 $180°$이다.'는 참인 명제이다. 그러나 'x는 1보다 큰 수이다.'는 x의 값이 정해지지 않아서 참 또는 거짓을 판별할 수 없으므로 명제가 아니다.

3 조건

1. 조건의 뜻

문자 x를 포함하는 문장, 이를테면 'x는 3의 배수이다.'는 x의 값이 정해지지 않아서 참, 거짓을 판별할 수 없다.

그런데 $x = 9$이면 '9는 3의 배수이다.'는 참인 명제가 되고,

$x = 4$이면 '4는 3의 배수이다.'는 거짓인 명제가 된다.

이와 같이 변수 x를 포함하는 문장 또는 식 중에서 x의 값이 결정됨에 따라 명제가 되는 것을 **조건**이라고 한다. 또한 문자 x를 포함하지 않더라도 변수의 값에 따라 참, 거짓이 결정되는 문장 또는 식도 조건이라고 한다. 19쪽에서 언급한 '일평균 유동 인구가 200명 이상인가?', '주변 반경 300 미터 이내에 전통차 전문점이 2개 이하인가?', '1층 임대료가 월 100만 원 이하인가?'는 모두 조건이다.

2. 조건의 표현

일반적으로 조건은 문자 x가 포함되는 경우 $p(x)$, $q(x)$, $r(x)$, …와 같이 나타내는데, 경우에 따라서는 p, q, r, …과 같이 나타내기도 한다. 예를 들어 '$p : x > 6$', '$q : x$는 6의 약수이다.'와 같이 나타낸다.

4 합성명제와 논리곱, 논리합

1. 합성명제

명제 '사슴은 동물이고, 은행나무는 식물이다.'는 두 명제 '사슴은 동물이다.'와 '은행나무는 식물이다.' 가 연결되어 있다. 이와 같이 두 개 이상의 명제가 연결된 명제를 **합성명제**라고 한다.

2. 논리곱

'의회는 입법부이고, 법원은 사법부이다.'와 같이 두 개 이상의 명제를 '그리고'로 연결한 합성명제를 그 명제들의 **논리곱**이라고 한다. 또 두 명제 p, q의 논리곱 'p 그리고 q'를 기호로 $p \wedge q$와 같이 나타낸다.

3. 논리합

'충무공 이순신은 조선 시대의 장군이거나 고려 시대의 장군이다.'와 같이 두 개 이상의 명제를 '또는' 으로 연결한 합성명제를 그 명제들의 **논리합**이라고 한다. 또 두 명제 p, q의 논리합 'p 또는 q'를 기호로는 $p \vee q$와 같이 나타낸다.

은재는 미리 봐둔 상점의 위치를 기준으로 일주일간 유동 인구수를 조사해 보았다. 사람 수를 세기 위해 일정 시간대와 공간을 정하고 관찰한 결과, 다음과 같은 데이터를 수집할 수 있었다.

▼ 일주일간 유동 인구수

(단위: 명)

요일	월	화	수	목	금	토	일	총합	평균
유동 인구수	242	256	237	223	263	81	46	?	?

일주일간 관찰한 유동 인구수의 총합과 평균을 구하기 위해 숫자들을 직접 계산하거나 계산기를 사용할 수 있다. 그렇지만 유동 인구수를 관찰한 일수가 많을수록 데이터가 많아지므로 일평균 유동 인구수를 구하는 과정을 프로그래밍하여 자동화해 보고자 한다.

[잠깐, 수학 Link 2] 일주일간 관찰한 유동 인구수와 같이 순서가 있는 수의 모둠을 수열이라 하고, 수열의 합은 $\sum$ 기호로 표시할 수 있다. 잠시 수열과 합의 기호 $\sum$에 대해 자세히 알아보자.

관련 수학 개념 설명 _ 수열의 뜻과 합의 기호 $\sum$

LINK 2

1 수열의 뜻

소수를 작은 것부터 차례로 나열하면 다음과 같다.

$$2, 3, 5, 7, 11, 13, 17, 19, \cdots$$

이와 같이 차례로 나열한 수의 열을 **수열**이라고 하며, 나열된 각각의 수를 그 수열의 **항**이라고 한다.

이때 각 항을 앞에서부터 차례로 첫째항, 둘째항, 셋째항, $\cdots$ 또는 제1항, 제2항, 제3항, $\cdots$이라고 한다.

일반적으로 수열을 나타낼 때에는 각 항에 번호를 붙여 a_1, a_2, a_3, $\cdots$과 같이 나타내고, 제n항 a_n을 이 수열의 **일반항**이라고 한다. 또, 수열을 일반항 a_n을 이용하여 $\{a_n\}$과 같이 간단히 나타낸다.

이를테면, 수열 1, 3, 5, 7, 9, 11, $\cdots$에서 $a_1=1$, $a_2=3$, $a_6=11$이고, 일반항은 $a_n=2n-1$이다.

다음 수열 $\{a_n\}$의 규칙을 알아보고, 제7항과 일반항을 구해 보자.

① 2, 6, 10, 14, $\cdots$ ② 1, 3, 9, 27, $\cdots$ ③ $\dfrac{1}{2}$, $\dfrac{2}{3}$, $\dfrac{3}{4}$, $\dfrac{4}{5}$, $\cdots$

수학으로 풀어보기

① 규칙: 첫째항 2에 차례로 4씩 더하여 나열한다.

$a_5 = 14 + 4 = 18$, $a_6 = 18 + 4 = 22$, $a_7 = 22 + 4 = 26$

일반항 $a_n = 4n - 2$ ($n = 1, 2, 3, \cdots$)

② 규칙: 첫째항 1에 차례로 3씩 곱하여 나열한다.

$a_5 = 27 \times 3 = 81$, $a_6 = 81 \times 3 = 243$, $a_7 = 243 \times 3 = 729$

일반항 $a_n = 3^{n-1}$ ($n = 1, 2, 3, \cdots$)

③ 규칙: 분자는 첫째항이 1이고 차례로 1씩 더하여 나열하고, 분모는 첫째항이 2이고 차례로 1씩 더하여 나열한다.

$a_5 = \dfrac{5}{6}$, $a_6 = \dfrac{6}{7}$, $a_7 = \dfrac{7}{8}$

일반항 $a_n = \dfrac{n}{n+1}$ ($n = 1, 2, 3, \cdots$)

답 ①, ②, ③ 풀이 참고

2 합의 기호 $\sum$

수열 $\{a_n\}$의 첫째항부터 제n항까지의 합 $a_1 + a_2 + a_3 + \cdots + a_n$을 합의 기호 $\sum$를 사용하여 $\displaystyle\sum_{k=1}^{n} a_k$

와 같이 나타낸다. 즉 $a_1 + a_2 + a_3 + \cdots + a_n = \displaystyle\sum_{k=1}^{n} a_k$이다.

한편 $m < n$일 때 제m항부터 제n항까지의 합은 $\displaystyle\sum_{k=m}^{n} a_k$로 나타낸다.

예 ① $2 + 4 + 6 + \cdots + 20 = \displaystyle\sum_{k=1}^{10} 2k$

② $2^5 + 2^6 + 2^7 + \cdots + 2^n = \displaystyle\sum_{k=5}^{n} 2^k$

3 $\sum$의 성질

두 수열 $\{a_n\}$, $\{b_n\}$에 대하여 다음 식이 성립한다.

$$\sum_{k=1}^{n}(a_k + b_k) = (a_1 + b_1) + (a_2 + b_2) + (a_3 + b_3) + \cdots + (a_n + b_n)$$

$$= (a_1 + a_2 + a_3 + \cdots + a_n) + (b_1 + b_2 + b_3 + \cdots + b_n)$$

$$= \sum_{k=1}^{n} a_k + \sum_{k=1}^{n} b_k$$

같은 방법으로 다음 식이 성립함을 알 수 있다.

$$\sum_{k=1}^{n}(a_k - b_k) = \sum_{k=1}^{n} a_k - \sum_{k=1}^{n} b_k$$

또 상수 c에 대하여

$$\sum_{k=1}^{n} ca_k = ca_1 + ca_2 + ca_3 + \cdots + ca_n = c(a_1 + a_2 + a_3 + \cdots + a_n)$$

$$= c\sum_{k=1}^{n} a_k$$

가 성립한다. 특히 $\displaystyle\sum_{k=1}^{n} c = \underbrace{c+c+c+\cdots+c}_{n\text{개}} = cn$이다.

예를 들어 ① $\displaystyle\sum_{k=1}^{n}(2a_k+3b_k) = \sum_{k=1}^{n}2a_k + \sum_{k=1}^{n}3b_k = 2\sum_{k=1}^{n}a_k + 3\sum_{k=1}^{n}b_k$

② $\displaystyle\sum_{k=1}^{100}2 = 2\times100 = 200$

이상을 정리하면 다음과 같다.

∑의 성질

❶ $\displaystyle\sum_{k=1}^{n}(a_k+b_k) = \sum_{k=1}^{n}a_k + \sum_{k=1}^{n}b_k$ 　　　❷ $\displaystyle\sum_{k=1}^{n}(a_k-b_k) = \sum_{k=1}^{n}a_k - \sum_{k=1}^{n}b_k$

❸ $\displaystyle\sum_{k=1}^{n}ca_k = c\sum_{k=1}^{n}a_k$ (단, c는 상수)　　　❹ $\displaystyle\sum_{k=1}^{n}c = cn$ (단, c는 상수)

확인 문제 2

$\displaystyle\sum_{k=1}^{10}a_k=20$, $\displaystyle\sum_{k=1}^{10}b_k=30$일 때, $\displaystyle\sum_{k=1}^{10}(3a_k-2b_k-1)$의 값을 구해 보자.

수학으로 풀어보기

$\displaystyle\sum_{k=1}^{10}(3a_k-2b_k-1) = 3\sum_{k=1}^{10}a_k - 2\sum_{k=1}^{10}b_k - \sum_{k=1}^{10}1 = 3\times20 - 2\times30 - 10 = -10$

답 —10

[Step 1] 유동 인구 데이터를 컴퓨터로 저장한 후 출력하기

은재가 일주일 동안 조사하여 구한 21쪽 데이터를 수열 A로 나타내면 다음과 같다. 이때, 첫째항을 월요일의 데이터로 정한다.

$$A=\{a_n\}:\ 242,\ 256,\ 237,\ 223,\ 263,\ 81,\ 46$$

n개의 항을 가진 수열 A의 평균(avg)을 구하려면, 우선 수열 A의 모든 항을 더한 후 항의 개수로 나누면 된다. 이 작업을 수식으로 표현하면 아래 [식 1]과 같다. 은재의 데이터 수열 A는 7개 항이므로 [식 2]와 같이 표현할 수 있다.

$$avg = \frac{1}{n}\sum_{i=1}^{n}a_i \qquad\cdots\cdots\cdots\ \text{[식 1]}$$

$$avg_A = \frac{1}{7}\sum_{i=1}^{7}a_i \qquad\cdots\cdots\cdots\ \text{[식 2]}$$

위에서 정리한 수열 A를 실제 컴퓨터의 데이터로 저장하는 코드는 다음과 같다.

[완성 파일: 2-1-01.py]

1	# 은재가 조사한 일주일간 유동 인구 데이터 (월요일~일요일)	
2	a = [242, 256, 237, 223, 263, 81, 46]	# 리스트에 유동 인구 데이터 초기화
3	print('A = ', a)	# 출력하기

실행 결과

A = [242, 256, 237, 223, 263, 81, 46]

2행: 일주일간 조사한 7개의 데이터를 리스트 a에 저장한다. (a[0]=242, a[1]=256, ⋯, a[6]=46)
3행: 리스트 a에 저장한 유동 인구 데이터 7개를 출력한다.

팁

파이선 코드에 주석달기

주석은 일종의 메모 기능으로 프로그램이 실행될 때 무시된다. 주석을 한 줄만 작성할 때는 # 기호를 넣어 표현할 수 있고, 여러 줄 작성할 때는 큰 따옴표(") 또는 작은 따옴표(') 세 개를 연이어 사용하여 주석으로 표현할 부분의 앞, 뒤에 넣어 적용할 수 있다.

[Step 2] 유동 인구수 데이터의 총합과 평균 구하기

23쪽에서 $\sum$로 표기한 총합과 평균을 구하는 식을 프로그래밍해 보자. $\sum$에서 시작(begin)과 끝(end)으로 표현된 구간에 특정한 패턴의 산술식을 반복하므로 반복문을 사용하면 편리하다.

$$\sum_{i=begin}^{end}(operation) \rightarrow$$

```
# 인덱스 변수: i, 범위: [begin, end], 반복 패턴: operation


# 파이선의 반복문으로 표현하기
# 파이선의 리스트는 인덱스가 0부터 시작하므로 수열의 첫째항의 인덱스가
  (begin-1)부터 시작함.
        시작 인덱스 ←┐   ┌→ 끝 인덱스
for i in range(begin - 1, end):  ← 반복문
        operation  ← 반복 수행할 명령 산술식
```

위 방법을 참고하여 저장한 수열 값의 총합과 평균을 구해 보자.

[완성 파일: 2-1-02.py]

1~2	(23쪽 1~2행 코드와 동일하므로 생략)	
3	# 데이터의 합과 평균 구하기	
4	n = len(a)	# 수열 a항 개수 구하기: 7개
5	my_sum = 0	# 합을 저장할 변수를 0으로 초기화
6	my_avg = 0	# 평균을 저장할 변수를 0으로 초기화
7	i = 0	# 수열 항의 인덱스, 파이선은 첫 번째 수열 항의 인덱스는 0부터 시작함.
8		
9	for i in range(0, n) :	# 인덱스 값은 0부터 시작하여 (n-1)까지 반복하기
10	my_sum = my_sum + a[i]	# 총합 구하기
11		
12	my_avg = my_sum/n	# 평균 구하기
13	print('Total Sum : ', my_sum)	# 총합 출력하기
14	print('Total Average : ', my_avg)	# 평균 출력하기
15		

실행 결과

```
Total Sum : 1348
Total Average : 192.57142857142858
```

> 파이선에서 리스트 데이터는 [ ] 안에 콤마(,)로 구분하여 나열한다.

4행: 리스트 a의 데이터 개수를 구하기 위해 len( ) 함수를 사용한다. ($n=7$)

5, 6행: 합과 평균을 저장할 변수이다. 특히 합을 구할 my_sum 변수는 반드시 0으로 초기화되어 있어야 한다.

9행: for문은 반복문으로 i의 값이 0부터 데이터 개수(n)만큼 10행을 반복 수행한다. 이때 i는 0부터 시작하므로 1씩 증가하면서 n−1까지 반복한다.

10행: 리스트 a에 있는 데이터들을 하나씩 가져와 my_sum 변수에 누적하는 작업을 반복한다.
(my_sum$=a[0]+a[1]+\cdots+a[6]$)

12행: my_sum 변숫값을 개수(7)로 나누어 평균을 구해 my_avg 변수에 저장한다.

[Step 3] 주어진 수열 데이터를 꺾은선 그래프로 표현하기

[완성 파일: 2-1-03.py]

1~2	(23쪽 1~2행 코드와 동일하므로 생략)
3	# 그래프를 그리기 위한 외부 모듈 선언
4	import matplotlib.pyplot as plt
5	from matplotlib import font_manager, rc
6	font_name = font_manager.FontProperties(fname = 'c:/Windows/Fonts/malgun.ttf').get_name( )
7	rc('font', family = font_name) 　# 그래프 제목에 한글 표시하기
8	
9	x_data = ['MON', 'TUE', 'WED', 'THR', 'FRI', 'SAT', 'SUN'] 　# x축에 표시할 제목 리스트에 저장
10	# 그래프의 제목 붙이기
11	plt.title('일주일간 유동 인구수 데이터', fontsize = 16) 　# 큰 제목
12	plt.xlabel('요일', fontsize = 12) 　# x축 제목
13	plt.ylabel('유동 인구수', fontsize = 12) 　# y축 제목
14	# 꺾은선 그래프 그리기
15	plt.scatter(x_data, a) 　# 꺾은선 그래프 그리기
16	plt.plot(x_data, a)
17	plt.show( )

matplotlib 패키지 설치하기

그래프를 그리기 위해 matplotlib의 pyplot 모듈을 import한다. matplotlib은 파이선에서 데이터를 차트(chart)나 그래프(plot)로 시각화(visualization)하는 패키지이다. 다음 사이트에서 matplotlib의 다양한 활용 예를 살펴볼 수 있다. (http://matplotlib.org/gallery.html) matplotlib 패키지를 import하려면 파이선 개발 환경에서 ⊞+R 키를 눌러 커맨드 창에서 아래의 방법으로 미리 설치해야 한다.

pip install matplotlib

실행 결과

matplotlib 그래프에 한글 제목 붙이기

matplotlib를 이용해서 그래프를 그릴 때 그래프의 제목이나 각 축의 제목을 한글로 표기하려면 한글 폰트를 matplotlib의 font_manager 모듈에 등록해야 한다. 내 컴퓨터에 등록된 한글 폰트 목록은 [C:/Windows/Fonts/] 폴더에서 확인할 수 있다. 이 중 프로그램에서 사용할 폰트를 선택한 후 font_manager의 FontProperties( ) 함수를 이용해 폰트 파일을 등록한다. 우리 예제에서는 맑은 고딕 폰트를 사용하기 위해 "malgun.ttf" 파일을 등록하였다.

이처럼 그래프로 표현하는 것이 23쪽 [실행 결과]처럼 수열의 데이터를 숫자로 표현하는 것보다 데이터의 흐름을 바로 이해할 수 있다. 그래프에서 알 수 있듯이 월요일부터 금요일까지, 즉 주중에는 행인이 어느 정도 있는 반면, 주말에는 유동 인구수가 뚝 떨어지는 것을 알 수 있다. 24쪽 [실행 결과]에서와 같이 현재 평균 유동 인구수는 1일 기준 약 192.6명으로 카페를 오픈할 조건에 미치지 못한다.

[Step 4] 주중 유동 인구수의 합과 평균을 구해 그래프와 함께 출력하기

은재는 주중 데이터만으로 유동 인구수의 평균을 구한 후 비교해 보기로 했다. 조사한 데이터 중 주중 데이터는 리스트의 앞부분 5개(월~금) 항목이므로 이들을 이용해서 총합과 평균을 구한 후, 그 값을 출력하기로 한다.

[완성 파일: 2-1-04.py]

1~9	([Step 3]에서 1~9행 코드와 동일하므로 생략)
10	# 주중 데이터만으로 합과 평균 구하기

11	weekday_size = 5	# 주중이므로 5
12	weekday_sum = 0	# 합이 저장될 변수 초기화
13	weekday_avg = 0	# 평균이 저장될 변수 초기화
14		
15	for i in range(0, weekday_size) :	# 인덱스 i는 0부터 시작하여 weekday_size번 반복하기
16	weekday_sum = weekday_sum + a[i]	# 주중 유동 인구수의 총합 구하기
17		
18	weekday_avg = weekday_sum / weekday_size	# 주중 유동 인구수 평균 구하기
19		
20	# 계산한 총합과 평균 출력하기	
21	print('weekday Data = ', a[0:5])	# 주중 데이터 출력하기
22	print('weekday Sum : ', weekday_sum)	# 합 출력하기
23	print('weekday Average : ', weekday_avg)	# 평균 출력하기
24	# 그래프의 제목 붙이기	
25	plt.title('주중 유동 인구수 데이터', fontsize = 16)	# 그래프 제목
26	plt.xlabel('요일', fontsize = 12)	# x축 제목
27	plt.ylabel('유동 인구수', fontsize = 12)	# y축 제목
28	# 꺾은선 그래프 그리기	
29	plt.plot(x_data, a)	
30	plt.scatter(x_data[0:weekday_size], a[0:weekday_size], c = 'red', edgecolor = 'none', s = 50)	
31	plt.show( )	

실행 결과

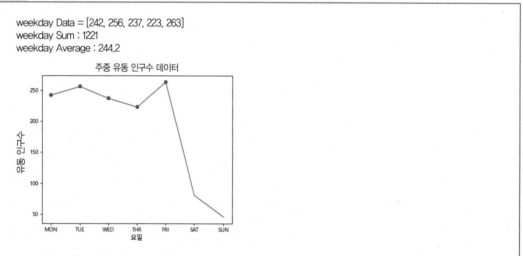

```
weekday Data = [242, 256, 237, 223, 263]
weekday Sum : 1221
weekday Average : 244.2
```

데이터를 수집하는 방법에 있어서 사람이 직접 수집하는 방법 외에도 영상 데이터 속 사람을 인식하여 인원수를 알려 주는 인공지능 프로그램을 사용할 수도 있다. 만약 유동 인구수를 파악하는 작업을 컴퓨터로 자동화할 수 있다면 노력을 덜 들이고 구하는 기간의 정확한 데이터를 얻을 수 있을 것이다.

[실행 결과]를 살펴보면 월요일부터 금요일 사이의 유동 인구수의 평균은 약 244명으로 19쪽의 조건 P를 만족한다. 이 결과를 통해 해당 자리에 가게를 열되, 주말 중 하루는 가게를 쉬는 것을 제안할 수 있다.

이처럼 간단한 프로그램을 만들어 데이터를 저장하고 처리할 수 있다. 이때, 중요한 점은 문제를 해결 방향에 따라 적합한 프로그램을 만드는 것이다. 프로그램 설계자가 어떤 기준으로 문제를 해결할 것인지에 따라 문제 해결에 사용할 프로그램의 알고리즘이 달라질 수 있다. 이러한 점이 인공지능을 기획하는 사람의 역할이 중요한 이유이다.

02 생활 데이터 다루기

앞서 수집했던 데이터는 요일별로 유동 인구수가 얼마인지 정도만 알 수 있었다. 하지만 좀 더 구체적인 기준을 세우고 데이터를 수집하면 어떨까? 예를 들어, 시간대를 조금 더 세분화하여 해당 시간대에 얼마나 많은 사람이 지나갔는지, 지나간 사람들의 성별이나 연령대가 어떻게 되는지 등 수집한 데이터의 종류에 따라 다양한 해석이 가능하다. 즉, 은재 삼촌의 카페가 공략해야 할 고객에 대한 특징을 더 구체화할 수 있다.

다음과 같이 시간대별 행인수(행인), 여성의 수(여성), 30대 이하의 행인수(연령) 데이터가 수집되었다고 가정하자.

▼ 일주일간 시간대별 유동 인구 데이터

요일	월			화			수			목			금			토			일		
시간	행인	여성	연령	행인	여성	연령	행인	여성	연령	행인	여성	연령	행인	여성	연령	행인	여성	연령	행인	여성	연령
00~01	0	0	0	0	0	0	3	0	3	1	1	1	3	0	3	2	1	2	0	0	0
~02	0	0	0	0	0	0	0	0	0	0	0	0	0	0	0	0	0	0	0	0	0
~03	0	0	0	0	0	0	0	0	0	0	0	0	0	0	0	0	0	0	0	0	0
~04	0	0	0	0	0	0	0	0	0	0	0	0	0	0	0	0	0	0	0	0	0
~05	0	0	0	0	0	0	0	0	0	0	0	0	0	0	0	0	0	0	0	0	0
~06	7	5	6	2	1	2	3	2	3	3	0	3	3	2	3	0	0	0	0	0	0
~07	4	1	3	3	1	3	2	0	2	3	3	3	3	2	3	0	0	0	0	0	0
~08	20	1	16	16	4	12	19	3	14	16	4	13	17	7	16	0	0	0	0	0	0
~09	22	0	16	22	22	18	24	7	17	23	17	18	24	8	18	0	0	0	0	0	0
~10	17	4	16	12	4	11	10	7	10	15	7	14	12	5	11	5	4	4	0	0	0
~11	5	1	5	4	4	3	2	2	2	3	1	3	5	1	4	6	3	5	0	0	0
~12	13	5	13	27	19	15	23	3	17	22	7	20	25	21	19	17	6	15	12	12	12
~13	19	11	18	22	15	20	12	0	12	16	10	14	21	18	15	15	8	11	16	5	13
~14	9	5	1	8	5	1	8	1	1	6	1	1	12	1	2	0	0	0	11	1	0
~15	14	10	4	14	13	0	18	16	7	10	8	2	9	9	2	0	0	0	0	0	0
~16	18	16	4	20	14	2	22	21	5	11	8	3	16	15	5	0	0	0	0	0	0
~17	15	13	2	17	13	2	13	13	4	8	8	0	12	9	0	0	0	0	0	0	0
~18	13	5	10	10	8	10	8	1	8	8	3	8	9	8	8	12	1	9	0	0	0
~19	18	13	14	16	8	16	22	6	18	20	8	17	23	6	22	16	11	16	7	4	5
~20	16	16	13	23	3	20	18	10	13	21	4	18	20	16	20	8	6	8	0	0	0
~21	8	5	7	18	7	17	13	11	12	17	3	17	21	8	20	0	0	0	0	0	0
~22	10	8	7	6	6	6	8	3	8	5	2	5	8	0	6	0	0	0	0	0	0
~23	10	8	10	12	1	11	4	1	3	8	8	7	12	4	11	0	0	0	0	0	0
~24	4	0	3	4	1	3	5	5	5	7	6	5	8	5	8	0	0	0	0	0	0

[데이터 파일명: passby-data.csv]

[Step 1] 데이터 구조화하기

각 요일의 데이터는 24시간 대역으로 나누어 기록해야 하므로 각 요일(7항)에 시간(24시간)별 유동 인구를 담을 수 있는 2차원 배열로 확장한다. 이 배열을 A라고 하면 그 성분 a_{ij}를 아래와 같이 설명할 수 있다.

$$a_{ij}: i$$번째 요일의 j 시간대의 유동 인구 데이터

이제 a_{ij} 항목의 값은 해당 요일의 시간대별 전체 행인의 숫자인데 이 중 30대 이하로 보이는 행인의 숫자와 여성의 숫자를 추가 정보로 함께 수집했다고 생각해 보자. 이렇게 서로 의미 있는 여러 데이터를 모아서 하나의 복합체 단위로 만든 틀을 레코드(record)라고 한다.

배열, 리스트, 레코드의 이해

■ 배열(Array)

종류가 같은 여러 원소를 순서대로 모아 둔 데이터 유형이다. 배열은 표의 형태와 유사하다고 생각할 수 있는데, 어떤 원소에 접근하려면 표에서의 위치로 접근한다. 이 위치를 보통 인덱스(index)라고 한다.

　　　array_name[index]

보통 배열을 생성할 때 수용할 수 있는 원소의 개수를 지정하는데, 컴퓨터에서는 해당 배열에 대해 원소의 데이터 유형과 원소의 개수에 따라 메모리를 미리 할당한다(정적 배열). 배열의 크기는 프로그램 동작 중에 변경될 수 있으며, 미리 할당할 경우 메모리의 활용도가 낮아질 수 있기 때문에 동작 중에 배열의 크기가 변경되는 것을 허용하기도 한다(동적 배열). 데이터의 패턴과 구조적인 접근을 위해 n차원 배열로 정의할 수 있고, 이 경우 원소의 인덱스도 array_name[index_1][index_2] ⋯ [index_n]과 같이 n차원의 위치로 지정해야 한다. 다만, 실제로 컴퓨터 안에서는 각 차원의 순서대로 메모리에 나열되어 있는 1차원 형태로 관리된다.

■ 리스트(List)

종류가 같은 여러 원소를 순서대로 묶어 둔 데이터 유형이다. 리스트는 미리 공간을 확보하여 해당 위치에 연속적으로 데이터를 저장하는 것이 아니라 필요할 때마다 메모리를 할당하여 데이터를 저장하고 이들을 링크(포인터)로 연결하여 관리할 수 있다. 이를 두고 연결 리스트 혹은 링크드 리스트(linked list)라고 한다. 필요할 때마다 원소를 생성하여 리스트에 끼우거나 삭제할 수 있으므로 메모리 자원을 배열보다 효율적으로 활용할 수 있다. 하지만 원하는 자료를 찾을 때 처음부터 탐색해야 하므로 배열보다 시간이 더 걸린다는 단점이 있다.

| 0 | 1 | 2 | 3 | 4 | 5 |

a[6]

▲ 배열의 구조　　　　　　　　　　▲ 링크드 리스트 구조

■ 레코드(Record)

레코드는 배열이나 리스트와 달리 같은 성격의 원소를 여러 개 묶음으로 관리하는 것이 아니라, 서로 다른 데이터 유형을 여러 개 모아 원하는 구조로 확장한 데이터 유형이다.

record 회원정보 = {이름: 문자열, 연락처: 문자열, 주소: 문자열}

회원정보.key	이름	연락처	주소
회원정보[0]	Lee	010−1234−5678	Seoul
회원정보[1]	Kim	010−5678−1234	Jeju

가령 동아리 모임에서 회원 정보를 관리할 때 이름, 연락처, 주소를 별개의 배열이나 리스트로 관리하는 것이 아니라 한 회원의 정보를 {이름, 연락처, 주소}로 나만의 데이터 유형을 정의하고 이 묶음을 변수나 리스트 혹은 배열의 원소로 사용한다. 이러한 레코드 유형의 데이터 구조를 파이선에서는 딕셔너리(Dict)라고 한다. 레코드 유형을 정의하거나 접근하는 방법이 프로그래밍 언어마다 다르므로 관련 문법을 따로 익혀야 한다. → dictionary, dict

---

파이선 예
```
# dict 선언과 함께 데이터 할당
dict_member_info = {'name':'Lee', 'contact':'010-1234-5678', 'addr':'Seoul'}

# 숫자로 된 인덱스가 아니라 Key로 각 성분에 접근
print (dict_member_info['name'])
```

---

a_{ij} 항목을 행인, 여성, 연령의 요소로 구성한 레코드 유형으로 정하고, 27쪽 표와 같이 데이터를 수집하였다. a_{ij} 항목의 각 성분은 다음과 같이 접근할 수 있다.

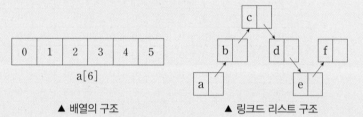

$a_{ij}.num$: i 번째 요일의 j 시간대별 행인의 수

$a_{ij}.wnum$: i 번째 요일의 j 시간대별 여성 행인의 수

$a_{ij}.ynum$: i 번째 요일의 j 시간대별 30대 이하 행인의 수

이를 합의 기호 $\sum$를 사용하여 다음과 같이 수식으로 표현할 수 있다. 복잡한 데이터를 프로그래밍 하기 전에 수학 기호로 표현하면 알고리즘을 명확히 하는 데 도움이 된다.

- 요일별 행인의 총합: $sum_i = \sum_{j=1}^{24} a_{ij}.num$ ($1 \leq i \leq 7$, $i=1$: 월요일, $\cdots$, $i=7$: 일요일)
- 시간대별 행인의 주간 총합: $h_j = \sum_{i=1}^{7} a_{ij}.num$ ($1 \leq i$(요일) ≤ 7, $1 \leq j$(시간대) ≤ 24)
- 시간대별 행인의 주간 평균: $avgh_j = \frac{1}{7} h_j$ ($1 \leq j$(시간대) ≤ 24)
- 시간대별 여성 행인의 주간 평균: $avghw_j = \frac{1}{7} \sum_{i=1}^{7} a_{ij}.wnum$ ($1 \leq j$(시간대) ≤ 24)
- 시간대별 30대 이하 행인의 주간 평균: $avghy_j = \frac{1}{7} \sum_{i=1}^{7} a_{ij}.ynum$ ($1 \leq j$(시간대) ≤ 24)

[Step 2] 데이터를 직접 설정하기

가장 먼저 해야 할 일은 조사한 데이터를 컴퓨터로 옮기는 작업이다. 우선 요일별로 시간대별 딕셔너리 타입의 데이터를 1차원 리스트로 설정한다. 요일별 리스트가 저장되면, 이 리스트들의 리스트로 구성된 2차원 리스트를 만들 수 있다.

[완성 파일: 2-1-05.py]

1	# dictionary: 요일별로 각 시간대에 저장할 데이터 {num, wnum, ynum}
2	# 7 x 24 크기의 리스트 필요
3	
4	a1 = [ ] # 월요일 리스트 – 27쪽 표에서 월요일 데이터를 리스트에 저장하기
5	a1.append({'num':0, 'wnum':0, 'ynum':0}) # 00시~24시까지의 데이터를 a1 리스트에 딕셔너리로 추가하기
6	a1.append({'num':0, 'wnum':0, 'ynum':0})
7	a1.append({'num':0, 'wnum':0, 'ynum':0})
8	a1.append({'num':0, 'wnum':0, 'ynum':0})
9	a1.append({'num':0, 'wnum':0, 'ynum':0})
10	a1.append({'num':7, 'wnum':5, 'ynum':6})
11	a1.append({'num':4, 'wnum':1, 'ynum':3})
12	a1.append({'num':20, 'wnum':1, 'ynum':16})
13	a1.append({'num':22, 'wnum':0, 'ynum':16})
14	a1.append({'num':17, 'wnum':4, 'ynum':16})
15	a1.append({'num':5, 'wnum':1, 'ynum':5})
16	a1.append({'num':13, 'wnum':5, 'ynum':13})
17	a1.append({'num':19, 'wnum':11, 'ynum':18})
18	a1.append({'num':9, 'wnum':5, 'ynum':1})
19	a1.append({'num':14, 'wnum':10, 'ynum':4})
20	a1.append({'num':18, 'wnum':16, 'ynum':4})
21	a1.append({'num':15, 'wnum':13, 'ynum':2})
22	a1.append({'num':13, 'wnum':5, 'ynum':10})

23	a1.append({'num':18, 'wnum':13, 'ynum':14})	
24	a1.append({'num':16, 'wnum':16, 'ynum':13})	
25	a1.append({'num':8, 'wnum':5, 'ynum':7})	
26	a1.append({'num':10, 'wnum':8, 'ynum':7})	
27	a1.append({'num':10, 'wnum':8, 'ynum':10})	
28	a1.append({'num':4, 'wnum':0, 'ynum':3})	
29		
30	a2 = [ ]	# 화요일 데이터를 저장할 딕셔너리 리스트
31	a2.append({'num':0, 'wnum':0, 'ynum':0})	# 더미 데이터 넣기
32		
33	a = [a1, a2]	# 2개의 리스트로 2차원 리스트 만들기
34	# 2차원 리스트의 첫 번째 리스트 출력하기	
35	for i in range(0, len(a[0])) :	# 5~28행까지 입력한 데이터 수만큼 반복
36	print('Mon[', i, '] = ', a[0][i])	# 시간대별 월요일 데이터 출력
37		

실행 결과

```
MON[ 0 ] = {'num': 0, 'wnum': 0, 'ynum': 0}
MON[ 1 ] = {'num': 0, 'wnum': 0, 'ynum': 0}
MON[ 2 ] = {'num': 0, 'wnum': 0, 'ynum': 0}
MON[ 3 ] = {'num': 0, 'wnum': 0, 'ynum': 0}
MON[ 4 ] = {'num': 0, 'wnum': 0, 'ynum': 0}
MON[ 5 ] = {'num': 7, 'wnum': 5, 'ynum': 6}
MON[ 6 ] = {'num': 4, 'wnum': 1, 'ynum': 3}
MON[ 7 ] = {'num': 20, 'wnum': 1, 'ynum': 16}
MON[ 8 ] = {'num': 22, 'wnum': 0, 'ynum': 16}
MON[ 9 ] = {'num': 17, 'wnum': 4, 'ynum': 16}
MON[ 10 ] = {'num': 5, 'wnum': 1, 'ynum': 5}
MON[ 11 ] = {'num': 13, 'wnum': 5, 'ynum': 13}
MON[ 12 ] = {'num': 19, 'wnum': 11, 'ynum': 18}
MON[ 13 ] = {'num': 9, 'wnum': 5, 'ynum': 1}
MON[ 14 ] = {'num': 14, 'wnum': 10, 'ynum': 4}
MON[ 15 ] = {'num': 18, 'wnum': 16, 'ynum': 4}
MON[ 16 ] = {'num': 15, 'wnum': 13, 'ynum': 2}
MON[ 17 ] = {'num': 13, 'wnum': 5, 'ynum': 10}
MON[ 18 ] = {'num': 18, 'wnum': 13, 'ynum': 14}
MON[ 19 ] = {'num': 16, 'wnum': 16, 'ynum': 13}
MON[ 20 ] = {'num': 8, 'wnum': 5, 'ynum': 7}
MON[ 21 ] = {'num': 10, 'wnum': 8, 'ynum': 7}
MON[ 22 ] = {'num': 10, 'wnum': 8, 'ynum': 10}
MON[ 23 ] = {'num': 4, 'wnum': 0, 'ynum': 3}
```

csv 파일 읽기

표 형태의 레코드 데이터의 각 행을 성분(필드, key)에 따라 ','로 구분한 형식의 텍스트 파일을 csv(comma separated variables) 파일이라고 한다. 파이선에서 csv 파일로 저장된 데이터를 읽어 들이려면 csv 패키지를 설치하고 소스 코드에 import해야 한다.

```
pip install csv
```

참고로, 예제 프로그램에서 사용될 csv 데이터 파일은 프로그램 소스 코드와 같은 폴더에 두어야 한다.

위 코드는 월요일 하루의 데이터를 설정하는 과정인데도 꽤 양이 많다. 24시간의 데이터를 일주일 동안 모으면 7×24=168개의 항목인데 여기에 각 항목마다 3개의 값(시간대별 행인의 수, 여성 행인의 수, 30대 이하 행인의 수)을 넣으려다 보니 여간 번거로운 게 아니다. 실제로 데이터 과학이나 인공지능의 기계 학습 분야에서 사용하는 데이터는 이보다 훨씬 많기 때문에 직접 손으로 코딩하기는 쉽지 않다. 따라서 데이터를 대부분 엑셀 혹은 csv 타입의 파일로 저장한 후 프로그램에서는 파일로 저장한 데이터를 자동으로 읽어 들이는 방법을 사용한다.

[Step 3]의 3행에 제시된 passby_data.csv 파일에는 월요일 0시부터 시간별로 행인수, 행인 중 여성의 수, 행인 중 30대 이하의 수가 31쪽 그림과 같이 저장되어 있다. 따라서 24개 행마다 다음 날의 데이터가 저장되어 있음을 알 수 있다.

예

```
num,wnum,ynum
0,0,0
0,0,0
0,0,0
0,0,0
0,0,0
7,5,6
4,1,3
20,1,16
22,0,16
17,4,16
5,1,5
13,5,13
19,11,18
```

▲ 텍스트 파일로 보기

	A	B	C
1	num	wnum	ynum
2	0	0	0
3	0	0	0
4	0	0	0
5	0	0	0
6	0	0	0
7	7	5	6
8	4	1	3
9	20	1	16
10	22	0	16
11	17	4	16
12	5	1	5
13	13	5	13

▲ 엑셀 프로그램으로 보기

[Step 3] 파일로 저장된 데이터 불러오기

[완성 파일: 2-1-06.py]

1	import csv	# csv 파일을 읽어 들이기 위한 패키지
2	a = [[ ], [ ], [ ], [ ], [ ], [ ], [ ]]	# 7 x 24 크기의 리스트 선언
3	with open('passby_data.csv', 'r') as f :	# 27쪽 데이터가 저장된 csv 파일 열기
4	reader = csv.DictReader(f)	
5	i = j = 0	# i, j 변수 선언 및 초기화
6	for row in reader :	# csv 파일에 저장된 데이터 수만큼 반복
7	a[i].append(row)	# i번째 리스트에 csv 파일의 row행 추가
8	j = j + 1	# 24개 행을 추가한 후, 다음 요일의 리스트로 이동
9	if(j % 24 == 0) :	
10	i = i + 1	
11		
12	x_title = ['MON', 'TUE', 'WED', 'THR', 'FRI', 'SAT', 'SUN']	# 요일 제목 저장
13		
14	for i in range(0, 7) :	# 월~일요일까지 7번 반복
15	for j in range(0, len(a[i])) :	# 데이터 수만큼 반복
16	print(x_title[i], '[', j, '] = ', a[i][j])	# 시간대별로 데이터 출력

실행 결과

```
MON[ 0 ] = {'num': 0, 'wnum': 0, 'ynum': 0}
MON[ 1 ] = {'num': 0, 'wnum': 0, 'ynum': 0}
MON[ 2 ] = {'num': 0, 'wnum': 0, 'ynum': 0}
MON[ 3 ] = {'num': 0, 'wnum': 0, 'ynum': 0}
MON[ 4 ] = {'num': 0, 'wnum': 0, 'ynum': 0}
MON[ 5 ] = {'num': 7, 'wnum': 5, 'ynum': 6}
MON[ 6 ] = {'num': 4, 'wnum': 1, 'ynum': 3}
```
```
SUN [ 13 ] = {'num': '11', 'wnum': '1', 'ynum': '0'}
SUN [ 14 ] = {'num': '0', 'wnum': '0', 'ynum': '0'}
SUN [ 15 ] = {'num': '0', 'wnum': '0', 'ynum': '0'}
SUN [ 16 ] = {'num': '0', 'wnum': '0', 'ynum': '0'}
SUN [ 17 ] = {'num': '0', 'wnum': '0', 'ynum': '0'}
SUN [ 18 ] = {'num': '7', 'wnum': '4', 'ynum': '5'}
SUN [ 19 ] = {'num': '0', 'wnum': '0', 'ynum': '0'}
SUN [ 20 ] = {'num': '0', 'wnum': '0', 'ynum': '0'}
SUN [ 21 ] = {'num': '0', 'wnum': '0', 'ynum': '0'}
SUN [ 22 ] = {'num': '0', 'wnum': '0', 'ynum': '0'}
SUN [ 23 ] = {'num': '0', 'wnum': '0', 'ynum': '0'}
```

[Step 4] 데이터로부터 시간대별 평균 유동 인구수 구하기

[완성 파일: 2-1-07.py]

'\'는 백슬래시(Back Slash)로 읽으며, 한글 키보드에서 원화 표시 기호(₩)를 눌러 입력할 수 있다.

행	코드	설명
1~10	(31쪽 1~10행 코드와 동일하므로 생략)	
11	day_title = ['MON', 'TUE', 'WED', 'THR', 'FRI', 'SAT', 'SUN']	# 요일 제목
12	hour_title = ['01', '02', '03', '04', '05', '06', \	# 시간대 제목
13	'07', '08', '09', '10', '11', '12', \	
14	'13', '14', '15', '16', '17', '18', \	
15	'19', '20', '21', '22', '23', '24',]	
16	# 시간대별로 주간 평균 구하기	
17	avgh = [ ]	
18	for j in range(0, 24) :	# 0~23시간만큼 19~24행 반복
19	day_sum = 0	# 시간대별 합을 구하기 위해 0으로 초기화
20	# j번째 시간대 주간 총합	
21	for i in range(0, 7) :	# 일주일, 즉 7번 반복하기
22	day_sum = day_sum + int(a[i][j]['num'])	# i번째 요일에 j번째 시간대별 행인수 누적
23		
24	avgh.append(day_sum / 7)	# j번째 시간대별 주간 평균 구하기
25		
26	# 시간대별 평균 유동 인구 출력하기	
27	for j in range(0, 24) :	# 24번 반복
28	print('[~{0}:00]: {1:4}'. format(hour_title[j], int(avgh[j])))	# 시간대별 유동 인구의 평균 출력

실행 결과

```
[~01:00]:    1
[~02:00]:    0
[~03:00]:    0
[~04:00]:    0
[~05:00]:    0
[~06:00]:    2
[~07:00]:    2
[~08:00]:   12
[~09:00]:   16
[~10:00]:   10
[~11:00]:    3
[~12:00]:   19
[~13:00]:   17
[~14:00]:    7
[~15:00]:    9
[~16:00]:   12
[~17:00]:    9
[~18:00]:    8
[~19:00]:   17
[~20:00]:   15
[~21:00]:   11
[~22:00]:    5
[~23:00]:    6
[~24:00]:    4
```

[실행 결과]를 보면 7시~10시, 11시~13시, 15시~16시, 18시~21시의 데이터가 상대적으로 큰 것을 알 수 있다. 카페의 운영 시간이나 아르바이트 직원 고용 시간을 정할 때 참고할 만한 데이터이다.

생각해 보기

1. [Step 4]의 코드를 변형해서 시간대별 여성의 유동 인구수, 30대 이하 유동 인구수 목록을 구해 보자.
2. 앞서 주중 유동 인구수와 주말 유동 인구수를 비교했을 때 차이가 있었다. 시간대별 평균 유동 인구수를 주중 데이터만 사용해서 산출해 보자.

03 생활 데이터 가공하기

　은재가 일주일 분량의 데이터를 CCTV 영상으로 일일이 확인했다고 가정해 보자. 만약 시간대별, 성별, 연령대 등 조사할 항목이 생각날 때마다 영상을 다시 봐야 한다면 몇 배의 시간이 더 들게 될 것이다. 미리 필요한 항목을 잘 골라내고 한 번 조사할 때 한꺼번에 데이터를 추출하면 작업 시간을 줄일 수 있다. 이는 일종의 데이터 전처리 과정으로, 마치 음식을 요리하기 전에 필요한 재료들을 미리 손질하고 적정한 양을 잘 준비하면 요리 과정이 복잡하거나 중단되지 않고 정확하게 진행될 수 있는 것과 마찬가지이다.

　현재 산출한 시간대별 유동 인구수를 잘 살펴보면 카페 영업 시간과 대상 고객층을 정할 때 참고가 될 수 있다. 그런데 숫자만 나열해서는 데이터의 흐름을 놓치기 쉽다. 정리한 데이터를 기준에 맞춰 숫자가 아닌 그래프로 시각화(visualization)하는 작업을 해 보자.

[Step 1] 정리한 데이터를 꺾은선 그래프로 표현하기

[완성 파일: 2-1-08.py]

1~24	(32쪽 1~24행 코드와 동일하므로 생략)
25	
26	import matplotlib.pyplot as plt　　　　　# 그래프를 출력하기 위한 모듈
27	
28	# 그래프에 제목 붙이기
29	plt.title('hourly passerby data', fontsize = 16)　　# 그래프 제목
30	plt.xlabel('hour', fontsize = 10)　　　　# x축 제목
31	plt.ylabel('number of passerby', fontsize = 12)　# y축 제목
32	
33	plt.scatter(hour_title, avgh)　　　　　　# 꺾은선 그래프 그리기
34	plt.plot(hour_title, avgh)
35	plt.show( )

실행 결과

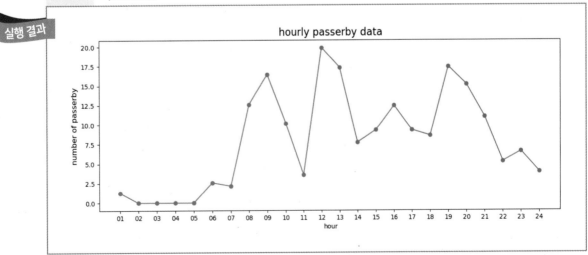

　요일별로 나타낸 유동 인구수 그래프보다 시간대별 유동 인구수 그래프가 행인수 데이터의 특징이나 공통점을 상세히 확인할 수 있어서 문제 해결에 훨씬 더 도움이 될 수 있음을 알 수 있다.

다음은 시간대별 평균 행인의 수, 여성의 수와 연령대를 나타낸 그래프이다.

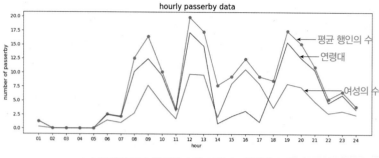

▲ 시간대별 주간 행인의 수와 여성 수, 연령대 표시

다음은 시간대별 평균 행인의 수와 그중 여성의 수를 나타낸 그래프이다. 14~18시까지는 여성의 수가 전체 행인수의 절반 이상을 차지하고 있다. 따라서 해당 시간에는 주로 여성을 타깃으로 한다.

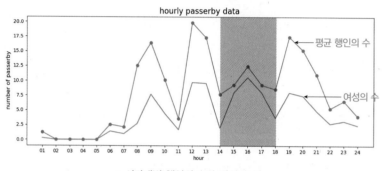

▲ 시간대별 행인의 수와 여성의 수

다음은 시간대별 평균 행인의 수와 그중 30대 이하 행인의 수를 나타낸 그래프이다. 14~18시 사이를 제외하면 거의 대부분 30대 이하의 행인이 차지한다. 즉, 위의 그래프와 연계하여 생각하면 14~18시 사이에는 30대를 넘는 여성의 수가 많으므로, 해당 시간에는 중장년층을 타깃으로 하여 한과를 준비하고, 전통다과 이벤트를 진행해도 좋을 것이다.

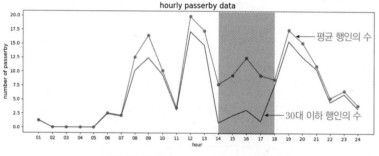

▲ 시간대별 행인의 수와 30대 이하 행인의 수

어떤 일을 처리할 때 이미 논리적으로나 과학적으로 증명된 사실이거나 사회에서 통용되는 상식에 기반한 경우에는 그 원리대로 절차에 맞게 진행하면 원하는 결과를 얻을 수 있다. 만약 의사 결정을 위해 판단에 필요한 근거(지식)를 검증하는 과정이 필요하다면, 이를 위해 적절한 데이터를 수집하고 유의미하게 가공해야 한다. 인공지능 프로그램도 이와 마찬가지로 알고리즘의 구현에 필요한 데이터를 수집하고 유의미하게 가공하며 그 결과를 알아보기 쉽게 표현하는 작업이 모두 포함된다.

생각해
보기 | 은재가 수집한 데이터에서 오전 9시부터 오후 9시까지의 유동 인구 중 **40세 이상** 행인의 수와 **40세 미만** 행인의 수를 한꺼번에 그래프로 출력하는 프로그램으로 확장해 보자.

관련 수학 개념 부록 _ 명제와 진릿값

LINK 3

1 명제와 그 부정

앞서 참과 거짓을 판별할 수 있는 문장 또는 식을 명제라고 하였다. 또한 어떤 명제 p에 대하여 'p가 아니다.'를 명제 p의 **부정**이라고 하며, 이것을 기호로 $\sim p$와 같이 나타낸다.

명제 p가 참이면 $\sim p$는 거짓이고, p가 거짓이면 $\sim p$는 참이다. 특히, 명제 $\sim p$의 부정은 p, 즉 $\sim(\sim p)=p$이다. 예를 들면,

- 명제 '3은 홀수이다.'는 참이고, 이 명제의 부정 '3은 홀수가 아니다.'는 거짓이다.
- 명제 '4는 2보다 작다.'는 거짓이고, 이 명제의 부정 '4는 2보다 작지 않다.'는 참이다.

확인 문제 3

다음 명제의 부정을 말하고, 그것의 참, 거짓을 판별해 보자.

① $\sqrt{2}$는 유리수이다.   ② 2는 4의 약수이다.

수학으로 풀어보기

① 명제 '$\sqrt{2}$는 유리수이다.'의 부정은 '$\sqrt{2}$는 유리수가 아니다.'이고 이 명제는 참이다.
② 명제 '2는 4의 약수이다.'의 부정은 '2는 4의 약수가 아니다.'이고 이 명제는 거짓이다.

달 ① 참, ② 거짓

2 조건과 진리집합

1. 조건

앞서 변수 x를 포함하는 문장 또는 식 중에서 x의 값이 결정됨에 따라 명제가 되는 것을 **조건**이라고 하였다. 명제에서와 같이 조건 p에 대하여 'p가 아니다.'를 조건 p의 부정이라고 하며, 기호로 $\sim p$와 같이 나타낸다. 예를 들어 조건 p를 'x는 유리수이다.'라고 하면 $\sim p$는 'x는 유리수가 아니다.'이다.

일반적으로 조건은 명제가 아니다.

2. 진리집합

전체집합 U의 원소 중에서 조건 p가 참이 되게 하는 모든 원소의 집합을 조건 p의 **진리집합**이라고 한다. 조건 p의 진리집합을 P라고 할 때, $\sim p$의 진리집합은 P^C이다. 예를 들면, 전체집합 U가 실수 전체의 집합일 때, 조건 p: $x^2-3x+2=0$의 진리집합 P는

$x^2-3x+2=(x-1)(x-2)=0$이므로, 조건 p는 $x=1$ 또는 $x=2$일 때에만 참이 된다.

따라서 조건 p의 진리집합 P는 $P=\{1,\ 2\}$이다.

확인 문제 4

전체집합 U가 자연수 전체의 집합일 때, 다음 조건의 진리집합을 구해 보자.

① p: x는 10보다 작은 소수이다.   ② q: $x^2-5x+6=0$

수학으로 풀어보기

① 조건 p의 진리집합을 P라 하면 $P=\{2,\ 3,\ 5,\ 7\}$이다.
② $(x-2)(x-3)=0$이므로 조건 q의 진리집합을 Q라 하면 $Q=\{2,\ 3\}$이다.

달 ① P=\{2, 3, 5, 7\}, ② Q=\{2, 3\}

❸ 명제 $p \longrightarrow q$의 참, 거짓

명제 '$x=2$이면 $x^2=4$이다.'에서 두 조건 p, q를 각각 $p: x=2$, $q: x^2=4$라고 하면, 위의 명제는 'p이면 q이다.'의 꼴이 된다.

일반적으로 두 조건 p, q로 이루어진 명제 'p이면 q이다.'를 기호로 $p \longrightarrow q$와 같이 나타낸다. 이때 p는 이 명제의 가정, q는 이 명제의 결론이다.

명제 $p \longrightarrow q$는 조건 p가 성립할 때 조건 q도 성립하면 참이고, 조건 p가 성립할 때 조건 q가 성립하지 않으면 거짓이다. 두 조건 p, q의 진리집합을 각각 P, Q라고 할 때, $P \subset Q$이면 명제 $p \longrightarrow q$는 참이고, $P \not\subset Q$이면 명제 $p \longrightarrow q$는 거짓이다.

> 가정
> $p \longrightarrow q$
> 결론

확인 문제 5

다음 명제의 참, 거짓을 판별해 보자.

① 명제 'x가 8의 양의 약수이면 x는 4의 양의 약수이다.'
② 명제 '$x-2=0$이면 $x^2-2x=0$이다.'

(수학)으로 풀어보기

① 두 조건 p, q를 각각 'p: x가 8의 약수이다.', 'q: x는 4의 양의 약수이다.'라고 하고, 두 조건 p, q의 진리집합을 P, Q라 하면, $P=\{1, 2, 4, 8\}$, $Q=\{1, 2, 4\}$이므로 $P \not\subset Q$이다. 따라서 주어진 명제는 거짓이다.
② 두 조건 p, q를 각각 'p: $x-2=0$', 'q: $x^2-2x=0$'이라고 하고, 두 조건 p, q의 진리집합을 P, Q라 하면, $P=\{2\}$, $Q=\{0, 2\}$이므로 $P \subset Q$이다. 따라서 주어진 명제는 참이다.

目 ① 거짓, ② 참

---

❹ 진릿값

명제 '6은 18의 약수이다.'는 참인 명제이다. 한편 명제 '새는 포유류이다.'는 거짓인 명제이다.

이와 같이 모든 명제는 참과 거짓을 판별할 수 있다. 이때, 명제의 참 또는 거짓을 그 명제의 **진릿값**이라 하고, 진릿값이 참일 때에는 기호를 T, 거짓일 때에는 기호를 F로 나타낸다. 예를 들어,

> T는 영어의 True, F는 영어의 False에서 첫 글자를 따온 것이다.

• 명제 '서울은 대한민국의 수도이다.'의 진릿값은 참(T)이다.
• 명제 '지구는 태양과 가장 가까운 행성이다.'의 진릿값은 거짓(F)이다.

1. 논리곱의 진릿값

두 명제 p, q에 대하여 논리곱 $p \wedge q$의 진릿값은 p와 q의 진릿값이 모두 참일 때만 참이고, 그 밖의 경우에는 모두 거짓이다. 한 명제의 진릿값은 참 또는 거짓 중 어느 하나이다. 그런데 두 명제 p, q에 대하여 논리곱 $p \wedge q$의 진릿값은 p와 q의 진릿값이 각각 참인지 거짓인지에 따라 결정된다.

> 어떤 명제의 진릿값을 표로 나타낸 것을 진리표라고 한다.

두 명제 p, q의 논리곱 $p \wedge q$의 진릿값을 표로 나타내면 오른쪽과 같다. 예를 들어,

① p: 대전은 광역시이다. q: 제주는 특별자치도이다.

에서 두 명제 p, q의 논리곱 $p \wedge q$는

$p \wedge q$: 대전은 광역시이고, 제주는 특별자치도이다.

이때 두 명제 p, q는 모두 참이므로 논리곱 $p \wedge q$도 참이다.

② p: 비둘기는 조류이다. q: 돌고래는 어류이다.

에서 두 명제 p, q의 논리곱 $p \wedge q$는

$p \wedge q$: 비둘기는 조류이고, 돌고래는 어류이다.

이때, 명제 p는 참이고, 명제 q는 거짓이므로 논리곱 $p \wedge q$는 거짓이다.

▼ 논리곱의 진리표

p	q	$p \wedge q$
T	T	T
T	F	F
F	T	F
F	F	F

다음 두 명제의 논리곱을 말하고, 그것의 진릿값을 구해 보자.

① p: 2는 10의 배수이다.　　q: 5는 20의 약수이다.

② p: 은행은 금융기관이다.　　q: 학교는 교육기관이다.

수학으로 풀어보기

① 명제 'p: 2는 10의 배수이다.'의 진릿값은 거짓(F)이고, 명제 'q: 5는 20의 약수이다.'의 진릿값은 참(T)이다.

　 따라서 두 명제 p, q의 논리곱 $p \wedge q$의 진릿값은 논리곱의 진리표에 따라 거짓(F)이다.

　 즉, '2는 10의 배수이고, 5는 20의 약수이다.'의 진릿값은 거짓(F)이다.

② 명제 'p: 은행은 금융기관이다.'의 진릿값은 참(T)이고, 명제 'q: 학교는 교육기관이다.'의 진릿값도 참(T)

　 이다. 따라서 두 명제 p, q의 논리곱 $p \wedge q$의 진릿값은 논리곱의 진리표에 따라 참(T)이다.

　 즉, '은행은 금융기관이고, 학교는 교육기관이다.'의 진릿값은 참(T)이다.

답 ①, ② 풀이 참고

2. 논리합의 진릿값

　　두 명제 p, q에 대하여 논리합 $p \vee q$의 진릿값은 p와 q의 진릿값이 모두 거짓일 때만 거짓이고, 그 밖의 경우에는 모두 참이다. 논리곱과 마찬가지로, 두 명제 p, q에 대하여 논리합 $p \vee q$의 진릿값은 p 와 q의 진릿값이 각각 참인지 거짓인지에 따라 정해진다.

　　두 명제 p, q의 논리합 $p \vee q$의 진릿값을 표로 나타내면 오른쪽과 같다.

　　① p: 성조기는 미국의 국기이다.　　q: 성조기는 영국의 국기이다.

▼ 논리합의 진리표

p	q	$p \vee q$
T	T	T
T	F	T
F	T	T
F	F	F

　　　에서 두 명제 p, q의 논리합 $p \vee q$는

　　　$p \vee q$: 성조기는 미국의 국기이거나 영국의 국기이다.

　　　이때, 명제 p는 참이고, 명제 q는 거짓이므로 논리합 $p \vee q$는 참이다.

　　② p: 고모는 어머니와 자매 사이이다.　　q: 이모는 아버지와 오누이 사이이다.

　　　에서 두 명제 p, q의 논리합 $p \vee q$는

　　　$p \vee q$: 고모는 어머니와 자매 사이이거나, 이모는 아버지와 오누이 사이이다.

　　　이때, 두 명제 p, q는 모두 거짓이므로 논리합 $p \vee q$도 거짓이다.

다음 두 명제의 논리합을 말하고, 그것의 진릿값을 구해 보자.

① p: 114는 4의 배수이다.　　q: 115는 3의 약수이다.

② p: 개나리는 식물이다.　　　q: 개나리는 동물이다.

수학으로 풀어보기

① 명제 'p: 114는 4의 배수이다.'의 진릿값은 거짓(F)이고, 명제 'q: 115는 3의 약수이다.'의 진릿값도 거짓(F)이다.

　 따라서 두 명제 p, q의 논리합 $p \vee q$의 진릿값은 위 논리합의 진리표에 따라 거짓(F)이다.

　 즉, '114는 4의 배수이거나 115는 3의 약수이다.'의 진릿값은 거짓(F)이다.

② 명제 'p: 개나리는 식물이다.'의 진릿값은 참(T)이고, 명제 'q: 개나리는 동물이다.'의 진릿값은 거짓(F)이다.

　 따라서 두 명제 p, q의 논리합 $p \vee q$의 진릿값은 논리합의 진리표에 따라 참(T)이다.

　 즉, '개나리는 식물이거나 동물이다.'의 진릿값은 참(T)이다.

답 ①, ② 풀이 참고

3. 명제 부정의 진릿값

진릿값이 참(T)인 명제 '포도는 과일이다.'를 부정하면 '포도는 과일이 아니다.'이고 그 진릿값은 거짓(F)이다. 이와 같이 어떤 명제를 부정하면 그 진릿값은 참과 거짓이 서로 바뀌게 된다. 명제 p의 부정 $\sim p$의 진릿값을 표로 나타내면 오른쪽과 같다.

한편 부정이 포함된 합성명제와 같이 복잡한 경우의 진리표는 합성명제를 구성하는 명제들 각각의 진릿값에 대하여 단계별로 진리표를 만들어 진릿값을 구할 수 있다.

▼ 부정의 진리표

p	$\sim p$
T	F
F	T

예를 들어, 두 명제 p, q의 논리곱 $p \wedge q$의 부정 $\sim(p \wedge q)$의 진리표는 다음 순서에 따라 만들어 진릿값을 구할 수 있다.

[단계 1] 명제 $p \wedge q$의 진리표를 만든다.

[단계 2] $\sim(p \wedge q)$의 진리표, 즉 $p \wedge q$의 부정의 진리표를 만든다.

▼ $\sim(p \wedge q)$의 진리표

p	q	$p \wedge q$	$\sim(p \wedge q)$
T	T	T	F
T	F	F	T
F	T	F	T
F	F	F	T

확인 문제 8

다음 명제의 진리표를 만들어 보자.

① $\sim(\sim p)$

② $\sim p \vee \sim q$

수학으로 풀어보기

① 먼저 $\sim p$의 진릿값을 구하고 $\sim(\sim p)$의 진릿값을 구한다.

p	$\sim p$	$\sim(\sim p)$
T	F	T
F	T	F

② 먼저 $\sim p$, $\sim q$의 진릿값을 구하고, $\sim p \vee \sim q$의 진릿값을 구한다.

p	q	$\sim p$	$\sim q$	$\sim p \vee \sim q$
T	T	F	F	F
T	F	F	T	T
F	T	T	F	T
F	F	T	T	T

風 풀이 참고

---

4. 조건문과 진리표

두 명제 p, q가 'p이면 q이다.'와 같이 연결된 합성명제를 조건문이라 하고, 기호로 $p \rightarrow q$와 같이 나타낸다. 일반적으로 조건문의 진릿값은 다음과 같이 정한다.

두 명제 p, q에 대하여 $p \rightarrow q$의 진릿값은 p의 진릿값이 참이고 q의 진릿값이 거짓일 때에만 거짓이고, 그 밖의 경우는 모두 참이다. 이때 조건문 $p \rightarrow q$의 진리표는 오른쪽 표와 같다.

▼ $p \rightarrow q$의 진리표

p	q	$p \rightarrow q$
T	T	T
T	F	F
F	T	T
F	F	T

예를 들어, 명제 'p: 감자는 뿌리이다.'의 진릿값은 거짓(F)이고, 명제 'q: 양파는 뿌리이다.'의 진릿값도 거짓(F)이다.

따라서 조건문 $p \rightarrow q$의 진릿값은 $p \rightarrow q$의 진리표에 따라 참(T)이다.

한편, 합성명제 $\sim p \vee q$의 진리표는 오른쪽 표와 같으므로
조건문 $p \longrightarrow q$와 합성명제 $\sim p \vee q$는 서로 **동치명제**이다.

▼ $\sim p \vee q$의 진리표

p	q	$\sim p$	$\sim p \vee q$
T	T	F	T
T	F	F	F
F	T	T	T
F	F	T	T

확인 문제 9

다음 두 명제 p, q에 대하여 조건문 $p \longrightarrow q$를 말하고, 그것의 진릿값을 구해 보자.

p: 한강은 동해로 흐른다. q: 낙동강은 남해로 흐른다.

수학으로 풀어보기

명제 'p: 한강은 동해로 흐른다.'의 진릿값은 거짓(F)이고, 명제 'q: 낙동강은 남해로 흐른다.'의 진릿값은 참(T)이다.
따라서 조건문 $p \longrightarrow q$의 진릿값은 위의 $p \longrightarrow q$의 진릿값에 따라 참(T)이다.

풀이 참고

2 이미지 데이터 처리하기

'찰칵'

　사진작가가 꿈인 민지는 일상 속에서 사진을 자주 찍는다. 고화질의 카메라가 아니더라도 사진 편집 애플리케이션을 사용해서 사진의 색감을 바꾸거나 간단한 수정을 할 수 있으므로 사진을 찍는 것만큼 꾸미는 재미도 크다. 민지는 원본 사진에 다양한 수정이 더해질수록 이미지 데이터의 용량이 커지는 것을 보고, 사진과 같은 이미지 데이터는 어떤 방식으로 컴퓨터에 저장되는 것인지 궁금해졌다.

　미리 붙여둔 태그 혹은 촬영한 시각과 장소, 이미지 내용에 따라 사진을 자동 분류해 주는 알고리즘도 인공지능 기술을 적용한 예로 볼 수 있다. 민지는 컴퓨터 속에서 이미지 데이터가 어떻게 저장되는지 알기 위해 이미지 데이터의 표현 방법을 알아보고자 한다.

01 이미지 데이터 표현하기

민지의 부모님은 요즘 먼 지역에 사는 언니가 보내주는 조카의 사진을 보실 때 가장 행복한 표정을 지으신다. 이미지 데이터를 다음과 같은 절차에 따라 잘 다룰 수 있게 되면 직접 프로그래밍한 것으로 조카 사진을 예쁘게 꾸며서 부모님의 휴대전화의 홈 화면에 배경으로 설정해 드릴 생각이다.

민지는 사진을 찍어 애플리케이션으로 간단히 보정한 후 SNS(소셜 네트워크 서비스)에 업로드하거나 이미지 파일을 자주 다운로드하지만 실제 컴퓨터나 스마트폰에서 어떻게 처리되는지 생각해 본 적은 없다. 그래서 카메라로 찍은 아날로그 정보를 어떻게 디지털 데이터로 변환하는지부터 알아보기로 했다.

문자, 이미지, 소리와 같이 데이터는 다양하지만, 컴퓨터에 저장할 수 있는 데이터는 결국 숫자들이다. 이 숫자들을 하나의 묶음으로 만들어 의미를 나타낼 수 있는 조합으로 구성할 수 있다. 아래의 그림을 살펴보자.

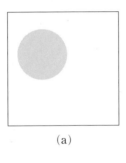
(a)

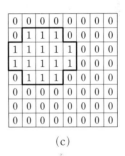
(b)   (c)

▲ 이미지 데이터 표현

픽셀(pixel)

picture element 의 줄임말로 이미지의 최소 해상도 단위이며 화소(畵素)라고도 한다. 위의 그림과 같이 그림을 이루는 작은 타일 형태의 네모 칸(픽셀)들이 각각 색의 정보를 '수'의 형태로 담고 있다. 컴퓨터에서 이러한 픽셀을 사용한 이미지를 비트맵 이미지라 하며 파일의 확장자로는 bmp, gif, jpeg 등과 같은 경우가 이에 해당한다. 사실적인 묘사가 가능한 장점 때문에 널리 쓰이지만 픽셀이 많아지는 고해상도 이미지일수록 파일의 용량이 커지고, 작은 이미지를 확대할 경우 픽셀의 각진 형태가 두드러져 보이는 단점이 있다.

그림 (a)와 같은 이미지가 있다고 했을 때, 컴퓨터는 (a) 이미지를 사람이 인식하는 것처럼 흰 여백의 동그라미(원)로 인지하지 못한다. 다만 이미지를 디지털 데이터로 변환된 정보로 받아들인다. (a)의 이미지를 컴퓨터에 저장하기 위해 이미지를 (b)와 같이 분절한다. 분절한 작은 칸들을 픽셀(pixel)이라고 부르는데, 위 그림에서는 흰색과 주황색 2가지 정보로만 구성되므로 각 픽셀의 값은 2가지 경우의 수로 표현할 수 있다. 흰색을 0, 주황색을 1이라고 하면 (c)와 같이 표현할 수 있다. 즉, 각 픽셀이 해당 영역의 색을 나타내는 디지털 정보로 표현되는 것이다. 이때, 해당 픽셀에 주황색이 온전히 채워지지 않고 일부라도 포함되어 있으면 주황색(1)이라고 판단한다.

생각해 보기

그림 (c)로 표현된 정보로부터 해당 픽셀에 다른 수치를 넣어 색을 다르게 표현해 보자. 원래의 이미지와 동일한 모양인가? 만약 같지 않다면, 원래의 이미지와 조금 더 비슷하게 표현하려면 어떻게 해야 할지 생각해 보자.

[잠깐, 수학 LINK 4] 컴퓨터에서 데이터는 위 그림 (b)나 (c)와 같이 여러 개의 수치를 한 묶음으로 인식하거나 조작하게 된다. 이러한 상황을 잘 표현해 주는 수학적 개념이 바로 '행렬'이다. 잠시 행렬에 대해 알아보자.

1 행렬의 뜻

(1) 여러 개의 수 또는 문자를 직사각형 형태로 배열하여 괄호로 묶어 나타낸 것을 **행렬**이라고 한다. 이 때, 행렬을 이루는 각각의 수나 문자를 그 행렬의 **성분**이라고 한다.

(2) 행렬의 성분을 가로로 배열한 줄을 **행**이라 하고, 세로로 배열한 줄을 **열**이라고 한다. 일반적으로 m 개의 행과 n개의 열로 이루어진 행렬을 $m \times n$ **행렬** 또는 m**행** n**열의 행렬**이라고 한다. 특히, $n \times n$ 행렬을 n**차 정사각행렬**이라고 한다.

(3) 행렬 A의 제i행과 제j열이 만나는 위치에 있는 성분을 행렬 A의 (i, j) **성분**이라 하고, 기호로 a_{ij}와 같이 나타낸다. 즉, 2×3 행렬 A의 (i, j) 성분이 a_{ij}이면

$$A = (a_{ij}) = \begin{pmatrix} a_{11} & a_{12} & a_{13} \\ a_{21} & a_{22} & a_{23} \end{pmatrix} \ (i=1, 2, \ j=1, 2, 3)$$이다.

제1행 → 1 2 3
제2행 → 4 1 5
제1열 제2열 제3열

▲ 2×3 행렬

2 서로 같은 두 행렬

(1) 두 행렬 A, B 행의 개수와 열의 개수가 각각 같을 때, 두 행렬은 서로 같은 꼴의 행렬이라고 한다.

(2) 두 행렬 A, B가 같은 꼴의 행렬이고 대응하는 성분이 각각 같을 때, 두 행렬은 서로 같다고 하며 기호로 $A=B$와 같이 나타낸다. 예를 들어 $A = \begin{pmatrix} a_{11} & a_{12} \\ a_{21} & a_{22} \end{pmatrix}$, $B = \begin{pmatrix} b_{11} & b_{12} \\ b_{21} & b_{22} \end{pmatrix}$일 때 $A=B$이면,

$a_{11}=b_{11}$, $a_{12}=b_{12}$, $a_{21}=b_{21}$, $a_{22}=b_{22}$이다.

확인 문제 10

2×4 행렬 $A=(a_{ij})$를 $a_{ij}=i+j$라 정의할 때, 행렬 A의 모든 성분의 합을 구해 보자.

수학으로 풀어보기

행렬 A의 1행 1열 성분은 $a_{11}=1+1=2$,
1행 2열 성분은 $a_{12}=1+2=3$,
같은 방법으로 나머지 성분을 구하면

$A = \begin{pmatrix} 2 & 3 & 4 & 5 \\ 3 & 4 & 5 & 6 \end{pmatrix}$이므로 구하는 값은

$2+3+4+5+3+4+5+6=32$이다.

파이썬으로 풀어보기

```
1    A = [[0,0,0,0],[0,0,0,0]]
2    # 행렬 A의 각 성분값 구하기
3    for i in range(0, 2) :      # 2행
4        for j in range(0, 4) :    # 4열
5            A[i][j] = (i+1) + (j+1)
6    print(A)
7    # 행렬 A의 모든 성분값의 합 구하기
8    Asum = 0
9    for i in range(0, 2) :
10       for j in range(0, 4) :
11           Asum = Asum + A[i][j]
12   print(Asum)
```

🖥 32

3 행벡터와 열벡터

(1) 행렬에서 하나의 행으로 이루어진 것을 **행벡터**, 하나의 열로 이루어진 것을 **열벡터**라고도 한다.

참고 성분을 1차원으로 배열한 것을 '벡터(vector)', 2차원으로 배열한 것을 '행렬(matrix)'이라고 부른다. 또, 일반적으로 n차원으로 배열한 것을 '텐서(tensor)'라고도 한다. 벡터에서는 성분과 성분 사이에 콤마(,)를 넣어 구분하기도 한다.

(2) 벡터를 이용한 행렬의 표현

$m \times n$ 행렬 A의 i번째 행(row)으로 이루어진 행벡터를 $R_i(1 \le i \le m)$, j번째 열(column)로 이루어진 열벡터를 $C_j(1 \le j \le n)$이라고 하면 행렬 A를 다음과 같이 벡터를 이용하여 표현할 수도 있다.

① 행벡터들($R_1, R_2, \cdots, R_m$)을 성분으로 하는 열벡터의 표현: $A = \begin{pmatrix} R_1 \\ R_2 \\ \vdots \\ R_i \\ \vdots \\ R_m \end{pmatrix}$

② 열벡터들($C_1, C_2, \cdots, C_n$)을 성분으로 하는 행벡터의 표현: $A = (C_1, C_2, \cdots, C_j, \cdots, C_n)$

확인 문제 11

세 행벡터 $R_1 = (1, 0, a)$, $R_2 = (0, -1, 1)$, $R_3 = (-1, c, 1)$에 대하여 $\begin{pmatrix} R_1 \\ R_2 \\ R_3 \end{pmatrix} = \begin{pmatrix} 1 & 0 & 1 \\ 0 & -1 & b \\ -1 & 0 & 1 \end{pmatrix}$ 일 때, $a+b+c$의 값

을 구해 보자.

수학으로 풀어보기

$R_1 = (1, 0, a) = (1, 0, 1)$에서 $a=1$, $R_2 = (0, -1, 1) = (0, -1, b)$에서 $b=1$, $R_3 = (-1, c, 1) = (-1, 0, 1)$에서 $c=0$이므로 $a+b+c = 1+1+0 = 2$

답 2

이제 컴퓨터에게 디지털 정보로 변경된 이미지를 어떻게 전달하는지 알아보자.

41쪽 그림 (c)를 보면 8개의 칸으로 나누어진 가로줄이 8개로 구성된 것을 알 수 있다. 8개의 칸으로 나뉜 하나의 가로줄을 '행'이라 하고, 각 행은 8개의 정보로 구성된 벡터에 해당한다. 첫 번째 행의 벡터를 X_1이라 하면, X_1 벡터의 각 성분은 순서에 맞게 인덱스로 표현한다.

$$X_1 = [x_{11}, x_{12}, x_{13}, x_{14}, x_{15}, x_{16}, x_{17}, x_{18}]$$

41쪽 그림 (c)의 이미지 전체를 표현하는 행렬 X는 다음과 같이 8개의 성분을 갖는 행벡터가 8개 모인 열벡터로 나타낼 수 있다.

$$X = \begin{bmatrix} X_1 \\ X_2 \\ X_3 \\ \vdots \\ X_8 \end{bmatrix} = \begin{bmatrix} x_{11} & x_{12} & x_{13} & x_{14} & x_{15} & x_{16} & x_{17} & x_{18} \\ x_{21} & x_{22} & x_{23} & x_{24} & x_{25} & x_{26} & x_{27} & x_{28} \\ x_{31} & x_{32} & x_{33} & x_{34} & x_{35} & x_{36} & x_{37} & x_{38} \\ & & & \vdots & & & & \\ x_{81} & x_{82} & x_{83} & x_{84} & x_{85} & x_{86} & x_{87} & x_{88} \end{bmatrix} = \begin{bmatrix} 0 & 0 & 0 & 0 & 0 & 0 & 0 & 0 \\ 0 & 1 & 1 & 1 & 0 & 0 & 0 & 0 \\ 1 & 1 & 1 & 1 & 1 & 0 & 0 & 0 \\ & & & \vdots & & & & \\ 0 & 0 & 0 & 0 & 0 & 0 & 0 & 0 \end{bmatrix}$$

[Step 1] 2차원 배열의 정보를 화면으로 출력하기

프로그램을 작성할 때 41쪽 그림(c)와 같이 표현한 이미지 데이터 행렬은 2차원 배열(array)로 표현할 수 있다. 44쪽의 코드는 벡터의 각 성분값이 1이면 주황색을, 0이면 흰색을 출력하는 코드이다.

파이선에서 numpy 모듈은 행렬 데이터를 다루는 데 유용하다. 행렬 데이터를 쉽게 생성할 수 있고, 일반적인 산술 연산 기호를 그대로 사용할 수 있을 뿐만 아니라 다양한 행렬 연산 기능을 제공한다.

1	# 외부 모듈 선언	
2	import turtle	# 그래픽 처리를 위한 모듈 선언
3	import numpy as np	# 벡터, 행렬 데이터를 쉽게 처리하기 위한 모듈 선언
4		
5	# 데이터	
6	myImg = np.array([[0, 0, 0, 0, 0, 0, 0, 0], \ [0, 1, 1, 1, 0, 0, 0, 0], \ [1, 1, 1, 1, 1, 0, 0, 0], \ [1, 1, 1, 1, 1, 0, 0, 0], \ [0, 1, 1, 1, 0, 0, 0, 0], \ [0, 0, 0, 0, 0, 0, 0, 0], \ [0, 0, 0, 0, 0, 0, 0, 0], \ [0, 0, 0, 0, 0, 0, 0, 0]])	# 41쪽 그림 (c) 도형을 나타내는 이미지 데이터 행렬
7	pixelSize = 10	# pixel 사이즈의 반지름
8		
9	def putPixel(x, y, pSize, pCol) :	# 9∼17행: 메인 소스 코드 21행에서 호출하는 픽셀 채우기 함수
10	turtle.penup( )	# 좌표 이동을 위해 펜기능을 비활성화
11	turtle.goto(x*pSize, (−1)*y*pSize)	# 주어진 좌표로 이동
12	turtle.pendown( )	# 펜기능을 다시 활성화
13	turtle.begin_fill( )	# 다각형을 그릴 때 내부를 채우기
14	turtle.fillcolor(pCol)	# 다각형의 채움색 설정하기
15	turtle.setheading(45)	# 시작 각도를 45도로 지정
16	turtle.circle(pSize/2, steps = 4)	# 정사각형 픽셀 도출하기
17	turtle.end_fill( )	# 채우기 끝
18		
19	for j in range(0, 8) :	# 이미지의 행벡터 (X_j)를 방문하기
20	for i in range(0, 8) :	# X_j의 각 성분 X_{ji}를 하나씩 방문하기
21	if(myImg[j][i] > 0) :	# 2차원 행렬 벡터 성분 X_{ji}의 값 확인하기
22	putPixel(i, j, pixelSize, 'orange')	# X_{ji} > 0인 경우 주황색으로 칠하기
23	else :	
24	putPixel(i, j, pixelSize, 'white')	# X_{ji} <= 0인 경우 흰색으로 칠하기
25		

실행 결과

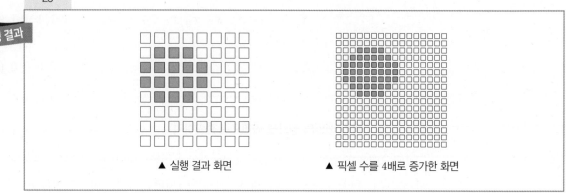

▲ 실행 결과 화면　　　　▲ 픽셀 수를 4배로 증가한 화면

[실행 결과]는 44쪽 그림에서 왼쪽에 해당하며, 오른쪽 그림은 동일한 이미지를 더 작게 나누어 픽셀 수를 4배로 늘려서 같은 방식으로 표현한 결과이다. 결국 이미지를 표현하는 픽셀 수가 많을수록 더 자연스러운 결과물을 얻을 수 있음을 알 수 있다.

[Step 2] 행렬의 성분값을 다른 색으로 바꾸어 표현하기

44쪽의 코드에서 행렬의 성분값이 1일 때 주황색이 아니라 파란색으로 출력하도록 코드를 수정해 보자. 프로그램에서 행렬의 각 성분은 색을 숫자로 치환한 값이므로 출력할 때 그 값을 어떤 색으로 지정하느냐에 따라 결과물을 다르게 표현할 수 있다.

[완성 파일: 2-2-02.py]

1~17	(44쪽 1~17행 코드와 동일하므로 생략)	
18		
19	for j in range(0, 8) :	# 이미지의 행벡터 (X_j)를 방문하기
20	for i in range(0, 8) :	# X_j의 각 성분 X_{ji}를 하나씩 방문하기
21	if(myImg[j][i] > 0) :	# 2차원 행렬 벡터 성분 X_{ji}의 값을 확인하기
22	putPixel(i, j, pixelSize, 'blue')	# 출력 색을 blue로 변경하여 칠하기
23	else :	
24	putPixel(i, j, pixelSize, 'white')	# 출력 색을 흰색(white)으로 변경하여 칠하기

실행 결과

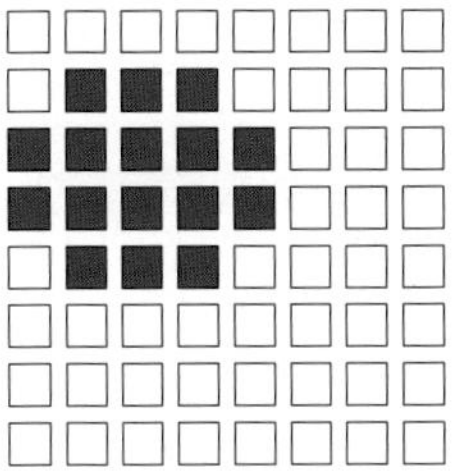

02 이미지 데이터 다루기

2-1. 이미지 데이터를 겹쳐서 표현하기

두 개의 이미지 (a), (b)가 있다. 하나는 주황색 원, 다른 하나는 눈과 입 모양의 붉은색 도형이며, 두 이미지를 겹쳐서 새로운 이미지 (c)를 만들 수 있다. 이들을 표현하는 행렬의 관점에서 보면 각 이미지를 성분으로 표현할 행렬의 합과 차로 볼 수 있다.

| (a) | (b) | (c) |

▲ 이미지 겹치기

[잠깐, 수학 **Link 5**] 컴퓨터에서 데이터를 행렬로 표현하여 데이터를 다룰 때 행렬의 연산을 사용한다. 잠시 행렬의 기본적인 연산인 합과 차에 대해 알아보자.

관련 수학 개념 설명 _ 행렬의 합과 차
Link 5

■ 행렬의 합

두 행렬 A, B가 같은 꼴의 행렬일 때, 두 행렬 A, B의 대응하는 성분의 합을 성분으로 하는 행렬을 두 행렬 A, B의 합이라 하고, $A+B$로 표현한다.

② 행렬의 차

(1) 두 행렬 A, B가 같은 꼴의 행렬일 때, 행렬 A의 성분에서 행렬 B의 대응하는 성분을 뺀 값을 성분으로 하는 행렬을 두 행렬 A, B의 차라 하고, $A-B$로 표현한다.

예를 들어 $A=\begin{pmatrix} a_{11} & a_{12} \\ a_{21} & a_{22} \end{pmatrix}$, $B=\begin{pmatrix} b_{11} & b_{12} \\ b_{21} & b_{22} \end{pmatrix}$일 때,

$$A+B=\begin{pmatrix} a_{11}+b_{11} & a_{12}+b_{12} \\ a_{21}+b_{21} & a_{22}+b_{22} \end{pmatrix}, A-B=\begin{pmatrix} a_{11}-b_{11} & a_{12}-b_{12} \\ a_{21}-b_{21} & a_{22}-b_{22} \end{pmatrix}$$이다.

(2) 행렬의 모든 성분이 0일 때 이 행렬을 영행렬이라 하고, 일반적으로 O로 표현한다.

또, 행렬 A의 모든 성분의 부호를 바꾸어 놓은 것을 성분으로 하는 행렬을 $-A$로 표현한다.

③ 행렬의 합과 차에 대한 성질

같은 꼴의 세 행렬 A, B, C에 대하여 다음이 성립한다(단, O는 A와 같은 꼴의 영행렬이다.).

① $A+B=B+A$ (행렬의 합에 대한 교환법칙이 성립한다.)

② $(A+B)+C=A+(B+C)$ (행렬의 합에 대한 결합법칙이 성립한다.)

③ $A+O=O+A=A$

④ $A+(-A)=(-A)+A=O$

확인 문제 12

$A+B=\begin{pmatrix} 1 & 3 \\ 0 & 1 \end{pmatrix}$, $B+C=\begin{pmatrix} 2 & 1 \\ -1 & 1 \end{pmatrix}$을 만족시키는 세 행렬 A, B, C에 대하여 다음 중 행렬 $C-A$와 같은 것은?

① $\begin{pmatrix} 3 & 4 \\ -1 & 2 \end{pmatrix}$ ② $\begin{pmatrix} -1 & 2 \\ 1 & 0 \end{pmatrix}$ ③ $\begin{pmatrix} 1 & -1 \\ -1 & 0 \end{pmatrix}$ ④ $\begin{pmatrix} 1 & -2 \\ -1 & 0 \end{pmatrix}$ ⑤ $\begin{pmatrix} -3 & -4 \\ 1 & -2 \end{pmatrix}$

수학으로 풀어보기

$$C-A=(B+C)-(A+B)$$
$$=\begin{pmatrix} 2 & 1 \\ -1 & 1 \end{pmatrix}-\begin{pmatrix} 1 & 3 \\ 0 & 1 \end{pmatrix}$$
$$=\begin{pmatrix} 1 & -2 \\ -1 & 0 \end{pmatrix}$$

파이썬으로 풀어보기

```
1   A_sum_B = [[1, 3], [0, 1]]
2   B_sum_C = [[2, 1], [-1, 1]]
3   C_sub_A = [[0, 0], [0, 0]]
4   for i in range(0, 2) :
5       for j in range(0, 2) :
6           C_sub_A[i][j] = B_sum_C[i][j] - A_sum_B[i][j]
7   print(C_sub_A)
```

답 ④

[Step 1] 16×16 2차원 배열의 정보를 화면에 나타내기

46쪽 (a)의 원 이미지와 (b)의 표정 이미지를 각각 2차원 행렬로 표현해 보자. 각 이미지는 가로 16칸, 세로 16칸으로 분할된다. 즉, 이미지의 해상도는 16×16이다. 두 이미지의 색을 구분하기 위해 원의 주황색은 1, 붉은색은 2, 바탕의 흰색은 0으로 표기한다.

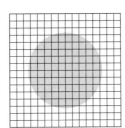 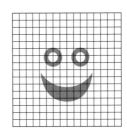

46쪽 (a)와 이미지 행렬 데이터를 사용하여 그림을 출력하는 코드를 그대로 재사용하여 다음의 데이터를 입력하고, 데이터를 출력해 보자. 원래의 이미지보다 경계선이 부드럽지 않고, 모양이 다소 왜곡되어 있을 수 있다. 이를 더 자연스럽게 표현하기 위해 16×16 행렬을 사용하여 이미지를 더 높은 해상도로 분할한다.

[완성 파일: 2-2-03.py]

1~14	(44쪽 1~3행, 7~17행 코드와 동일하므로 생략)
15	
16	facelmg = np.array(# 46쪽 (a) 도형을 나타내는 이미지 데이터 행렬 [[0, 0, 0, 0, 0, 0, 0, 0, 0, 0, 0, 0, 0, 0, 0, 0], [0, 0, 0, 0, 0, 0, 0, 0, 0, 0, 0, 0, 0, 0, 0, 0], [0, 0, 0, 0, 0, 0, 1, 1, 1, 1, 0, 0, 0, 0, 0, 0], [0, 0, 0, 0, 1, 1, 1, 1, 1, 1, 1, 1, 0, 0, 0, 0], [0, 0, 0, 1, 1, 1, 1, 1, 1, 1, 1, 1, 1, 0, 0, 0], [0, 0, 0, 1, 1, 1, 1, 1, 1, 1, 1, 1, 1, 0, 0, 0], [0, 0, 1, 1, 1, 1, 1, 1, 1, 1, 1, 1, 1, 1, 0, 0],

| 16 | ```
[0, 0, 1, 1, 1, 1, 1, 1, 1, 1, 1, 1, 1, 1, 0, 0],
[0, 0, 1, 1, 1, 1, 1, 1, 1, 1, 1, 1, 1, 1, 0, 0],
[0, 0, 1, 1, 1, 1, 1, 1, 1, 1, 1, 1, 1, 1, 0, 0],
[0, 0, 1, 1, 1, 1, 1, 1, 1, 1, 1, 1, 1, 1, 0, 0],
[0, 0, 0, 1, 1, 1, 1, 1, 1, 1, 1, 1, 1, 0, 0, 0],
[0, 0, 0, 0, 1, 1, 1, 1, 1, 1, 1, 1, 0, 0, 0, 0],
[0, 0, 0, 0, 0, 1, 1, 1, 1, 1, 1, 0, 0, 0, 0, 0],
[0, 0, 0, 0, 0, 0, 0, 1, 1, 0, 0, 0, 0, 0, 0, 0],
[0, 0, 0, 0, 0, 0, 0, 0, 0, 0, 0, 0, 0, 0, 0, 0]])
``` |
| 17 | `smileImg = np.array(`     # 46쪽 (b) 도형을 나타내는 이미지 데이터 행렬<br>```
[[0, 0, 0, 0, 0, 0, 0, 0, 0, 0, 0, 0, 0, 0, 0, 0],
[0, 0, 0, 0, 0, 0, 0, 0, 0, 0, 0, 0, 0, 0, 0, 0],
[0, 0, 0, 0, 0, 0, 0, 0, 0, 0, 0, 0, 0, 0, 0, 0],
[0, 0, 0, 0, 0, 0, 0, 0, 0, 0, 0, 0, 0, 0, 0, 0],
[0, 0, 0, 0, 0, 0, 0, 0, 0, 0, 0, 0, 0, 0, 0, 0],
[0, 0, 0, 0, 2, 2, 0, 0, 2, 2, 0, 0, 0, 0, 0, 0],
[0, 0, 0, 2, 0, 2, 0, 2, 0, 2, 0, 0, 0, 0, 0, 0],
[0, 0, 0, 2, 2, 2, 0, 2, 2, 2, 0, 0, 0, 0, 0, 0],
[0, 0, 0, 0, 0, 0, 0, 0, 0, 0, 0, 0, 0, 0, 0, 0],
[0, 0, 0, 2, 0, 0, 0, 0, 0, 2, 0, 0, 0, 0, 0, 0],
[0, 0, 0, 2, 2, 0, 0, 0, 0, 2, 2, 0, 0, 0, 0, 0],
[0, 0, 0, 0, 2, 2, 2, 2, 2, 2, 0, 0, 0, 0, 0, 0],
[0, 0, 0, 0, 0, 2, 2, 2, 2, 0, 0, 0, 0, 0, 0, 0],
[0, 0, 0, 0, 0, 0, 0, 0, 0, 0, 0, 0, 0, 0, 0, 0],
[0, 0, 0, 0, 0, 0, 0, 0, 0, 0, 0, 0, 0, 0, 0, 0],
[0, 0, 0, 0, 0, 0, 0, 0, 0, 0, 0, 0, 0, 0, 0, 0]])
``` |
18	`for j in range(0, 16) :` # (a) faceImage 이미지 출력
19	`for i in range(0, 16) :`
20	`if(faceImg[j][i] > 0) :`
21	`putPixel(i, j, pixelSize, 'orange')` # 각 배열 요소의 값이 0보다 크면 주황색으로 출력
22	`else:`
23	`putPixel(i, j, pixelSize, 'white')` # 각 배열 요소의 값이 0보다 크지 않으면 흰색으로 출력
24	
25	`for j in range(0, 16) :` # 출력
26	`for i in range(0, 16) :`
27	`if(smileImg[j][i] > 1) :`
28	`putPixel(i+20, j, pixelSize, 'red')` # 각 배열 요소의 값이 1보다 크면 빨간색으로 출력
29	`else :`
30	`putPixel(i+20, j, pixelSize, 'white')` # 1보다 크지 않으면 흰색으로 출력

실행 결과

(a) faceImg   (b) smileImg

[Step 2] 행렬의 합을 이용해서 두 이미지를 결합하기

이번에는 46쪽의 (a)와 (b)의 이미지를 표현하는 행렬의 합과 차를 이용해서 두 이미지를 결합해 보자. 서로 다른 숫자를 사용하여 색을 나타내면 데이터를 구분하는 데 도움이 된다.

48쪽 [실행 결과] (a) faceImg에는 주황색 픽셀값을 1로 설정하고, (b) smileImg에는 faceImg와 구분하기 위해 빨간색 픽셀값을 2로 표기한다. 그러므로 smileImg의 주황색 픽셀(성분값은 1)과 faceImg의 빨간색 픽셀(성분값은 2)이 결합되는 addImage의 해당 픽셀의 성분값은 두 픽셀값의 합인 3이 된다. 이와 같은 방식으로 addImage 행렬의 성분값은 (0, 1, 2, 3) 중 하나로 정해진다. 가능한 성분값별로 색을 정하고 출력하기 위해 다음 코드에서 성분값이 0 이하이면 흰색, 1이면 주황색, 2 이상이면 빨간색으로 출력하도록 프로그램을 구현한다.

[완성 파일: 2-2-04.py]

1~17	(47~48쪽 1~17행 코드와 동일하므로 생략)
18	addImage = np.array(faceImg + smileImg) # faceImg 행렬과 smileImg 행렬의 합 구하기
19	print(addImage) # addImg의 성분을 출력하기
20	# 원래 이미지 2개의 합으로 새로 생성된 이미지 데이터 행렬 addImage를 출력하기
21	for j in range(0, 16) :
22	for i in range(0, 16) :
23	if(addImage[j][i] > 1) : # addImage 행렬의 성분값이 2 이상이면 빨간색으로 출력하기
24	putPixel(i, j, pixelSize, 'red')
25	elif(addImage[j][i] > 0) : # addImage 행렬의 성분값이 1이면 주황색으로 출력하기
26	putPixel(i, j, pixelSize, 'orange')
27	else : # ddImage 행렬의 성분값이 0 이하이면 흰색으로 출력하기
28	putPixel(i, j, pixelSize, 'white')
29	

실행 결과

```
[[0 0 0 0 0 0 0 0 0 0 0 0 0 0 0 0]
 [0 0 0 0 0 0 0 0 0 0 0 0 0 0 0 0]
 [0 0 0 0 0 1 1 1 1 0 0 0 0 0 0 0]
 [0 0 0 0 1 1 1 1 1 1 0 0 0 0 0 0]
 [0 0 0 1 1 1 1 1 1 1 1 0 0 0 0 0]
 [0 0 0 1 1 3 3 1 1 3 3 1 1 0 0 0]
 [0 0 1 1 3 1 3 1 3 1 3 1 1 0 0 0]
 [0 0 1 1 3 3 3 1 3 3 3 1 1 0 0 0]
 [0 0 1 1 1 1 1 1 1 1 1 1 1 0 0 0]
[[0 0 1 1 3 1 1 1 1 1 3 1 1 0 0 0]
 [0 0 1 1 3 3 1 1 1 3 3 1 0 0 0 0]
 [0 0 0 1 1 3 3 3 3 3 1 1 0 0 0 0]
 [0 0 0 0 1 1 3 3 3 3 1 1 0 0 0 0]
 [0 0 0 0 0 1 1 1 1 1 0 0 0 0 0 0]
 [0 0 0 0 0 0 0 1 1 0 0 0 0 0 0 0]
 [0 0 0 0 0 0 0 0 0 0 0 0 0 0 0 0]]
```

(a) addImage 행렬의 성분값   (b) addImage의 출력

[Step 3] 행렬의 차이를 이용해서 두 이미지 표현하기

이번에는 46쪽 (a), (b) 두 이미지의 행렬의 차이를 구한 결과 픽셀의 성분값을 그림으로 표현해 보자. [Step 2] 코드의 18행에서 행렬끼리 더하는 연산을 빼기 연산으로 바꾸어 이미지를 표현하도록 한다.

1~17	(47~48쪽 1~17행 코드와 동일하므로 생략)	
18	diffImage = np.array(faceImg − smileImg)	# faceImg 행렬과 smaiImg 행렬의 차
19	print(diffImage)	# diffImage의 성분을 출력하기
20	for j in range(0, 16) :	# 원래 이미지 2개의 차로 새로 생성된 이미지 데이터 행렬
21	for i in range(0, 16) :	# diffImage를 출력하기
22	if(diffImage[j][i] > 0) :	
23	putPixel(i+20, j, pixelSize, 'orange')	
24	else :	
25	putPixel(i+20, j, pixelSize, 'white')	
26		

실행 결과

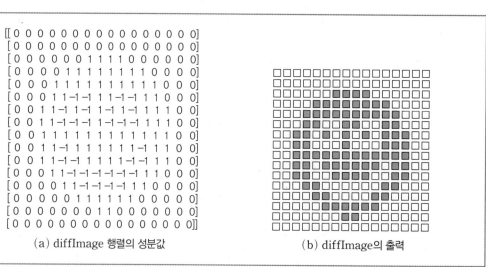

```
[[ 0 0 0 0 0 0 0 0 0 0 0 0 0 0 0 0]
 [ 0 0 0 0 0 0 0 0 0 0 0 0 0 0 0 0]
 [ 0 0 0 0 0 0 1 1 1 1 0 0 0 0 0 0]
 [ 0 0 0 0 1 1 1 1 1 1 1 1 0 0 0 0]
 [ 0 0 0 1 1 1 1 1 1 1 1 1 1 0 0 0]
 [ 0 0 0 1 1 -1 -1 1 1 -1 -1 1 1 0 0 0]
 [ 0 0 1 1 -1 1 -1 1 1 -1 1 -1 1 1 0 0]
 [ 0 0 1 1 -1 -1 -1 1 1 -1 -1 -1 1 1 0 0]
 [ 0 0 1 1 1 1 1 1 1 1 1 1 1 1 0 0]
 [ 0 0 1 1 1 -1 1 1 1 1 1 -1 1 1 0 0]
 [ 0 0 1 1 -1 -1 1 1 1 1 -1 -1 1 1 0 0]
 [ 0 0 0 1 1 -1 -1 -1 -1 -1 -1 1 1 0 0 0]
 [ 0 0 0 0 1 1 -1 -1 -1 -1 1 1 0 0 0 0]
 [ 0 0 0 0 0 1 1 1 1 1 1 0 0 0 0 0]
 [ 0 0 0 0 0 0 0 1 1 0 0 0 0 0 0 0]
 [ 0 0 0 0 0 0 0 0 0 0 0 0 0 0 0 0]]
```

(a) diffImage 행렬의 성분값   (b) diffImage의 출력

2-2. 여러 색을 갖는 이미지 데이터 표현하기

더 많은 색을 가진 이미지를 행렬로 표현하려면 어떻게 해야 할까? 앞서 본 것처럼 색상 테이블의 숫자와 색을 매칭하여 이미지 정보를 표현하는 방식은 제한된 색의 이미지에는 적용할 수 있지만, 모든 색을 표현하지는 못한다. 더 자연스러운 이미지 처리를 위해 실제와 유사한 색을 표현하는 방법으로 각 픽셀을 R(Red), G(Green), B(Blue) 값의 조합으로 나타내 보자. 이 방법은 앞서 각 픽셀에 표현된 0, 1과 같은 정수형의 단일값을 R, G, B에 해당하는 색 정보로 구성된 하나의 벡터로 대체하는 것이다. 마치 기존의 2차원 이미지 행렬의 각 성분값을 3개의 3색 정보로 분리하여 3개를 쌓아놓은 3차원 배열과 같다.

$$x_{ij} = [R_{ij}, G_{ij}, B_{ij}]$$

 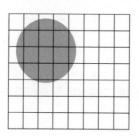

▲ 3차원 행렬

이번에는 빨강(R), 초록(G), 파랑(B)으로 표현된 실제 이미지 파일을 읽어 행렬 값으로 표현하는 형식과 내용을 살펴보자. 참고로 이미지 파일을 처리하기 위해 PIL(Python Imaging Library) 모듈을, 또한 프로그램에서 처리한 이미지 데이터 결과를 화면에 출력하기 위해 matplotlib 모듈을 사용한다.

[완성 파일: 2-2-06.py]

Pillow 패키지 설치하기
이미지 처리를 위해서는 PIL 모듈을 import해야 한다. PIL 패키지는 파이선 이미징 라이브러리로 이미지 데이터를 처리하거나 이미지 처리 기능을 제공하고 다양한 이미지 파일 포맷을 지원한다. 그런데 PIL 모듈을 이용하려면 image 라이브러리를 추가로 설치해야 한다. 이런 번거로움을 해소하기 위해 PIL로부터 확장된 Pillow 모듈을 아래의 사이트에서 다운로드하여 설치하도록 한다. (https://pypi.org/project/Pillow/)

```
pip install Pillow
```

1	# 외부 모듈 정의
2	import numpy as np # 벡터, 행렬 데이터를 쉽게 처리하기 위한 모듈 선언
3	import matplotlib.pyplot as plt # 화면에 이미지 데이터를 보여 주기 위한 모듈 선언
4	import PIL.Image as pilimg # 이미지 파일과 데이터 처리를 위한 모듈 선언
5	
6	im = pilimg.open('rgb_circle.bmp') # image file 읽어오기
7	pix = np.array(im) # image data를 numpy array로 구성하기
8	pixSize = np.array(pix.shape)
9	print(pixSize)
10	# pix array에서 각각 R(0), G(1), B(2) 성분값 외에는 0으로 만든 후
11	# 원본 이미지에서 R, G, B에 해당하는 배열 만들기
12	pix_R = pix.copy( )
13	pix_R[:, :, (1, 2)] = 0
14	pix_G = pix.copy( )
15	pix_G[:, :, (0, 2)] = 0
16	pix_B = pix.copy( )
17	pix_B[:, :, (0, 1)] = 0
18	
19	# 원본 이미지인 pix 행렬을 이미지 데이터로 출력
20	plt.subplot(141)
21	plt.imshow(pix)
22	plt.axis('off')
23	plt.title('RGB')
24	
25	# pix 행렬에서 이미지 데이터의 R 채널 출력
26	plt.subplot(142)
27	plt.imshow(pix_R)
28	plt.axis('off')
29	plt.title('R(Red)')
30	
31	# pix 행렬에서 이미지 데이터의 G 채널 출력
32	plt.subplot(143)
33	plt.imshow(pix_G)
34	plt.axis('off')
35	plt.title('G(Green)')

36	
37	# pix 행렬에서 이미지 데이터의 B 채널 출력
38	plt.subplot(144)
39	plt.imshow(pix_B)
40	plt.axis('off')
41	plt.title('B(Blue)')
42	plt.show( )

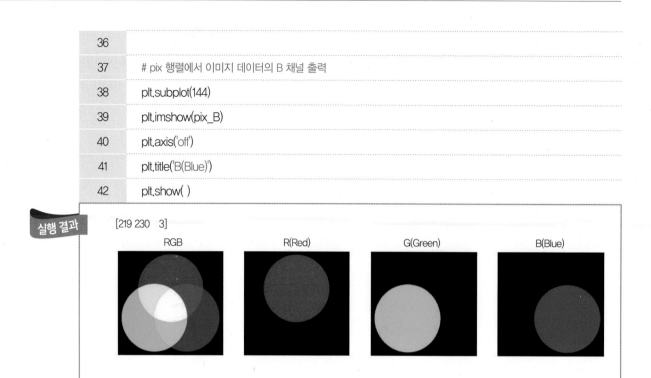

[219 230   3]

참고로 위 코드를 풍경 사진에 적용한 결과이다.

RGB 방식을 활용한 색의 구현

RGB는 빛의 삼원색인 빨강(Red), 초록(Green), 파랑(Blue)의 줄임말이다. RGB 방식이란 이 세 가지 색을 섞어 이미지나 영상을 표현할 수 있다. 하나의 픽셀(화소)마다 빨강, 초록, 파랑이 각각 1바이트(byte)씩의 정보가 저장되며 각각의 색 1바이트에는 0부터 255까지 256 단계의 농도를 나타낼 수 있다. 오른쪽 그림과 같이 삼원색을 모두 섞어 흰색(255,255,255)을, 아무것도 섞지 않아 검은색(0,0,0)을 만들거나 적절한 비율로 섞어 원하는 색을 표현할 수 있다.

우리의 눈을 통해 들어온 빨강, 초록, 파랑의 정보를 뇌에서 적절히 조합·해석하여 시선이 닿는 곳의 색을 정확히 인식하듯 컴퓨터 역시 이 세 가지 색을 수치화한 정보를 통해 색을 구현한다. 이러한 RGB 방식은 TV나 스마트폰의 화면, 컬러 프린터 등의 기기에서 색을 구현할 때 사용되며, 인터넷에서 RGB 색상표를 검색하면 다양한 색의 수치화된 데이터를 쉽게 볼 수 있다.

03 이미지 데이터 가공하기

3-1. 이미지 데이터 겹쳐 놓기

앞에서 두 개의 이미지가 있을 때 각 이미지 데이터 행렬의 합을 통해 이미지가 합성되는 것을 살펴보았다. 이번에는 두 개의 이미지를 겹쳐서 합성해 보자.

 +  =

▲ 합성한 사진

위와 같이 두 이미지를 겹치듯이 합성하려면 한 이미지가 다른 이미지의 영역을 완전히 덮어쓰지 않고, 서로 겹쳐지듯이 보이도록 해야 한다. 따라서 새롭게 만들어질 이미지에 두 이미지의 픽셀값이 각각 어느 정도 반영되어야 한다.

예를 들어 두 이미지 A, B를 합성할 때, 이미지 A가 반영되는 '어느 정도'를 가중치라 하고, 0과 1 사이의 실수 α로 표현한다. 이미지 A의 픽셀 p_A에 α만큼의 가중치를 곱하고 이미지 B의 픽셀 p_B에는 나머지 $(1-\alpha)$만큼의 가중치를 곱한 후 두 값을 더하면 두 이미지 A, B가 $\alpha : 1-\alpha$의 비율로 합성된 픽셀 p_N을 만들 수 있다.

$$p_N = \alpha \times p_A + (1-\alpha) \times p_B$$

이때, 픽셀은 색을 나타내는 [빨강(R) 초록(G) 파랑(B)]의 행렬이다. 따라서 각 가중치는 픽셀의 빨강(R), 초록(G), 파랑(B) 값에 모두 적용된다.

[잠깐, 수학 LINK 6] 이미지 데이터에 가중치를 부여하여 변환하려면 '행렬의 실수배' 개념을 활용할 수 있다. 잠시 '행렬의 실수배'에 대하여 알아보자.

관련 수학 개념 설명 _ 행렬의 실수배

LINK 6

1 행렬의 실수배

행렬 A의 각 성분에 실수 α를 곱한 것을 각 성분으로 하는 행렬을 행렬 A의 α배라 하고, αA로 표현한다.

예를 들어, $A = \begin{pmatrix} a_{11} & a_{12} \\ a_{21} & a_{22} \end{pmatrix}$일 때, $\alpha A = \begin{pmatrix} \alpha a_{11} & \alpha a_{12} \\ \alpha a_{21} & \alpha a_{22} \end{pmatrix}$이다.

2 행렬의 실수배에 대한 성질

두 행렬 A, B가 같은 꼴의 행렬이고, α, β가 실수일 때, 다음의 식이 성립한다.

① $(\alpha\beta)A = \alpha(\beta A)$

② $(\alpha+\beta)A = \alpha A + \beta A$

③ $\alpha(A+B) = \alpha A + \alpha B$

두 삼차정사각행렬 A, B에 대하여 행렬 A의 (i, j) 성분 a_{ij}를 $a_{ij}=i^2+j^2$, 행렬 B의 (i, j) 성분 b_{ij}를 $b_{ij}=ij$라 정의할 때, 행렬 $A-2B$를 구해 보자. (단, $i=1, 2, 3, j=1, 2, 3$이다.)

수학으로 풀어보기

행렬 $A-2B$의 (i, j) 성분은
$$a_{ij}-2b_{ij}=(i^2+j^2)-2ij$$
$$=i^2-2ij+j^2$$
$$=(i-j)^2$$

따라서 각각의 성분을 계산하면
$$A-2B=\begin{pmatrix} 0 & 1 & 4 \\ 1 & 0 & 1 \\ 4 & 1 & 0 \end{pmatrix}$$
이다.

파이선으로 풀어보기

1	# 두 삼차정사각행렬 A와 B 선언
2	A = [[0,0,0], [0,0,0], [0,0,0]]
3	B = [[0,0,0], [0,0,0], [0,0,0]]
4	# 답을 저장할 삼차정사각행렬 C 선언
5	C = [[0,0,0], [0,0,0], [0,0,0]]
6	# 행렬 A와 B의 각 성분값 구하기
7	for i in range(0, 3) :
8	for j in range(0, 3) :
9	A[i][j] = (i * i) + (j * j)
10	B[i][j] = i * j
11	print(A)
12	print(B)
13	# 행렬 C의 각 성분값을 A행렬과 B행렬의 연산으로 구하기
14	for i in range(0, 3) :
15	for j in range(0, 3) :
16	C[i][j] = A[i][j] − 2 * B[i][j]
17	print(C)

$$\begin{pmatrix} 0 & 1 & 4 \\ 1 & 0 & 1 \\ 4 & 1 & 0 \end{pmatrix}$$

이 방식을 두 이미지의 모든 픽셀에 적용하여 합성한 이미지를 만들기 위해 각 이미지를 표현하는 행렬에 가중치만큼 실수배를 한 후 행렬의 합을 구할 수 있다.

$$N=\alpha \times A+(1-\alpha) \times B$$

$$\begin{pmatrix} p_{N_{11}} & \cdots & p_{N_{1n}} \\ \vdots & \ddots & \vdots \\ p_{N_{m1}} & \cdots & p_{N_{mn}} \end{pmatrix}=\alpha \times \begin{pmatrix} p_{A_{11}} & \cdots & p_{A_{1n}} \\ \vdots & \ddots & \vdots \\ p_{A_{m1}} & \cdots & p_{A_{mn}} \end{pmatrix}+(1-\alpha) \times \begin{pmatrix} p_{B_{11}} & \cdots & p_{B_{1n}} \\ \vdots & \ddots & \vdots \\ p_{B_{m1}} & \cdots & p_{B_{mn}} \end{pmatrix}$$

민지는 얼마 전 언니가 보내온 조카의 사진들을 제주도를 배경으로 합성한 하나의 이미지로 만들어서 부모님 휴대전화의 홈 화면 배경으로 저장하려고 한다. 우선 표정이 잘 드러난 조카의 사진들을 골라서 가중치를 조절하면서 합성해 보자.

▲ 제주도의 비양도 사진

▲ 조카 사진

[Step 1] 원본 이미지 파일 읽어오기

이미지 처리에 필요한 외부 모듈을 불러오고, 원본 이미지 파일을 읽어오도록 한다.

[완성 파일: 2-2-07.py]

1	# 외부 모듈 읽어오기
2	import numpy as np
3	import matplotlib.pyplot as plt
4	import PIL.Image as pilimg　　　　　# 이미지 처리를 위한 모듈
5	
6	# image file 읽어오기
7	im1 = pilimg.open('jeju_summer.jpg')　# 배경 이미지 열기
8	im2 = pilimg.open('baby1.jpg')　　　　# 조카 이미지 1 열기
9	im3 = pilimg.open('baby2.jpg')　　　　# 조카 이미지 2 열기

사용할 이미지 'jeju_summer.jpg', 'baby1.jpg', 'baby2.jpg'는 파이선 소스 파일과 같은 폴더에 위치해 있도록 한다.

[Step 2] 읽어온 두 이미지 합성하기

이미지 데이터를 처리할 수 있도록 numpy의 행렬 데이터를 변환한다. 배경에 조카 사진을 두 개 겹치기 위해, 배경 이미지의 크기에 맞게 두 개의 조카 이미지를 각각 배경의 가로축 기준으로 절반이 되는 크기로 조정한다. 두 이미지를 붙일 때에는 numpy 모듈의 concatenate( ) 함수를 이용한다.

이제 배경 이미지로 사용할 제주도의 비양도 사진인 pix1과 조카 태오의 사진 2장을 나란히 붙인 pix4를 합성해 보자. 우선 가중치 계산을 위해 0부터 255까지의 정수로 표현된 픽셀의 빨강(R), 초록(G), 파랑(B) 속성값을 0과 1 사이의 실수로 변환하도록 한다.

10	pix1 = np.array(im1)　　　　　　　# 이미지 데이터를 numpy array로 구성
11	
12	# 조카 사진을 이어붙이기 위해 배경 이미지 크기에 맞추어 변경할 크기 계산하기
13	# 만약 배경 화면의 가로 크기가 홀수이면 첫 번째 이미지의 가로 크기를 반올림하기
14	resizeX2 = pix1.shape[1] / 2
15	if(pix1.shape[1] % 2 > 0) :　　　　　# 홀수인지 체크
16	resizeX1 = pix1.shape[1] / 2 + 1　# 홀수인 경우
17	else :
18	resizeX1 = pix1.shape[1] / 2　　# 짝수인 경우
19	
20	# 조카의 사진 2장을 나란히 붙이기 위해 배경 이미지 크기의 절반씩 차지하도록 크기 변경하기
21	im2 = im2.resize((int(resizeX1), int(pix1.shape[0])))　　# 첫 번째 조카 사진 크기 변경
22	pix2 = np.array(im2)
23	im3 = im3.resize((int(resizeX2), int(pix1.shape[0])))　　# 두 번째 조카 사진 크기 변경
24	pix3 = np.array(im3)
25	
26	# 조카 사진 두 개를 가로 방향을 기준으로 나란히 붙이기(axis값을 0으로 하면 세로로 설정됨.)

27	pix4 = np.concatenate((pix2, pix3), axis = 1) # 두 이미지를 가로 방향으로 붙이기
28	
29	# 이미지를 블렌딩하기 위해 각 픽셀의 RGB값을 (0~1)의 실수 범위로 정규화(normalize)
30	pix1 = (1 / 255) * pix1
31	pix4 = (1 / 255) * pix4

이제 합성할 이미지들의 행렬 데이터가 실수배와 합의 연산을 적용할 수 있도록 준비되었으므로 적당한
가중치를 부여하며 이미지의 합성을 위한 연산을 수행한다.

32	# 가중치 정하기(배경 이미지를 30%, 조카 이미지 두 개를 70%로 합성)
33	weight = 0.3
34	
35	# 가중치를 적용하기 위해 원본 이미지 행렬에 가중치를 실수배하여 합하기
36	pix5 = pix1 * weight + pix4 * (1 − weight)
37	
38	# 두 원본 이미지의 가중치를 반대로 적용한 이미지 생성하기
39	pix6 = pix1 * (1 − weight) + pix4 * weight

[Step 3] 합성한 이미지 출력하기

원본 두 이미지 사이에 합성된 이미지를 차례로 출력하여 결과를 확인할 수 있다.

40	# 배경 이미지와 조카 사진을 합성한 이미지 출력
41	plt.subplot(141)
42	plt.imshow(pix1)
43	plt.axis('off')
44	plt.title('background', fontsize = 10) # 배경 이미지 출력
45	
46	plt.subplot(142)
47	plt.imshow(pix4)
48	plt.axis('off')
49	plt.title('pictures of baby', fontsize = 10) # 조카 이미지 출력
50	
51	plt.subplot(143)
52	plt.imshow(pix5)
53	plt.axis('off')
54	plt.title('70% blended', fontsize = 10) # 두 개의 조카 이미지를 70% 합성한 이미지 출력
55	
56	plt.subplot(144)
57	plt.imshow(pix6)
58	plt.axis('off')
59	plt.title('30% blended', fontsize = 10) # 두 개의 조카 이미지를 30% 합성한 이미지 출력
60	plt.show( )

실행 결과

background   pictures of baby   70% blended   30% blended

[Step 4] 합성한 이미지 저장하기

마지막으로 합성한 결과물을 파일로 저장해 보자.

[완성 파일: 2-2-08.py]

1~39	(55~56쪽 1~39행 코드와 동일하므로 생략)	
40	pix5 = pix5 * 255	# 합성한 이미지를 RGB 값을 적용하여 저장하기
41	im5 = pilimg.fromarray(pix5.astype(np.uint8))	# 8bit unsigned integer로 인식하여 이미지 생성
42	im5.save('BlendedPic_70.png')	# 70% 합성한 이미지를 파일로 저장
43	pix6 = pix6 * 255	
44	im6 = pilimg.fromarray(pix6.astype(np.uint8))	
45	im6.save('BlendedPic_30.png')	# 30% 합성한 이미지를 파일로 저장

새롭게 생성된 'BlendedPic_70.png'과 'BlendedPic_30.png'는 파이선 소스 파일과 같은 폴더에 생성되므로 해당 폴더에서 이미지를 직접 확인할 수 있다.

이렇게 가중치를 다르게 조정하며 이미지를 합성하고 보니, 민지는 영화나 광고에서 회상 속 젊은 주인공이 나이든 모습으로 서서히 변해가는 장면들이 이와 같은 방식으로 처리됨을 짐작할 수 있었다. 이처럼 두 개 이미지의 중간 이미지를 생성하여 서서히 변화하는 컴퓨터 그래픽 기법을 모핑(morphing)이라고 한다. 예를 들어 부부의 얼굴 생김새를 바탕으로 2세의 생김새를 예측할 때에도 부부의 얼굴 이미지 데이터에 적절한 수식을 적용하여 계산한 결과이다. 사진을 찍은 후 사진 편집 애플리케이션에서 바로 이미지를 편집하거나 이모티콘을 덧붙이는 데에도 모두 모핑 기법이 사용된다.

모핑 (morphing)

모핑은 하나의 형체가 전혀 다른 이미지로 변화하는 기법, 즉 두 개의 서로 다른 이미지나 3차원 모델 사이의 변화하는 과정을 서서히 나타내는 것을 말한다. 특수 효과 전문회사 ILM(Industrial Light and Magic)이 개발한 기법으로 변형(metamorphosis)이란 단어에서 유래되었다. 마이클 잭슨(Michael Jackson)의 'Black or White'의 뮤직비디오(1991년)에서 사용하면서 관심을 끌었는데 여러 사람의 얼굴이 바뀌는 장면을 보면 쉽게 이해할 수 있다. 국내에서는 1994년 개봉한 영화 〈구미호〉에서 여주인공이 여우로 변신하는 장면에서 모핑 기법의 CG(컴퓨터 그래픽)가 처음 사용되었다. 모핑 알고리즘은 계속 발전하여 사용자의 지시 없이 소프트웨어가 충분히 근접한 이미지도 자동으로 모핑할 수 있다. 뿐만 아니라 영화, 광고, 애니메이션뿐만 아니라 디지털 폰트 디자인에도 활용되고 있다.

앞서 우리가 구현한 방식은 합성하려는 두 이미지의 픽셀 단위로 합성 식을 적용하는 가장 단순한 예이다. 실제로는 사람에 따라 얼굴의 윤곽, 눈, 코, 입의 위치와 비율이 다르다. 더욱 자연스러운 모핑을 위해 아래 그림과 같이 두 이미지 사이의 기준점을 찾아준 후 픽셀 단위(행렬)뿐만 아니라 기준점의 이동(벡터)까지 고려하여 합성된 이미지를 도출할 수 있는 높은 성능의 계산 알고리즘도 있다. 인공지능 기술을 이용하면 이미지를 인식하여 아래와 같은 기준점을 자동으로 찾아주는 기능까지 자동화할 수 있다.

3-2. 컬러 이미지를 흑백 이미지로 만들기

민지는 사진 찍을 당시의 느낌을 좀 더 강하게 표현하기 위해 가을 분위기, 따뜻한 느낌, 시원한 느낌, 블러링(blurring) 등 여러 필터를 적용해 본 적이 있다. 숫자로 표현한 이미지 데이터를 수학적으로 계산해서 이러한 감성을 표현할 수 있다는 점이 무척 흥미로웠다. 이를 좀 더 알아보기 위해 조카의 사진을 흑백 이미지로 바꾸는 작업을 하고자 한다.

이미지의 한 픽셀은 RGB 원소 색의 행렬로 표현된다. 빨강, 초록, 파랑, 즉 삼원색의 밝기를 적절히 조합하여 하나의 빛 성분(Luma)으로 표현할 수 있다. RGB의 각 원소의 값이 동일한 값일 때 회색톤으로 표현되는데 원래의 컬러 성분을 밝기 차이로 변환하는 것이다.

$$Luma = 0.2126 \times R + 0.7152 \times G + 0.0722 \times B$$

이렇게 각각의 픽셀에 대하여 구한 회색톤의 빛 성분을 아래와 같이 해당 픽셀의 R, G, B 성분으로 넣어주면 된다.

원본(컬러) 이미지의 픽셀		흑백(회색톤)으로 처리된 이미지의 픽셀
$p_{ij} = [R_{ij}, G_{ij}, B_{ij}]$	$\Rightarrow$	$p_{ij} = [Luma_{ij}, Luma_{ij}, Luma_{ij}]$

$$(\text{단, } Luma_{ij} = 0.2126R_{ij} + 0.7152G_{ij} + 0.0722B_{ij})$$

위 식의 R, G, B 성분에 곱해진 계수는 색의 밝기를 고려한 사례 중 하나이고, 이 계수를 어떻게 조정하느냐에 따라 결과물 또한 다소 차이가 발생한다. 차후에 이 계수를 변경하면서 적정한 톤을 찾아내는 것도 흥미로울 것이다. 카메라 또는 애플리케이션마다 필터링을 적용했을 때 조금 다른 결과물을 보이는 것도 이러한 계수의 미묘한 차이 때문이다.

이 방식을 이미지의 전체 픽셀에 각각 적용하면 컬러 이미지를 회색 이미지로 변환할 수 있다. 이 과정을 직접 프로그래밍해 보자.

우선 이미지 처리에 필요한 외부 모듈을 로딩하고, 원본 이미지 파일을 읽는다. 회색톤으로 변환하기 위한 작업을 위해 각 픽셀의 RGB 성분을 (0~1) 사이의 값으로 정규화한다.

[완성 파일: 2-2-09.py]

```
1    import numpy as np
2    import matplotlib.pyplot as plt
3    import PIL.Image as pilimg
4
5    im1 = pilimg.open('baby1.jpg')       # image file 읽어오기
6
7    # 이미지 데이터를 numpy array로 구성
8    pix1 = np.array(im1)
9    pix1 = (1/255) * pix1
10   pixSize1 = np.array(pix1.shape)
```

원본 이미지의 각 픽셀에 대해 흑백 변환 필터링 수식을 적용하여 회색의 픽셀로 변환한다.

```
11   pix2 = np.empty(pixSize1)
12
```

13	for i in range(pixSize1[0]) :
14	for j in range(pixSize1[1]) :
15	grayPix = 0.2126 * pix1[i][j][0] + 0.7152 * pix1[i][j][1] + 0.0722 * pix1[i][j][2] # 회색톤으로 변환
16	pix2[i, j] = (grayPix, grayPix, grayPix) # RGB의 값을 모두 회색톤으로 지정
17	plt.subplot(141)
18	plt.imshow(pix1) # 원본 이미지 출력
19	plt.axis('off')
20	plt.title('Original', fontsize = 9)
21	
22	plt.subplot(142)
23	plt.imshow(pix2) # 회색톤으로 변환할 이미지 출력
24	plt.axis('off')
25	plt.title('Gray converted', fontsize = 9)
26	plt.show( )

실행 결과

원본 이미지를 회색톤으로 변경하기 위해 각 픽셀에 특정 수식을 적용하였는데 우리가 흔히 애플리케이션에서 사진을 흐리게 만들거나 따뜻한 톤, 차가운 톤 등의 필터링을 하는 과정도 그 느낌을 표현할 수 있는 적절한 산술 연산을 통해 이루어진다. 식이 매우 복잡해도 컴퓨터의 빠른 계산 능력을 이용하여 실시간으로 이미지를 변환할 수 있다.

민지는 필터에 적용된 수식을 보면서 사람의 감성을 수학적으로 표현하고 있다는 사실이 새롭게 느껴졌다. 사진작가로서 언젠가 나만의 감성이나 스타일을 표현한 변환 알고리즘을 고안해서 고유한 필터를 만들어 보겠다는 목표를 세워 보았다.

3 소리 데이터 처리하기

태희는 휴대전화를 스마트폰으로 바꾼 후 인공지능 소프트웨어와 대화하는 취미가 생겼다. 인공지능 소프트웨어는 오늘의 날씨가 어떤지 묻는 질문에 답할 뿐만 아니라 오늘 기분이 어떤지 묻는 질문에도 그럴듯한 답변을 한다. 태희는 스마트폰과 같은 컴퓨터에서 소리를 인식하는 원리가 궁금해졌다.

◀ 인공지능 스피커

◀ 음성 인식 서비스

최근 들어 애플의 Siri, 구글, 아마존의 알렉사, 삼성의 빅스비, KT의 지니, SKT, 네이버, 카카오의 인공지능 스피커 등 일상생활 속에서 사용되고 있는 음성 기반의 입출력 사례들이 점차 늘어가고 있다. 이러한 서비스의 공통점은 사람이 말하는 소리를 컴퓨터가 잘 인식하여 동작을 수행하고, 그 결과를 다시 사람이 이해할 수 있는 소리로 출력한다는 것이다. 외부의 아날로그 소리를 컴퓨터에서 다룰 수 있듯이, 컴퓨터에서 만든 디지털 데이터를 우리가 들을 수 있는 소리로 만드는 과정을 알아보기로 한다.

01 소리 데이터 표현하기

태희는 인공지능 스피커나 스마트폰이 사람의 말을 알아듣고 대화하는 원리가 무척 궁금했지만, 소리 자체의 기본적인 특성에 대해서도 잘 모르고 있다는 생각을 하게 되었다. 음원을 다운로드할 때 소리 데이터가 어떻게 저장되는지, 데이터의 음량이나 음색을 바꾸는 원리는 무엇인지, 두 명 이상의 소리가 어떻게 한꺼번에 들리는지 알아보기로 했다.

우선 소리가 디지털 데이터로 어떻게 변환되는지부터 차근차근 살펴보자. 만약 소리 데이터가 생활 데이터나 이미지 데이터처럼 행렬로 표현될 수 있다면 소리 데이터를 다루는 것도 어렵지 않을 것이다. 태희는 소리 데이터를 다룰 수 있게 되면 좋아하는 음악과 메시지로 음성 카드 데이터를 만들어 인공지능 공부를 권해 주신 담임선생님께 스승의날 선물로 전송할 계획이다.

소리는 대기 중에서 미세한 기압의 파동(wave)을 일으켜 연속적인 크기의 진동으로 인간의 귀에 전달되는 신호이다.

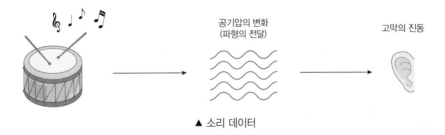

▲ 소리 데이터

소리 데이터는 시간 기준의 연속적인 데이터이므로 아래 그래프와 같이 시간 축에 대해 해당 시점의 소리 볼륨을 진동의 폭(진폭)으로 표현한다.

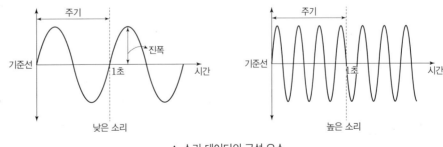

▲ 소리 데이터의 구성 요소

해당 시점에 진폭이 크면 큰 소리, 진폭이 낮으면 작은 소리이다. 어떤 소리의 볼륨을 키우려면 기준선을 중심으로 소리 파동의 진폭을 일정 비율로 키우면 된다. 또 일정한 시간(1초) 동안 주기적으로 나타나는 진동수(주파수)가 많을수록 날카롭고 높은 소리이고, 진동수가 적을수록 둔탁하고 낮은 소리이다.

아날로그 신호는 연속적이고 미세한 정보여서 기록하거나 전송하는 과정에서 잡음이 들어가거나 왜곡이 발생할 수 있다. 아날로그 신호를 여러 차례 반복해서 저장하거나 전송하게 되면 그만큼 원본이 변형되고, 변형된 아날로그 신호를 원래대로 복구하기란 쉽지 않다. 그런데 아날로그 소리 데이터를 디지털 데이터

주파수
전파나 음파가 1초 동안 진동하는 횟수를 주파수 혹은 진동수라고 한다.

로 변환하여 저장하면 이러한 문제를 해결할 수 있다. 문자나 이미지처럼 소리 데이터도 순서를 가진 숫자들의 행렬, 즉 디지털 데이터로 표현할 수 있다. 소리를 표현하는 디지털 데이터는 아날로그 상태일 때에 비해 변형이나 왜곡의 누적에 의한 손상이 줄어든다. 또 소리 데이터를 디지털화하면 보안 위험 요소에 대비한 암호화나 다양한 방식의 필터링, 합성 등을 더 쉽게 적용할 수 있다.

A/D 변환기
(Analog to Digital
Converter)
아날로그 신호를 디지털
신호로 변환해 주는 장치

D/A 변환기
(Digital to Analog
Converter)
디지털 신호를 아날로그
신호로 변환해 주는 장치

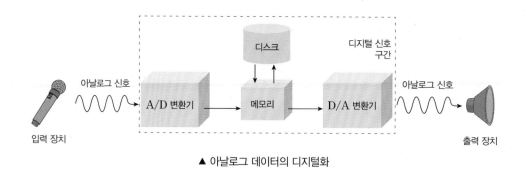

▲ 아날로그 데이터의 디지털화

그렇다면 아날로그 소리 데이터는 어떻게 디지털 데이터로 변환할 수 있을까? '2. 이미지 데이터 처리하기'에서 학습한 대로 이미지를 촘촘한 격자로 나누어 픽셀이라고 하고, 해당 픽셀의 색 정보들의 행렬로 이미지 데이터를 디지털화 하는 과정을 기억해 보자.

아래 그림과 같이 소리 데이터도 아날로그 구간인 시간 축을 일정한 간격으로 촘촘하게 나눈 후, 해당 시간의 소리의 진폭 정보를 숫자로 바꾸어 1차원 행렬로 디지털화한다. 이미지를 분할하는 격자 사이의 간격이 촘촘할수록 즉 해상도가 높을수록 디지털 정보가 원본 이미지에 가깝게 표현할 수 있는 것과 마찬가지로, 소리 데이터도 시간 축을 잘게 나눌수록 생성되는 디지털 정보가 상대적으로 원음에 더욱 가깝다. 대신 소리 데이터의 양이 많아지므로 이를 효율적으로 압축하는 방법들이 필요하다.

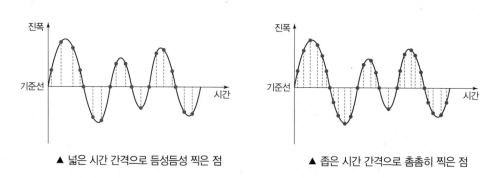

▲ 넓은 시간 간격으로 듬성듬성 찍은 점   ▲ 좁은 시간 간격으로 촘촘히 찍은 점

1초 구간을 쪼개어 데이터를 추출하는 작업을 **표본화** 혹은 **샘플링(sampling)**이라고 한다. 만약 1초 동안 8,000개의 데이터를 샘플링한다면 아날로그 파형의 전압값을 1/8000초 간격으로 추출한다는 의미이다. 샘플링 과정에서 추출한 진폭값을 일정한 범위의 디지털값으로 표현하는 과정을 **양자화 (quantization)**라고 한다. 양자화 과정에서 변환되는 진폭값의 표현 범위는 할당된 비트수에 따라 달라진다. 즉, 만약 샘플링 데이터를 8bit로 표현한다면 0부터 255 사이의 값으로 변환한다는 의미이다. 양자화에 사용되는 비트수가 클수록 더 섬세한 데이터를 표현할 수 있다.

이미지 데이터가 해상도에 따라 데이터의 규모가 달라지는 것처럼 소리 데이터는 시간 정보에 의해 데이터의 규모가 달라진다. 만약 1초에 8,000회를 샘플링하여 8bit로 표현한다면 64Kbps(64,000bits per second)의 디지털 데이터가 만들어지며, 전체 소리 데이터가 몇 초 구간이냐에 따라 총 데이터의 크기를 계산할 수 있다.

디지털 소리 데이터의 표현 방식

- 펄스 부호 변조(PCM; Pulse Code Modulation): PCM은 아날로그 신호의 디지털 표현으로, 신호 등급을 1초에 8,000번의 균일한 주기로 표본화한 후 샘플링한 값을 8비트의 디지털(이진) 코드로 양자화 처리하여 64Kbps 디지털 신호로 만든 것이다. PCM 방식은 전송 신호의 변조 방법에 관한 이론으로 1937년 프랑스의 A, H. Reeves에 의해서 발표되었으며 주로 디지털 전화 시스템에 쓰이며, 컴퓨터와 CD 레드북에서 디지털 오디오의 표준이기도 하다. 그러나 필요한 비트 수가 너무 커서 DVD, 디지털 비디오 레코더와 같은 소비자 수준의 SD 비디오에서는 쓰이지 않는다.
- wav: wav 또는 wave는 웨이브폼 오디오 포맷(웨이브 오디오 포맷, waveform audio format)의 준말로 개인용 컴퓨터에서 오디오를 재생하는 마이크로소프트와 IBM에서 표준적으로 사용되는 PCM 방식의 비압축 오디오 포맷이다. 이런 특징 덕분에 사운드 관련 코딩을 할 때 wav 파일을 쓰면 편리하다. 프로그램 구동음이나 일반 수준의 녹음용으로 사용되지만, 전문 녹음용으로는 wav가 아닌 다른 비압축 포맷이 더 많이 쓰이기도 한다. 일부 라디오 방송국에서는 mp2라는 압축 오디오 포맷 대신 비압축 wav 포맷을 사용하는 경우도 있다.
- mp3: mp3(mpeg−1 audio layer−3)는 mpeg−1의 오디오 규격으로 개발된 손실 압축 포맷이다. mp1, mp2를 개량하여 만들어서 가장 대중적인 음악 파일 포맷으로 여겨진다. mp3는 PCM 오디오 데이터를 사람이 듣기에 중요하지 않은 부분을 버리고 표현한 것이다(jpeg 이미지의 손실 압축 기법과 비슷하다.). mp3에서 사용하는 기술의 대부분은 오디오 데이터의 어느 부분을 폐기할 것인가를 결정하는 데에 있다. mp3 오디오는 각기 다른 대역폭으로 압축된다. 컴퓨터 디스크 등의 PCM 음성을 일반적으로 들을 만한 음질로 압축하여 크기를 1/10까지 줄일 수 있다. 데이터의 크기와 음질에 서로 관계가 있다. 데이터의 크기가 커지면 음질이 좋아지고, 데이터의 크기가 작아지면 음질은 떨어진다.

(출처: 위키피디아)

지금까지 소리 데이터의 디지털화 과정을 살펴보았다. 이번에는 실제 소리 파일의 데이터가 어떻게 구성되어 있는지 그래프로 알아보자.

[Step 1] 소리 데이터의 처리에 필요한 외부 모듈 설정하기

우선 그래프로 표현할 소리 데이터가 필요하다. 소리를 녹음한 여러 종류의 파일 중 상대적으로 데이터의 양은 많지만, 음원 손실이 없는 비압축 방식인 wav 형식의 소리 파일을 다루고자 한다. 이미 가지고 있던 wav 형식의 소리 파일을 사용하거나 컴퓨터에서 사용할 수 있는 도구로 간단히 인사말을 녹음한 후 wav 파일로 저장하여 사용해도 좋다.

소리 파일을 다루려면 소리 데이터를 저장하고 관리하기 위해 numpy 모듈, wav 형식의 파일을 메모리로 읽어들여 정보를 추출하기 위해 scipy 모듈, 소리 데이터를 그래프로 출력하기 위해 matplotlib 모듈이 필요하다. 또한 프로그램 내에서 소리 파일을 컴퓨터로 재생하기 위해서는 sounddevice 모듈도 필요하다.

소리 파일을 처리하는 데 필요한 외부 모듈을 import 명령어를 사용하여 다음과 같이 코딩해 보자.

[완성 파일: 2-3-01.py]

1	# 소리 파일을 다루기 위해 필요한 모듈	
2	import numpy as np	# 행렬 및 벡터 데이터 관리를 위한 numpy 모듈
3	import matplotlib.pyplot as plt	# 소리 데이터의 그래프 표현을 위한 모듈
4		
5	import scipy.io.wavfile	
6	import sounddevice as sd	# 소리 데이터를 실제 스피커로 출력하기 위한 사운드 장치 모듈

sounddevice 모듈 설치하기
시스템의 오디오 출력 장치를 사용하기 위해 sounddevice 모듈을 설치한다.

`pip install sounddevice`

5행: scipy.io.wavfile 모듈은 소리 파일을 읽어서 1초당 샘플링한 횟수인 샘플링 주파수(sampling rate)와 샘플링 시점의 진폭 데이터를 1차원 행렬로 반환한다.

[Step 2] 그래프로 표현할 소리 파일 읽어오기

필요한 외부 모듈을 import 명령어로 불러왔다면 이번에는 wav 파일을 읽어 오자. 본 교재에서는 'thank_you.wav'라는 파일을 사용하였다. 만약 본인만의 소리 데이터를 사용하고 싶다면 8행의 'thank_you.wav' 대신 사용할 파일명으로 변경하도록 한다. 이때 작업 폴더와 소리 파일의 폴더가 일치하지 않는다면 전체 경로를 정확히 표현해야 한다는 것에 주의해야 한다.

⑩ "C:\my_sound\thank_you.wav" ← C 드라이브의 [my_sound] 폴더에 소리 파일 저장

7	# 작업 폴더에 저장된 'thank_you.wav' 파일 읽기
8	v_samplerate, v_data = scipy.io.wavfile.read('thank_you.wav')
9	times = np.arange(len(v_data)) / float(v_samplerate)　　# x축 시간 정보 구하기

8, 9행: scipy.wavfile.read 명령어를 사용하여 샘플링 주파수를 v_samplerate 변수에 저장하고, 소리의 진폭 데이터는 v_data[ ]에 저장하였다. 이 데이터를 그래프로 표현하려면 x축의 시간 요소가 필요하다.

9행: np.arange( ) 함수를 이용해 v_data의 크기만큼 1부터 순차적으로 정수값을 채운 times 배열을 생성한 후 각 성분을 샘플링 주파수(v_samplerate)로 나누어 v_data[ ]의 성분값과 times[ ]의 실제 시간 정보가 매칭되도록 한다.

[Step 3] 그래프로 표현할 소리 파일 확인하기

읽어 들인 wav 파일의 샘플링 주파수와 시간, 소리(진폭) 데이터를 출력해 보자. 실행 화면을 보면 사용한 소리 파일은 샘플링 주파수가 22,050이며, 재생 시간(time)은 약 0.78초이다. 샘플링 주파수가 22,050이므로 1초에 22,050개의 샘플을 취했다는 뜻이고, 예제의 소리 파일의 재생 시간에 의해 17,230(=22,050×0.7813605442176871)개의 샘플 성분으로 구성되어 있음을 알 수 있다.

10	
11	print('sampling rate: ', v_samplerate)　　# wav 파일의 샘플링 주파수 출력
12	print('time : ', times[-1])　　# 소리의 재생 시간을 출력(times[ ]의 마지막 성분의 값)
13	print('vData : ', v_data[5000:5100])　　# 5,000번째 샘플링 데이터부터 100개를 출력
14	sd.play(v_data, v_samplerate)　　# 읽어 들인 wav 파일을 사운드 장치로 출력
15	
16	# wav 형식의 소리 데이터를 그래프로 출력(x축: 소요 시간, y축: 소리의 높낮이 진폭값)
17	plt.plot(times, v_data)
18	plt.xlim(times[0], times[-1])
19	plt.xlabel('time (s)')
20	plt.ylabel('amplitude')
21	plt.show( )
22	

실행 결과

```
sampling rate: 22050
time : 0.7813605442176871
vData : [ 2899   3912   4583   4520   3852   2744   1496    725    890   1968
         3470   4616   4867   4266   3267   2566   2671   3451   4471   5311
         5480   4789   3642   2628   2172   2296   2552   2587   2365   1788
          812   -417  -1848  -3250  -4074  -4209  -4236  -4794  -6158  -8135
       -10150 -11595 -12089 -11715 -11148 -11117 -11836 -13066 -14205 -14524
       -13937 -13173 -12830 -12816 -12661 -11620  -8703  -3632   2073   5600
         5077   1793   -231   2004   7297  11561  11937   9086   5769   3724
         2460   1004   -461  -1253  -1480  -2055  -3581  -5579  -7018  -7343
        -6614  -4950  -2371    628   2774   2899   1316     -9    945   4290
         8101  10304  10278   8894   7496   6716   6502   6936   7903   8664]
```

13행: 전체 데이터를 출력해도 좋지만, 이번 예제에서는 5,000번째 데이터부터 그 다음 데이터 100개만 출력한다.

14행: 불러 온 소리 데이터를 sounddevice 모듈의 play 명령어를 사용하여 스피커로 직접 소리를 확인할 수 있다.

17~21행: 마지막으로 시간 정보를 x축으로 하고, 진폭 데이터를 y축으로 하는 그래프를 출력한다.

생각해
보기

mp3 파일 등 다른 형식의 소리 파일들을 사용할 때에도 일단 wav 형식으로 변환한 후 원하는 작업을 하는 경우가 많다. mp3 파일을 wav 파일로 변환하는 외부 모듈을 사용하여 [Step 1]~[Step 3] 프로그램에서 표현한 것처럼 mp3로 압축된 소리 데이터를 그래프로 나타내어 보자.

소리 데이터 다루기

앞에서 아날로그 소리 데이터를 샘플링하여 wav 형식의 디지털 데이터로 변환한 후 그래프로 표현해 보았다. 그렇다면 우리가 직접 주기와 진폭값을 설정하여 임의의 소리도 만들 수 있지 않을까?

사람이 내는 소리는 각 음소, 음절에 따라 매우 가변적이고 다양한 모양의 파형을 가지고 있다. 임의의 소리를 만들려면 주기와 진폭을 가진 인위적인 파형이 되도록 숫자들을 구성하고, 일정한 시간 간격(샘플링 주파수)으로 숫자에 맞게 소리를 내도록 할 수 있다. 소리를 내는 것은 sounddevice 모듈을 활용하여 해결할 수 있으므로 우리는 적절한 모양의 파형을 가진 숫자 데이터를 만드는 것에 집중해 보자.

파형은 소리뿐만 아니라 네트워크 통신에 사용되는 전기적 파장, 자연 현상에서 발견되는 전자기적 흐름 등 여러 곳에서 확인할 수 있다. 파형 속에 어떤 패턴이 반복되는 주기가 있다는 것은 해당 구간이 계속 반복된다는 것을 의미한다. 어떤 패턴 구간이 반복된다고 했을 때 가장 간단한 형태를 원이라고 볼 수 있다. 좌표평면에서 원점 O를 중심으로 하고 반지름이 1인 원의 둘레를 따라 시계 반대 방향으로 움직이는 점의 y좌표는 1과 -1 사이의 값을 주기적으로 가지며 변한다는 것을 알 수 있다. 소리 데이터가 주기와 진동수를 가진 연속된 데이터라는 점에서 원의 특징과 소리의 특징은 서로 비슷한 면이 많다.

[잠깐, 수학 LINK 7] 원과 도형의 관계로부터 측량, 에너지 등을 측정하고 계산하는 규칙을 찾을 수 있다. 반지름과 각도를 이용하여 거리와 좌표를 계산하는 방식이 다소 어색할 수 있다. 하지만 자연 속에서 발견할 수 있는 주기와 주파수의 특징을 가지는 소리, 전파, 에너지의 파동을 설명하기 위해서는 반드시 필요한 원리이다. 잠시 삼각함수의 기원과 사인함수에 관해 알아보자.

관련 수학 개념 설명 _ 사인함수와 그래프

LINK 7

■ 삼각함수의 기원

삼각법은 고대로부터 토지 측량이나 천체 관측에 사용되는 수단으로 발전해 왔으며 이후 삼각함수 연구의 토대를 만들었다. 삼각법의 기원은 정확하게 알려져 있지 않으나, 초기에는 그리스의 천문학자 히파르코스(Hipparchos, B.C.190~B.C.125)에 의해 발전해 왔다고 알려져 있다. 그는 원에서 반지름의 길이가 일정할 때 중심각에 대한 현의 길이에 대하여 알아보았는데 이는 오늘날의 사인의 값을 구하는 원리가 되었다.

② 사인함수와 그래프

1. 사인(sine)

일반적으로 $\angle C = 90°$인 직각삼각형 ABC에서 $\angle A$의 크기가 정해지면 직각삼각형의 크기에 관계없이 두 변 $\overline{AB}$, $\overline{BC}$의 길이의 비는 항상 일정하다.

이때, $\dfrac{\overline{BC}}{\overline{AB}}$를 $\angle A$의 **사인**이라 하고, 이것을 기호로 $\sin A$와 같이 나타낸다.

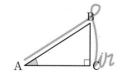

2. 사인함수의 그래프

오른쪽 그림과 같이 각 θ를 나타내는 동경과 단위원(반지름이 1인 원)의 교점을 $P(a, b)$라고 하면 $\sin \theta = b$이므로 $\sin \theta$의 값은 점 P의 y좌표에 의하여 정해진다.

따라서 점 P가 단위원을 따라 움직일 때 θ의 값의 변화에 따른 $\sin \theta$의 값의 변화를 조사하여, θ의 값을 가로축에 나타내고, 그에 대응하는 $\sin \theta$의 값을 세로축에 나타내어 사인함수 $y = \sin \theta$의 그래프를 그리면 다음과 같다.

여기에서 각의 크기 θ의 단위는 라디안을 사용한다. 각을 나타내는 호도법과 삼각함수에 대한 자세한 내용은 81쪽 Link 9를 참고한다.

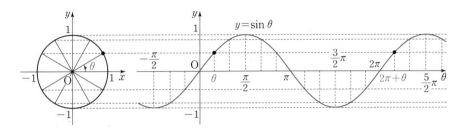

3. 사인함수 $y = \sin x$의 성질

함수의 정의역의 원소는 보통 x로 나타내므로 사인함수 $y = \sin \theta$에서 θ를 x로 바꾸어 $y = \sin x$로 쓰기도 한다.

❶ 정의역은 실수 전체의 집합이고, 치역은 $\{y \mid -1 \leq y \leq 1\}$이다.
❷ 함수 $y = \sin x$의 그래프는 원점에 대하여 대칭이다.
❸ 주기가 2π인 주기함수이다.

확인 문제 14

함수 $y = 2 \sin x$의 치역과 주기를 구하고, 그 그래프를 그려 보자.

수학으로 풀어보기

$-2 \leq 2 \sin x \leq 2$이므로 치역은 $\{y \mid -2 \leq y \leq 2\}$이다.
또 $2 \sin x = 2 \sin (x + 2\pi)$이므로 주기는 2π이다.
함수 $y = 2 \sin x$의 그래프는 다음과 같다.

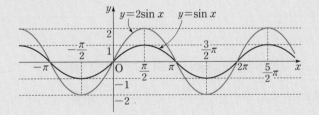

🔖 풀이 참고

삼각함수 그래프 중 사인함수의 그래프를 살펴보면 주기적으로 반복되는 패턴을 발견할 수 있다. 이는 규칙적인 파형의 모양과 유사하다. 실제로 자연적인 소리 데이터는 매우 불규칙한 파형으로 표현되지만, 간단한 소리를 만들어 보는 상황이므로 단순한 모양을 갖는 사인함수의 그래프의 파형으로 소리 데이터를 구성해 보자.

[Step 1] 소리 데이터에 필요한 외부 모듈과 환경 변수 설정하기

우선 소리 데이터를 생성하고 저장하기 위해 numpy 모듈, 생성한 소리 데이터를 그래프로 표현하기 위해 matplotlib 모듈, 만든 소리 데이터를 wav 파일로 저장하기 위해 scipy.io.wavfile 모듈을 import 명령어를 사용하여 불러온다.

[완성 파일: 2-3-02.py]

1	import numpy as np	# 행렬 및 벡터 데이터 관리를 위한 numpy 모듈
2	import matplotlib.pyplot as plt	# 소리 데이터의 그래프 표현을 위한 모듈
3	from scipy.io.wavfile import write	# wav 형식으로 소리 데이터를 저장하기 위한 모듈
4	import os	# wav 파일을 시스템 명령어로 재생하기 위한 모듈
5		

[Step 2] 생성할 소리 데이터의 속성과 사인함수로 생성할 데이터를 저장하기 위한 환경 변수 설정하기

이번에 만들 소리는 1초 분량의 데이터이며, 44.1KHz의 샘플링 주파수로 데이터를 구성하려고 한다. 따라서 데이터의 샘플링 간격은 1/44100 초이다.

6	# sampling rate	
7	Fs = 44100.0	# 정보 샘플링 주파수, 1초에 44100개의 샘플링, 단위는 Hz(주파수)
8		
9	# 1초 데이터 생성을 위한 환경 변수 설정	
10	tlen = 1	# 1초로 초기화
11	Ts = 1 / Fs	# 샘플링 사이의 간격(시간) 계산
12	t = np.arange(0, tlen, Ts)	# 소리 데이터를 생성할 시간 성분으로 구성된 배열로
13		# 0과 1 사이를 Ts(TimeStamp)의 간격으로 분할하여
14		# Fs 개의 데이터를 담을 수 있는 배열 t를 생성
15		

[Step 3] 사인함수를 이용하여 임의의 소리 데이터 만들기

일정한 주기의 파형 모양을 가지도록 연속 데이터를 만들어 보자. 앞서 배운 삼각함수의 원리에 따라 −1과 1 사이의 값으로 일정한 파형을 형성하는 연속적인 데이터를 만들기 위해 440Hz의 주기를 갖는 사인함수를 사용한다.

16	# 시그널 생성하기	
17	sin_freq = 440	# 사인 곡선의 주파수
18	src = 2 * np.pi * sin_freq * t	# t 배열의 각 성분값에 사인함수의 주기를 라디안 단위로 변환한
19		# src 배열을 준비
20	signal = np.sin(src)	# timestamp를 각으로 변환한 src 배열에 맞게 사인함수 데이터를 변환

17~20행: 사인함수의 인자로 들어갈 각을 라디안 단위로 표현한 배열이 필요하다. 이 배열을 numpy 모듈의 numpy.sin( ) 함수를 사용하여 각 성분값에 해당하는 사인함수 값으로 채워진 배열을 얻을 수 있다.

t(1/44100)

0	0.00002	0.00005	0.00007	0.00009	0.00011	0.00014	0.00016	0.00018

⇩ src[i] = 2 × pi(=3.14) × freqency × t[i]

src(라디안)

0	0.06268	0.12537	0.18806	0.25075	0.31344	0.37613	0.43882	0.50151

⇩ signal[i] = numpy.sin(src[i])

signal

0	0.06264	0.12505	0.18696	0.24813	0.30833	0.36732	0.42487	0.48075

440Hz 주기를 갖는 1초 데이터이므로 44,100개의 데이터가 모두 이러한 변환 과정을 거쳐서 생성된다.

21	# 데이터의 시각화: 생성한 시그널 데이터를 그래프로 표현
22	x_range = 200 # 시작부터 200개의 데이터만 보여 주기 위한 범위값 지정
23	plt.plot(t[0:x_range], signal[0:x_range], color = 'blue')
24	# x축의 timstamp에 사인함수로 생성한 데이터를 y축에 좌표로 그래프를 그림.
25	plt.show( ) # 200개의 데이터를 시각화한 그래프를 보여줌.
26	
27	# 데이터의 시각화: 시그널 데이터를 푸리에 변환하여 주파수 영역에서 시각화함.
28	freq = np.fft.fftfreq(len(t), Ts) # 주파수 영역에서의 샘플링 구간값의 배열
29	signal_f = np.fft.fft(signal) # 사인함수 값으로부터 주파수 영역에서의 정보를 나타내기 위한
30	# 푸리에 변환값을 signal_f 배열로 저장
31	plt.plot(freq[0:x_range], 20 * np.log10(np.abs(signal_f[0:x_range])), color = 'blue')
32	# x축의 주파수 성분에 맞게 그래프 그리기
33	plt.show( ) # 푸리에 변환된 200개 데이터를 그래프로 출력
34	

실행 결과

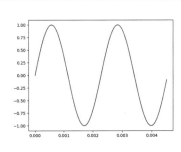 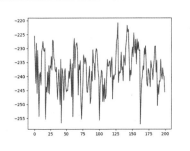

21~33행: 사인함수를 활용해 만든 소리 데이터를 그래프로 표현하는 과정을 나타낸 것이다.

22행: 1초 분량이라 하더라도 44,100개의 꽤 많은 데이터로 구성되므로 좀 더 세밀하게 파형을 볼 수 있도록 초기 200개의 데이터만 그래프로 출력하도록 설정하였다. [실행 결과]에서 소리 데이터 그래프 2개로 확인할 수 있다.

22~25행: 사인함수로 생성한 데이터로 그래프를 그리는 코드로 [실행 결과]의 왼쪽 그래프에 해당한다. 이 그래프는 사인함수 그래프를 그리는 값을 그대로 적용하여 시간축에 표현한 것이다.

27~33행: np.fft 함수를 사용해서 사인함수로 생성한 데이터를 변환하여 그래프를 그리는 코드로 [실행 결과]의 오른쪽 그래프에 해당한다. 이 그래프는 첫 번째 그래프의 데이터를 푸리에 변환(Furier

Transform)하여 표현한 결과로 주파수 환경에서의 파형 데이터를 표현하고 있다. 푸리에 변환은 사운드, 비전, 통신 분야 등 신호(Signal)를 주기적인 파형으로 분해할 수 있는 중요한 데이터 분석 방법이다.

[Step 4] 생성한 소리 데이터를 wav 형식의 파일로 저장하기

마지막으로 이렇게 생성한 소리 데이터를 wav 형식의 파일로 저장해 보자.

[완성 파일: 2-3-03.py]

1~20	(68쪽 1~20행 코드와 동일하므로 생략)
21	# 사인함수로 생성한 음성 데이터를 wav 형식의 파일로 저장
22	scaled = np.int16(signal/np.max(np.abs(signal))) * 32767
23	write('snd_signal.wav', 44100, scaled)
24	

생성된 'snd_signal.wav' 파일은 파이선 소스 파일과 같은 폴더에 생성되므로 해당 폴더에서 소리를 직접 확인해 볼 수 있다.

22행: 사인함수로 생성한 데이터는 np.abs( )로 구한 소리 데이터의 절댓값 중 최댓값을 찾아서(np.max( )) 소리 데이터의 모든 성분을 최댓값으로 나누어 −1과 1의 범위 내로 들어오도록 정규화(normalize)한다. 이 데이터를 다시 16비트로 표현할 수 있는 숫자 중 가장 큰 32,767을 곱해서 16비트로 양자화한 후(이를 16비트로 양자화한다고 말한다.) 최종 결과를 scaled 배열에 넣는다.

23행: 최종 결과가 저장된 scaled 배열의 데이터를 scipy.io.write( ) 함수를 사용하여 wav 파일로 저장한다. 코드가 오류 없이 작성되었다면 만들어진 소리 파일을 컴퓨터의 미디어 플레이어를 사용해 직접 소리로 확인해 보자.

푸리에 변환 (Furier Transform)

푸리에 변환은 임의의 입력 신호를 다양한 주파수를 갖는 주기함수들의 합으로 분해하여 표현하는 것이다. 다시 말해 푸리에 변환에서 사용하는 주기함수는 사인 삼각함수이며, 푸리에 변환은 고주파부터 저주파까지 다양한 주파수 대역의 사인함수들로 원본 신호를 분해하는 것이다.

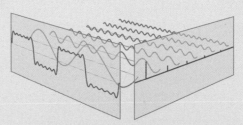

▲ 푸리에 변환 (그림 출처: 위키피디아)

위 그림에서 맨 앞의 붉은 색 신호는 입력 신호이고, 뒤의 파란색 신호들은 푸리에 변환(Fourier transform)을 통해 얻어진 (원본 신호를 구성하는) 주기함수 성분들이다. 각각의 주기함수 성분들은 고유의 주파수(frequency)와 진폭의 크기 즉 강도(amplitude)를 가지고 있으며 이들을 모두 합치면 원본 붉은색 신호가 된다.

여기서 입력 신호는 전파, 음성 신호 등과 같이 시간축(time)에 대해 정의된 신호일 수도 있고, 이미지(image) 등과 같이 공간축에 대해 정의된 신호일 수도 있다. 통신 분야에서는 푸리에 변환(Fourier transform)을 시간 영역에서 주파수 영역으로의 변환이라고 하고, 컴퓨터 비전(computer vision), 영상 처리 쪽에서는 공간 영역에서 주파수 영역으로의 변환이라고 부른다. 모두 원래 영역에서의 신호를 사인파, 코사인파의 주기 성분으로 분해하는 것이다.

실제로 어떤 신호를 사인파, 코사인파 성분으로 분해할 수 있는 푸리에 변환식을 다루지 않는다. 음성 혹은 영상 이미지의 변환에 관심이 있다면 푸리에 변환에 관한 자료를 찾아 상세히 공부해 보기 바란다.

참고 numpy.fft 모듈을 활용한 푸리에 변환

fft는 fast furier transform의 약자로 빠르게 푸리에 변환을 계산하는 기능을 제공한다.

• numpy.fft( ) 함수를 이용하면 신호 정보가 푸리에 변환되어 주파수 영역으로 변환된다.
• numpy.fft.fftfreq( ) 함수는 신호의 샘플 수와 샘플링 구간에 대해 fft 후의 주파수 값을 반환한다.

생각해
보기

사인함수로 데이터를 생성할 때 사인파의 주파수를 **440Hz**로 생성했다. 이 주파수를 조정하면서 주파수
에 따라 소리가 어떻게 달라지는지 확인해 보자.

[Step 5] 잡음 데이터 만들기

앞서 사인함수를 활용하여 주기적인 파형을 가진 소리 데이터를 만들어 냈다. 이번에는 특정 대역의 값
내에서 규칙성 없이 만들어지는 숫자들로 음성 데이터를 만들어 보자. 1초의 소리를 만들기 위해 -1과 1
사이의 임의 값 44,100개를 임의로 만들어 내려고 한다. 이때 생성되는 임의의 값이 가급적 고르게 퍼질
수 있도록 균등분포(uniform distribution)를 따르도록 생성한다. 이렇게 만든 소리를 들어보면 잡음
처럼 들리게 된다.

[잠깐, 수학 LINK 8] 수의 확률분포에 대한 개념을 이해하면 어떤 수열이 균등분포를 이룬다는 것의 의미
를 이해하는 데 도움이 된다. 잠시 확률변수와 확률분포에 대해 알아보자.

관련 수학 개념 설명 _ 확률분포

1 확률변수와 확률분포

어느 시행에서 일어날
수 있는 모든 결과의 집
합을 표본공간이라고
한다. 확률변수는 표본
공간을 정의역으로 하
며 실수 전체의 집합을
공역으로 하는 함수이
지만, 변수의 역할을 하
기 때문에 확률변수라
고 부른다.

한 개의 동전을 두 번 던지는 시행에서 나오는 앞면의 수를 확률변수 X라고 하자. 동전의 앞면을 H,
뒷면을 T라 하면 이 시행에서 표본공간 S는 $S=\{HH, HT, TH, TT\}$이고, 표본공간의 원소 HH,
HT, TH, TT에 대응하는 X의 값은 각각 2, 1, 1, 0이다. 즉, X는 0, 1, 2 중에서 하나의 값을 갖는
함수이다.

이와 같이 어떤 시행에서 표본공간의 각 원소에 하나의 실수의 값이 대응되는 함수를 **확률변수**라고
한다.

확률변수는 보통 영어 알파벳 대문자 X, Y, Z 등으로 나타내고, 확률변수가 가질 수 있는 값은 소문자
x, y, z 또는 x_1, x_2, x_3 등으로 나타낸다.

확률변수가 가질 수 있는 값이 유한개이거나 무한히 많더라도 자연수와 같이 셀 수 있을 때 그 확률변
수를 **이산확률변수**라 하고, 어떤 구간 안에 속하는 모든 실수의 값을 가질 때 그 확률변수를 **연속확률변
수**라고 한다.

확률변수 X가 a 이상
b 이하의 값을 가질 확
률은 $P(a \le X \le b)$와
같이 나타낸다.

예를 들어, 볼링공을 계속 굴리는 시행에서 스트라이크를 성공할 때까지 공을 굴린 횟수는 이산확률
변수이고, 7분 간격으로 도착하는 어느 버스를 기다리는 시간을 측정하는 시행에서 버스를 기다리는 시
간은 연속확률변수이다.

확률변수 X가 어떤 값 x를 가질 확률을 기호로 $P(X=x)$와 같이 나타낸다.

한편 확률변수 X가 갖는 값과 X가 이 값을 가질 확률의 대응 관계를 X의 **확률분포**라고 한다.

1. 이산확률변수의 확률분포

위에서 확률변수 X가 가질 수 있는 값은 0, 1, 2의 세 개이고, 그 확률은 각각 다음과 같다.

$$P(X=0)=\frac{1}{4}, \ P(X=1)=\frac{1}{2}, \ P(X=2)=\frac{1}{4}$$

이산확률변수 X가 가질 수 있는 모든 값 x_1, x_2, x_3, $\cdots$, x_n에 이 값을 가질 확률 p_1, p_2, p_3, $\cdots$, p_n
이 대응되는 함수 $P(X=x_i)=p_i$ $(i=1, 2, 3, \cdots, n)$을 이산확률변수 X의 **확률질량함수**라고 한다.

이산확률변수 X의 확률분포를 표와 그래프로 나타내면 각각 다음과 같다.

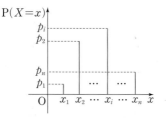

X	x_1	x_2	$\cdots$	x_i	$\cdots$	x_n	계
$\mathrm{P}(X=x_i)$	p_1	p_2	$\cdots$	p_i	$\cdots$	p_n	1

예를 들어, 위의 이산확률변수 X의 확률질량함수 $\mathrm{P}(X=x)$는 다음과 같다.

$$\mathrm{P}(X=x)=\begin{cases} \dfrac{1}{4} \ (x=0,\ 2) \\ \dfrac{1}{2} \ (x=1) \end{cases}$$

또 이산확률변수 X의 확률분포를 표와 그래프로 나타내면 다음과 같다.

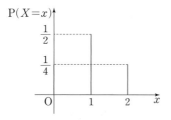

X	0	1	2	계
$\mathrm{P}(X=x)$	$\dfrac{1}{4}$	$\dfrac{1}{2}$	$\dfrac{1}{4}$	1

확률질량함수의 성질

이산확률변수 X의 확률질량함수 $\mathrm{P}(X=x_i)=p_i \ (i=1,\ 2,\ 3,\ \cdots,\ n)$에 대하여

❶ $0 \le p_i \le 1$

❷ $p_1+p_2+p_3+\cdots+p_n=1$

❸ $\mathrm{P}(x_i \le X \le x_j)=p_i+p_{i+1}+p_{i+2}+\cdots+p_j$ (단, $i,\ j=1,\ 2,\ 3,\ \cdots,\ n,\ i \le j$)

2. 연속확률변수의 확률분포

오른쪽 그림과 같이 일정한 간격으로 눈금이 정해진 원판의 중심을 축으로 하여 자유롭게 회전할 수 있는 바늘이 장치되어 있다고 할 때, 이 바늘을 회전시켜 저절로 멈춘 곳의 눈금을 확률변수 X라 하자. 이때 X는 0 이상 10 이하의 모든 값을 가질 수 있고, X가 그 값을 가지는 것은 같은 정도로 일어난다고 기대할 수 있으므로, X는 연속확률변수이다.

바늘이 a와 $b \ (0 \le a \le b \le 10)$ 사이에서 정지할 확률, 즉 연속확률변수 X가 a 이상 b 이하의 값을 가질 확률은 다음과 같다.

$$\mathrm{P}(a \le X \le b)=\frac{b-a}{10} \ (0 \le a \le b \le 10)$$

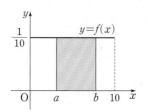

따라서 $\mathrm{P}(a \le X \le b)$는 함수 $f(x)=\dfrac{1}{10}$의 그래프와 x축 및 두 직선 $x=a$, $x=b$로 둘러싸인 도형의 넓이와 같다.

일반적으로 $\alpha \le X \le \beta$에서 모든 실수의 값을 가질 수 있는 연속확률변수 X에 대하여 $\alpha \le x \le \beta$에서 정의된 함수 $f(x)$가 다음 세 가지 성질을 만족시킬 때, 함수 $f(x)$를 확률변수 X의 **확률밀도함수**라고 한다.

확률밀도함수의 성질

❶ $f(x) \geq 0$

❷ 함수 $y=f(x)$의 그래프와 x축 및 두 직선 $x=\alpha$, $x=\beta$로 둘러싸인 도형의 넓이가 1이다.

❸ $\mathrm{P}(a \leq X \leq b)$는 함수 $y=f(x)$의 그래프와 x축 및 두 직선 $x=a$, $x=b$로 둘러싸인 도형의 넓이와 같다. (단, $\alpha \leq a \leq b \leq \beta$)

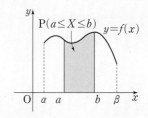

3. 균등분포(Uniform Distribution)

연속확률변수 X가 한 구간의 임의의 값을 '동일한 확률'로 가질 때 X는 그 구간에서 **균등분포**를 따른다고 한다. 균등분포를 고른분포 또는 균일분포라고도 하며, 이산균등분포와 연속균등분포로 나눌 수 있다.

이산균등분포(discrete uniform distribution)는 이산확률분포 중 확률함수가 정의된 모든 곳에서 그 값이 일정한 분포를 말하며, 연속균등분포(continuous uniform distribution)는 연속확률분포로 분포가 특정 범위 내에서 균등하게 나타난 분포를 말한다.

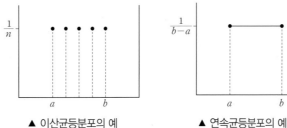

▲ 이산균등분포의 예　　　　　▲ 연속균등분포의 예

여러 분야의 데이터를 다루다 보면 어떤 군집의 특징을 해석하거나 혹은 그와 같은 특징의 수열을 생성해 내기 위해 분포에 대해 이해할 필요가 있다. 데이터 분석 및 해석에 균등분포, 정규분포, 지수분포, 카이제곱분포, 회귀분포 등 다양한 분포 유형을 사용할 수 있다.

확인 문제 15

연속확률변수 X의 확률밀도함수가 $f(x)=kx$ $(0 \leq x \leq 2)$일 때, 다음을 구해 보자. (단, k는 상수이다.)

① k의 값　　　　　　　　　　　　　② $\mathrm{P}(1 \leq X \leq 2)$

수학으로 풀어보기

① 함수 $f(x)=kx$ $(0 \leq x \leq 2)$의 그래프와 x축 및 직선 $x=2$로 둘러싸인 삼각형의 넓이가 1이므로

$$\frac{1}{2} \times 2 \times 2k = 1 \qquad \therefore k = \frac{1}{2}$$

② $\mathrm{P}(1 \leq X \leq 2)$의 값은 오른쪽 그림의 색칠한 사다리꼴의 넓이와 같으므로

$$\mathrm{P}(1 \leq X \leq 2) = \frac{1}{2} \times \left(\frac{1}{2}+1\right) \times 1 = \frac{3}{4}$$

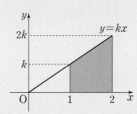

❏ ① $k=\frac{1}{2}$, ② $\mathrm{P}(1 \leq X \leq 2)=\frac{3}{4}$

임의의 난수열을 균등분포로 생성하여 잡음(noise) 데이터를 만들어 보자. numpy 모듈의 numpy.random.uniform( ) 함수를 사용하면 지정한 숫자 구간 내에서 균등분포의 난수열을 만들 수 있다.

[완성 파일: 2-3-04.py]

1~22	(68~69쪽 1~22행 코드와 동일하므로 생략)
23	noise = np.random.uniform(−1, 1, len(t)) # 균등분포의 난수로 구성된 잡음 데이터 생성
24	scaled_noise = noise * 0.3 # noise 데이터의 볼륨을 30% 수준으로 낮춤.
25	# 잡음 데이터와 볼륨을 낮춘 데이터 출력
26	print('noise[0:20] = ')
27	print(noise[0:20])
28	print('scaled_noise[0:20] = ')
29	print(scaled_noise[0:20])
30	# 데이터의 시각화: −1과 1 사이의 값으로 구간에서 생성한 잡음 데이터를 그래프로 표현
31	plt.plot(t[0:x_range], noise[0:x_range], color = 'red')
32	plt.show( )
33	
34	# 데이터의 시각화: 원 데이터의 볼륨을 낮춘 scaled_noise 데이터를 그래프로 표현
35	plt.plot(t[0:x_range], scaled_noise[0:x_range], color = 'green')
36	plt.ylim(−1, 1) # y축의 데이터 구간을 −1과 1 사이로 지정
37	plt.show( )
38	
39	# 생성한 잡음 데이터를 wav 형식의 파일로 저장, 70쪽 22행 참고
40	scaled = np.int16(noise/np.max(np.abs(noise)) * 32767)
41	write('noise_signal.wav', 44100, scaled)
42	

생성된 'noise_signal.wav' 파일은 파이선 소스 파일과 같은 폴더에 생성되므로 해당 폴더에서 소리를 직접 확인해 볼 수 있다.

실행 결과

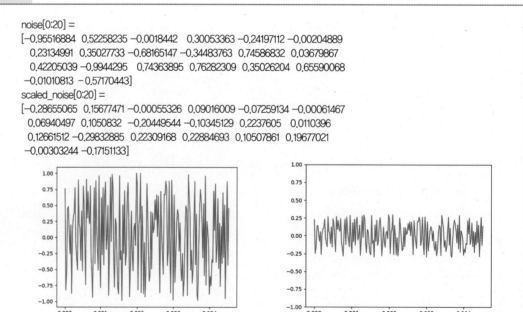

noise[0:20] =
[−0.95516884 0.52258235 −0.0018442   0.30053363 −0.24197112 −0.00204889
  0.23134991 0.35027733 −0.68165147 −0.34483763 0.74586832 0.03679867
  0.42205039 −0.9944295   0.74363895 0.76282309 0.35026204 0.65590068
 −0.01010813 −0.57170443]
scaled_noise[0:20] =
[−0.28655065 0.15677471 −0.00055326 0.09016009 −0.07259134 −0.00061467
  0.06940497 0.1050832 −0.20449544 −0.10345129 0.2237605   0.0110396
  0.12661512 −0.29832885 0.22309168 0.22884693 0.10507861 0.19677021
 −0.00303244 −0.17151133]

23, 24행: 우선 난수를 생성하여 잡음 데이터를 만든 후 적정하게 소리 크기를 조정한다. 소리의 크기는 진폭의 크기와 관계가 있으므로, 소리 데이터 값을 일정한 배율로 낮추면 소리 크기가 작아지고 반대로 높이면 소리 크기가 커진다. 이번 예제에서는 잡음 데이터의 30% 수준으로 소리 크기를 조정하였다. 이렇게 생성한 데이터를 그래프로 출력하는 것은 앞서 사인함수로 생성한 시그널 데이터를 시각화하는 것과 유사하다.

41행: 프로그램에서 저장한 'noise_signal.wav' 파일의 실제 소리를 들어 보면 의미를 알 수 없는 잡음을 확인할 수 있다.

난수
(Random Number)

난수(Random Number)란 주어진 범위 내에서 무작위로 추출된 수를 일컫는데, 난수는 누구라도 그 다음에 나올 값을 확신할 수 없어야 한다. 컴퓨터에 의해 생성된 모든 난수는 계산에 의해서 생성되므로 의사(擬似) 난수이다. 컴퓨터가 계산하는 결과는 입력값에 의해 결정된 값이기 때문에 이 값을 가지고는 진정한 의미의 난수를 생성하기 어렵다. 예측 불가능한 결과를 만들어 내기 위해 보통 시드(Seed)라고 불리는 수를 입력 인자로 매번 다르게 주어 매번 다른 의사 난수를 추출하여 사용한다. 이 시드는 보통 시각을 이용한다. 여기서 시각은 현재 시각을 의미한다. 매 순간 현재 시각이 바뀌며 한 번 지나간 시각은 다시 돌아오지 않는다는 특성은 이전에 발생했던 의사 난수 또는 의사 난수열을 재연 불가능하게 만들며, 이 시각이 밀리초 단위로 섬세하게 표현된다면 사람에 의한 임의적 조작도 사실상 불가능해진다.

03 소리 데이터 가공하기

3-1. 사인 파형의 소리와 잡음 소리 합성하기

일상생활 속에서 우리가 듣는 소리는 매우 다양하다. 친구와 함께 지하철을 타고 가며 대화를 하는 동안에도 주변에서 다른 사람들이 얘기하는 소리도 어렴풋이 들리고, 지하철 안내 방송이 들리기도 한다. 우리는 어떻게 이렇게 다양한 소리를 한꺼번에 들을 수 있을까?

원리는 간단하다. 각 음원(사람)으로부터 수신한 소리 파형들이 산술적으로 더해져서 하나의 소리로 합성된다. 그러면 각 소리들을 한꺼번에 들을 수 있다. 이때 들려오는 여러 소리 중 우리가 무엇에 집중하고 이해하는가에 대한 것은 또 다른 처리 과정이다.

지금까지 우리는 소리 데이터를 그래프로 표현하는 방법과 수열을 만들어 잡음 소리를 표현하는 방법을 확인해 보았다. 이번에는 두 개의 소리를 합성하는 작업을 진행해 보자.

앞에서 우리가 만든 두 개의 소리 데이터 중에서 삼각함수 사인 파형을 이용하여 만든 소리를 $Bsnd$, 균등 분포로 생성한 잡음을 $Nsnd$, 이 두 소리를 합성한 소리를 $Msnd$라고 하자. $Msnd$는 다음과 같이 $Bsnd$와 $Nsnd$ 데이터의 합이다.

$$Msnd = Bsnd + Nsnd$$

앞에서 언급한 바와 같이 잡음의 소리 크기를 낮추려면 사운드 데이터의 진폭을 줄이면 된다. 따라서 소리 데이터에 원하는 비율만큼 곱한다.

$$Msnd = Bsnd + a \times Nsnd$$
$$[m_1 m_2 \cdots m_n] = [b_1 b_2 \cdots b_n] + a \times [n_1 n_2 \cdots n_n]$$

[Step 1] 생활 속의 소리 합성하기

잡음 데이터 $Nsnd$의 소리 크기를 30%로 줄인 후($a=0.3$), 이 두 소리를 산술적으로 더한 데이터가 어떤 소리를 내는지 확인해 보자.

[완성 파일: 2-3-05.py]

1~23	(74쪽 1~23행 코드와 동일하므로 생략)
24	signal_n = signal + noise
25	# signal + noise로 두 소리 데이터를 산술적으로 더함.

26	scaled_noise = noise * 0.3	# 소리 크기를 30% 줄이기
27	signal_n = signal + scaled_noise	
28	# save as wav file	
29	scaled = np.int16(signal_n / np.max(np.abs(signal_n)) * 32767)	
30	write('snd_noise.wav', 44100, scaled)	
31	# show the raw signals	
32	plt.plot(t[0:x_range], signal[0:x_range], color = 'blue')	
33	plt.plot(t[0:x_range], scaled_noise[0:x_range], color = 'red')	
34	plt.show( )	
35	plt.plot(t[0:x_range], signal_n[0:x_range], color = 'green')	
36	plt.show( )	

생성된 'snd_noise.wav' 파일은 파이선 소스 파일과 같은 폴더에 생성되므로 해당 폴더에서 소리를 직접 확인해 볼 수 있다.

실행 결과

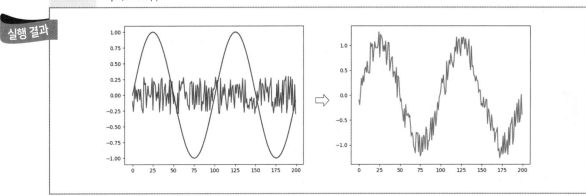

[Step 2] 소리 듣기

지금까지 작성한 파일들을 작업 폴더에서 직접 재생해 볼 수도 있지만, 프로그램으로 다음과 같이 작성하여 재생할 수 있다.

[완성 파일: 2-3-06.py]

1	import os
2	os.system('start snd_signal.wav')
3	os.system('start noise_signal.wav')
4	os.system('start snd_noise.wav')

3-2. 음성 카드 만들기

지금까지 학습한 내용을 바탕으로 태희는 평소에 좋아하는 피아노 연주 음원에 'Thank you'라는 음성 파일을 합성하여 담임선생님께 드릴 음성 카드를 만들어 보자.

[Step 1] 나만의 소리 파일의 데이터와 샘플링 주파수 확인하기

우선 카드에 넣을 배경 음악 파일과 직접 녹음한 음성 파일을 준비한다. 각 음성 파일은 wav 확장자를 가지며, 'scipy.io.wavfile' 모듈을 이용하여 파일을 불러와 소리 데이터와 샘플링 주파수를 확인한다.

[완성 파일: 2-3-07.py]

1	import numpy as np
2	import scipy.io as sio
3	from scipy.io.wavfile import write
4	import os
5	v_samplerate, v_data = sio.wavfile.read('thank_you.wav')
6	b_samplerate, b_data = sio.wavfile.read('Invisible_Beauty.wav')
7	
8	v_times = np.arange(len(v_data)) / float(v_samplerate)
9	b_times = np.arange(len(b_data)) / float(b_samplerate)
10	
11	print('sampling rate: ', v_samplerate, b_samplerate)
12	print('time : ', v_times[-1], b_times[-1])
13	print('len : ', len(v_data), len(b_data))
14	
15	print(v_data.shape)
16	print(b_data.shape)

실행 결과

```
sampling rate:  22050 44100
time :  0.7813605442176871 187.1887074829932
len :  17230 8255023
(17230,)
(8255023, 2)
```

　[실행 결과]의 첫 번째 줄을 살펴보면 각 데이터의 샘플링 주파수를 알 수 있다. 음성 데이터의 샘플링 주파수는 22,050이고, 배경 음악 데이터의 샘플링 주파수는 44,100이다. 즉, 1초 동안 음성 데이터는 22,050개의 성분으로 구성되어 있고, 배경 음악은 그 두 배의 성분으로 구성되어 있다. 배경 음악이 훨씬 세밀하게 데이터를 가지고 있으므로 음질이 더 좋다고 할 수 있다. 또한, [실행 결과]의 세 번째 줄을 통해 각 소리 데이터의 구조를 보았을 때 음성 데이터는 17,230개의 1초가 채 안 되는 1차원 데이터로 모노 타입의 채널인 반면, 배경 음악은 8,255,023개의 성분으로 약 6분가량의 사운드가 2차원 즉 스테레오 타입으로 구성되어 있다.

[Step 2] 나만의 소리 파일의 데이터와 샘플링 주파수를 그래프로 출력하기

[완성 파일: 2-3-08.py]

1~9	(78쪽, [Step 1]에서 1~9행 코드와 동일하므로 생략)
10	import matplotlib.pyplot as plt　　　　　　　# 소리 데이터의 그래프 표현을 위한 모듈
11	plt.plot(v_times, v_data)
12	plt.xlim(v_times[0], v_times[-1])
13	plt.xlabel('voice time (s)')
14	plt.ylabel('amplitude')
15	plt.show( )
16	plt.plot(b_times, b_data)

17	plt.xlabel('bg time (s)')
18	plt.ylabel('amplitude')
19	plt.show( )

실행 결과

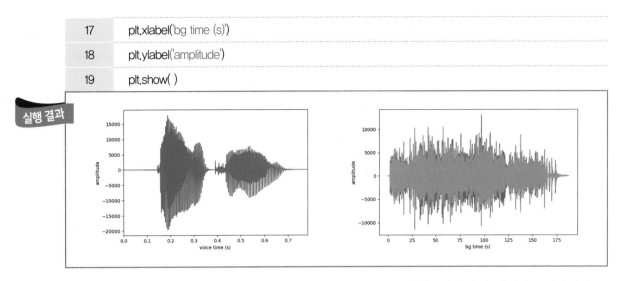

[실행 결과]에서 오른쪽 그래프는 배경 음악 데이터를 표현한 것이다. 배경 음악 데이터는 파란색과 주황색의 그래프가 겹쳐 보이며, 이를 통해 2개의 플롯으로 그래프가 구성됨을 알 수 있다.

[Step 3] 나만의 소리 파일의 샘플링 주파수와 채널 타입 바꾸기

[완성 파일: 2-3-09.py]

1~9	(78쪽, [Step 1]에서 1~9행 코드와 동일하므로 생략)
10	# stereo channel을 mono channel로 변경
11	if(len(v_data.shape) > 1) :
12	v_data = np.array(v_data[:, 0])
13	if(len(b_data.shape) > 1) :
14	b_data = np.array(b_data[:, 0])
15	
16	# downsampling: 2개의 소리 데이터 샘플링 주파수 중 더 낮은 샘플링 주파수값으로 변경
17	if(v_samplerate > b_samplerate) :
18	diffRate = int(v_samplerate / b_samplerate)
19	v_data = np.array(v_data[0:len(v_data):diffRate])
20	sr = b_samplerate
21	elif(v_samplerate < b_samplerate) :
22	diffRate = int(b_samplerate / v_samplerate)
23	b_data = np.array(b_data[0:len(b_data):diffRate])
24	sr = v_samplerate
25	else :
26	sr = b_samplerate

11~14행: 두 개의 소리 데이터 값을 모노 채널 타입으로 변경한다.

17~26행: 두 개의 소리 데이터 샘플링 주파수를 비교하여 더 낮은 샘플링 주파수 값으로 맞추는 작업이다. 우리는 이미 음성 데이터의 샘플링 주파수가 더 낮다는 것을 알고 있지만, 파일을 열어보기 전에는 두 데이터의 샘플링 주파수와 채널 유형을 알 수 없으므로 어떠한 경우에도 처리될 수 있도록 두 파일의 샘플링 정보와 데이터 구조를 비교하여 구한다.

[Step 4] 나만의 소리 데이터를 배경 음악과 합성하여 듣기

소리 데이터를 배경 음악의 약 10초 위치에 합성해 보자. 샘플링 주파수만큼의 데이터가 1초 분량이라면 소리 데이터의 10초 지점은 (샘플링 주파수(sr)×10)의 위치이다.

27	# 10초 지점의 배경 음악과 음성 데이터 합성하기
28	mix_data = v_data + b_data[sr * 10:len(v_data) + sr * 10]
29	
30	# 배경 음악 10초 위치에 합성한 데이터를 넣기
31	b_data[sr*10:len(v_data)+sr*10] = mix_data
32	
33	# 합성한 데이터를 wav 파일로 저장하기
34	scaled = np.int16(b_data/np.max(np.abs(b_data)) * 32767)
35	write('music_card.wav', sr, scaled)
36	os.system('start music_card.wav')

28행: 배경 음악의 10초 위치가 되는 지점의 데이터와 음성 데이터를 더해 mix_data를 만든다.

31행: 20행에서 만든 합성 데이터를 배경 음악 데이터의 10초 위치에 넣는다.

34~36행: 합성된 음성 데이터를 파일로 저장한 후 들어 본다.

이처럼 음악이나 음성 등 소리 데이터를 이용해서 내가 원하는 메시지나 소리를 조합할 수 있으며, 반대로 소리로부터 특정 패턴의 소리를 추출하여 분리해 낼 수도 있다. 태희는 이를 바탕으로 인공지능 스피커가 어떤 문장을 소리로 내거나 사람이 하는 소리를 이해하는 음성 인식 혹은 자연어 처리 분야에 대해 더 깊이 알아보기로 한다.

TTS (Text to Speech)	음성 합성(speech synthesis)은 말소리의 음파를 기계가 자동으로 만들어 내는 기술로, 간단히 말하면 모델로 선정된 한 사람의 말소리를 녹음하여 일정한 음성 단위로 분할한 다음, 부호를 붙여 합성기에 저장하였다가 지시에 따라 필요한 음성 단위만을 다시 합쳐 말소리를 인위적으로 만들어 내는 기술을 말하며, TTS(Text-to-Speech)라고도 한다. 음성의 분절음을 합성하는 것은 어렵고 결과가 좋지 않으므로 분절음의 경계를 중심으로 앞 음성의 뒷부분과 뒤 음성의 앞부분을 함께 기록하여 이를 토대로 음성을 합성하기도 한다. 음성 인식과 함께 번역 기계, 로봇 제조 기술 등 여러 곳에서 다양하게 쓰이고 있다.

1 일반각과 호도법

1. 일반각

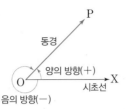

오른쪽 그림과 같이 평면 위의 두 반직선 OX, OP에 의하여 ∠XOP가 정해질 때, ∠XOP의 크기는 반직선 OP가 고정된 반직선 OX의 위치에서 점 O를 중심으로 반직선 OP의 위치까지 회전한 양이다. 이때 반직선 OX를 ∠XOP의 **시초선**, 반직선 OP를 ∠XOP의 **동경**이라고 한다.

각의 크기는 회전 방향이 양의 방향이면 양의 부호 +를, 음의 방향이면 음의 부호 −를 붙여서 나타낸다.
└→ 일반적으로 양의 부호 +는 생략한다.

시초선 OX는 고정되어 있으므로 ∠XOP의 크기가 정해지면 동경 OP의 위치는 하나로 정해진다. 그런데 동경 OP가 양의 방향 또는 음의 방향으로 한 바퀴 이상 회전할 수 있으므로 동경 OP의 위치가 정해져도 ∠XOP의 크기는 하나로 정해지지 않는다. 예를 들어 시초선 OX와 30°의 위치에 있는 동경 OP가 나타내는 각의 크기는 다음과 같이 여러 가지이다.

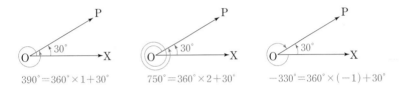

$390° = 360° × 1 + 30°$ $750° = 360° × 2 + 30°$ $-330° = 360° × (-1) + 30°$

일반적으로 시초선 OX와 동경 OP가 나타내는 한 각의 크기를 $a°$라고 하면 ∠XOP의 크기는 $360° × n + a°$ (n은 정수)의 꼴로 나타낼 수 있다. 이것을 동경 OP가 나타내는 **일반각**이라고 한다.

2. 호도법

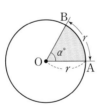

지금까지는 각의 크기를 나타낼 때, 30°, 90°, −150°와 같이 도(°)를 단위로 하는 육십분법을 사용하였다. 오른쪽 그림과 같이 중심이 O이고 반지름의 길이가 r인 원에서 호 AB의 길이가 r인 부채꼴 OAB의 중심각의 크기를 $a°$라고 하면, 호의 길이는 중심각의 크기에 정비례하므로

$r : 2πr = a° : 360°$이다.

따라서 $a° = \dfrac{180°}{π}$이다.

여기서 $\dfrac{180°}{π}$는 반지름의 길이 r의 값에 관계없이 항상 일정하다.

이 일정한 각의 크기 $\dfrac{180°}{π}$를 **1라디안**(radian)이라고 하며, 이것을 단위로 각의 크기를 나타내는 방법을 **호도법**이라고 한다. 일반적으로 호도법과 육십분법 사이에는 다음 관계가 성립한다.

호도법과 육십분법

$$1라디안 = \dfrac{180°}{π}, \quad 1° = \dfrac{π}{180}라디안$$

예를 들어, $30° = 30 × \dfrac{π}{180} = \dfrac{π}{6}$, $-\dfrac{2}{3}π = -\dfrac{2}{3}π × \dfrac{180°}{π} = -120°$와 같이 나타낼 수 있다.

1라디안은 약 57°17′45″이고 각의 크기를 호도법으로 나타낼 때는 단위인 '라디안'은 생략하고 1, $\dfrac{π}{3}$, π와 같이 실수처럼 쓴다.

❷ 삼각비

오른쪽의 직각삼각형 ABC, AB′C′, AB″C″, …는 모두 ∠A를 공통으로 하는 닮은 도형이다.

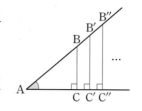

일반적으로 $\angle C = \dfrac{\pi}{2}$인 직각삼각형 ABC에서 ∠A의 크기가 정해지면 직각삼각형의 크기에 관계없이 두 변의 길이의 비는 항상 일정하다.

66쪽에서 설명했듯이 이때 $\dfrac{\overline{BC}}{\overline{AB}}$를 ∠A의 사인이라 하고, 기호로 $\sin A$와 같이 나타낸다.

$\dfrac{\overline{AC}}{\overline{AB}}$를 ∠A의 **코사인**이라 하고, 이것을 기호로 $\cos A$와 같이 나타낸다.

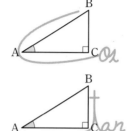

그리고 $\dfrac{\overline{BC}}{\overline{AC}}$를 ∠A의 **탄젠트**라 하고, 이것을 기호로 $\tan A$와 같이 나타낸다.

$\sin A$, $\cos A$, $\tan A$를 통틀어 ∠A의 **삼각비**라고 한다.

sin, cos, tan는 각각 sine, cosine, tangent 의 약자이다.

삼각비의 성질

$\angle C = \dfrac{\pi}{2}$인 직각삼각형 ABC에서

❶ $\sin A = \dfrac{\overline{BC}}{\overline{AB}} = \dfrac{a}{c}$ ❷ $\cos A = \dfrac{\overline{AC}}{\overline{AB}} = \dfrac{b}{c}$

❸ $\tan A = \dfrac{\overline{BC}}{\overline{AC}} = \dfrac{a}{b}$

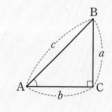

다음은 특수각에 대한 삼각비 값을 정리한 것이다.

(0), $\dfrac{\pi}{6}$, $\dfrac{\pi}{4}$, $\dfrac{\pi}{3}$, $\left(\dfrac{\pi}{2}\right)$의 삼각비의 값

삼각비＼A	(0)	$\dfrac{\pi}{6}$	$\dfrac{\pi}{4}$	$\dfrac{\pi}{3}$	$\left(\dfrac{\pi}{2}\right)$
$\sin A$	0	$\dfrac{1}{2}$	$\dfrac{\sqrt{2}}{2}$	$\dfrac{\sqrt{3}}{2}$	1
$\cos A$	1	$\dfrac{\sqrt{3}}{2}$	$\dfrac{\sqrt{2}}{2}$	$\dfrac{1}{2}$	0
$\tan A$	0	$\dfrac{\sqrt{3}}{3}$	1	$\sqrt{3}$	

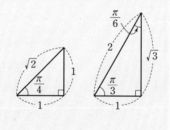

확인 문제 16

오른쪽 그림과 같이 $\angle C = \dfrac{\pi}{2}$인 직각삼각형 ABC에서 $\overline{AB} = 14$, $\angle A = \dfrac{\pi}{6}$일 때, $\overline{AC}$, $\overline{BC}$의 길이를 구하여라.

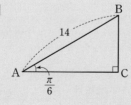

🔵수학으로 풀어보기

$\cos \dfrac{\pi}{6} = \dfrac{\overline{AC}}{14}$이므로 $\overline{AC} = 14 \times \cos \dfrac{\pi}{6} = 14 \times \dfrac{\sqrt{3}}{2} = 7\sqrt{3}$

$\sin \dfrac{\pi}{6} = \dfrac{\overline{BC}}{14}$이므로 $\overline{BC} = 14 \times \sin \dfrac{\pi}{6} = 14 \times \dfrac{1}{2} = 7$

🔲 $\overline{AC} = 7\sqrt{3}$, $\overline{BC} = 7$

❸ 삼각함수

오른쪽 그림과 같이 중심이 원점 O이고 반지름의 길이가 r인 원 위의 점 P(x, y)에 대하여 동경 OP가 나타내는 각의 크기를 θ라고 하자.

이때 다음 비의 값 $\dfrac{y}{r}$, $\dfrac{x}{r}$, $\dfrac{y}{x}$ $(x \neq 0)$는 r의 값에 관계없이 θ의 값에 따라 각각 하나씩 결정되므로, 실수 θ와 위의 비의 값 사이의 대응 관계

$\theta \longrightarrow \dfrac{y}{r}$, $\theta \longrightarrow \dfrac{x}{r}$, $\theta \longrightarrow \dfrac{y}{x}$ $(x \neq 0)$는 각각 θ에 대한 함수이다.

이와 같은 함수들을 각각 θ에 대한 **사인함수**, **코사인함수**, **탄젠트함수**라고 하고 기호로 $\sin \theta$, $\cos \theta$, $\tan \theta$와 같이 나타낸다. 이 세 함수를 통틀어 **삼각함수**라고 한다.

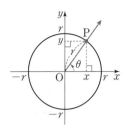

삼각함수

동경 OP가 나타내는 각의 크기 θ에 대하여

$$\sin \theta = \frac{y}{r} \qquad \cos \theta = \frac{x}{r} \qquad \tan \theta = \frac{y}{x} \ (x \neq 0)$$

확인 문제 17

$\theta = \dfrac{4}{3}\pi$일 때, $\sin \theta$, $\cos \theta$, $\tan \theta$의 값을 구해 보자.

수학으로 풀어보기

오른쪽 그림과 같이 각 $\dfrac{4}{3}\pi$를 나타내는 동경과 중심이 원점 O, 반지름의 길이가 1인 원의 교점을 P, 점 P에서 x축에 내린 수선의 발을 H라 하자.

삼각형 OHP에서 $\overline{OP} = 1$이고 $\angle POH = \dfrac{\pi}{3}$이므로

$\overline{OH} = \overline{OP} \cos \dfrac{\pi}{3} = \dfrac{1}{2}$, $\overline{PH} = \overline{OP} \sin \dfrac{\pi}{3} = \dfrac{\sqrt{3}}{2}$

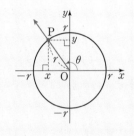

이때 점 P가 제3사분면 위의 점이므로 P$\left(-\dfrac{1}{2}, \ -\dfrac{\sqrt{3}}{2} \right)$이다.

따라서 삼각함수의 정의에 의하여

$\sin \theta = -\dfrac{\sqrt{3}}{2}$, $\cos \theta = -\dfrac{1}{2}$, $\tan \theta = \sqrt{3}$이다.

답 $\sin \theta = -\dfrac{\sqrt{3}}{2}$, $\cos \theta = -\dfrac{1}{2}$, $\tan \theta = \sqrt{3}$

---

❹ 삼각함수의 그래프

1. 코사인함수의 그래프

사인함수 그래프의 설명은 66쪽 LINK 7을 참고한다.

오른쪽 그림과 같이 각 θ를 나타내는 동경과 단위원의 교점을 P(a, b)라고 하면 $\cos \theta = a$이므로 $\cos \theta$의 값은 점 P의 x좌표에 의하여 정해진다. 따라서 점 P가 단위원을 따라 움직일 때 θ의 값의 변화에 따른 $\cos \theta$의 값의 변화를 조사하여, θ의 값을 가로축에 나타내고 그에 대응하는 $\cos \theta$의 값을 세로축에 나타내어 코사인함수 $y = \cos \theta$의 그래프를 그리면 다음과 같다.

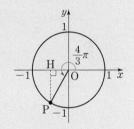

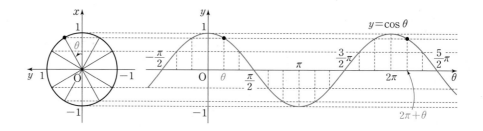

코사인함수 $y=\cos\theta$ 에서 θ를 x로 바꾸어 $y=\cos x$로 쓰기도 한다.

코사인함수 $y=\cos x$의 성질

❶ 정의역은 실수 전체의 집합이고, 치역은 $\{y\,|\,-1\leq y\leq 1\}$이다.

❷ 함수 $y=\cos x$의 그래프는 y축에 대하여 대칭이다.

❸ 주기가 2π인 주기함수이다.

> **참고** 함수 $y=\cos x$의 그래프는 함수 $y=\sin x$의 그래프를 x축의 방향으로 $-\dfrac{\pi}{2}$만큼 평행이동한 것과 같음을 알 수 있다.

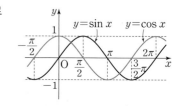

확인 문제 18

함수 $y=\cos 2x$의 치역과 주기를 구하고, 그 그래프를 그려 보자.

수학으로 풀어보기

$-1\leq\cos 2x\leq 1$이므로 치역은 $\{y\,|\,-1\leq y\leq 1\}$이다.

또 $\cos 2x=\cos(2x+2\pi)=\cos 2(x+\pi)$이므로 주기는 π이다.

함수 $y=\cos 2x$의 그래프는 다음과 같다.

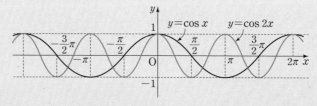

> **참고** 두 함수 $y=\sin ax$, $y=\cos ax$의 주기는 모두 $\dfrac{2\pi}{|a|}$이다.

📖 풀이 참고

2. 탄젠트함수의 그래프

각 θ를 나타내는 동경과 단위원의 교점을 $\mathrm{P}(a,b)$라고 하자.

$\theta\neq n\pi+\dfrac{\pi}{2}$ (n은 정수)일 때, 오른쪽 그림과 같이 단위원 위의 점

$\mathrm{A}(1,0)$에서의 접선 l과 동경 OP의 교점을 $\mathrm{T}(1,t)$라고 하면

$$\tan\theta=\frac{b}{a}=\frac{t}{1}=t$$

이므로 $\tan\theta$의 값은 점 T의 y좌표로 정해진다.

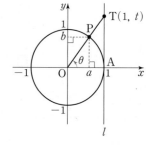

한편 $\theta=n\pi+\dfrac{\pi}{2}$ (n은 정수)일 때, 각 θ를 나타내는 동경 OP는 y축 위에 있다. 이때 점 P의 x좌표는 0이므로 $\tan\theta$의 값은 정의되지 않는다. 따라서 θ의 값을 가로축에 나타내고, 그에 대응하는 $\tan\theta$의 값을 세로축에 나타내어 탄젠트 함수 $y=\tan\theta$의 그래프를 그리면 다음 그림과 같다.

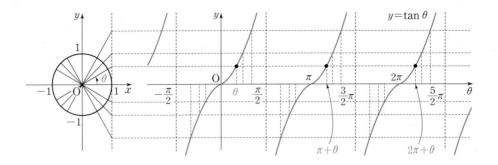

탄젠트 함수 $y=\tan\theta$ 에서 θ를 x로 바꾸어 $y=\tan x$로 쓰기도 한다.

탄젠트함수 $y=\tan x$의 성질

❶ 정의역은 $n\pi+\dfrac{\pi}{2}$ (n은 정수)를 제외한 모든 실수의 집합이고, 치역은 실수 전체의 집합이다.

❷ 함수 $y=\tan x$의 그래프는 원점에 대하여 대칭이다.

❸ 주기가 π인 주기함수이다.

❹ 함수 $y=\tan x$의 그래프의 점근선은 직선 $x=n\pi+\dfrac{\pi}{2}$ (n은 정수)이다.

확인 문제 19

함수 $y=\tan 2x$의 주기와 점근선의 방정식을 구하고, 그 그래프를 그려 보자.

수학으로 풀어보기

$$\tan 2x=\tan(2x+\pi)=\tan 2\left(x+\dfrac{\pi}{2}\right)$$

따라서 주기는 $\dfrac{\pi}{2}$이고, 점근선의 방정식은 $x=\dfrac{n}{2}\pi+\dfrac{\pi}{4}$ (n은 정수)이며, $y=\tan 2x$의 그래프는 오른쪽 그림과 같다.

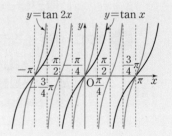

참고 함수 $y=\tan ax$의 주기는 모두 $\dfrac{\pi}{|a|}$이다.

📄 풀이 참고

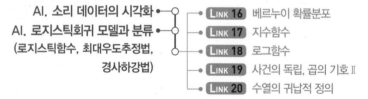
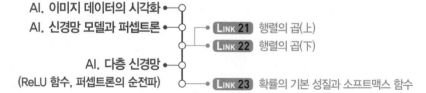

이 단원에서 무엇을 배울까

기계 학습으로 다양한 문제를 해결하는 프로그래밍을 경험해 본다. 데이터의 시각화, 분류, 군집화, 회귀 분석 등을 통해 데이터의 특성과 기계 학습 프로그래밍의 과정을 파악하고, 인공지능 기술이 우리의 삶에 영향을 미치고 있음을 이해하도록 한다.

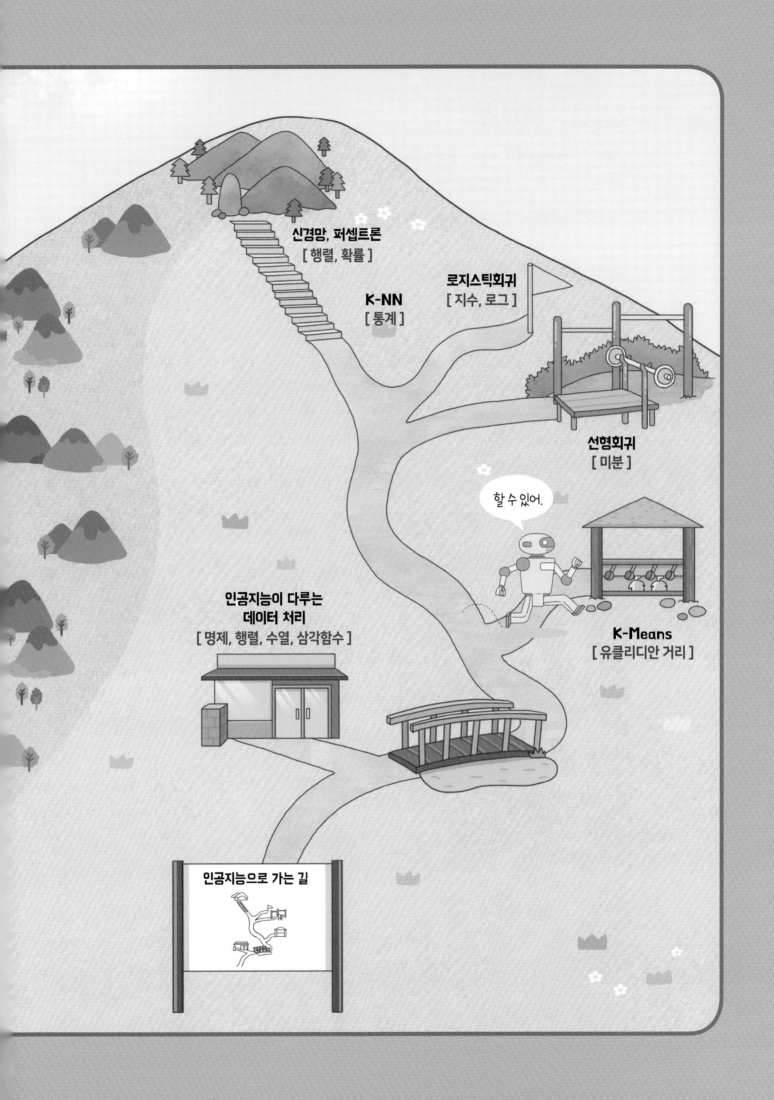

1 내가 만약
축구팀 감독이라면

'슛! 골인'

산하와 지은이는 요즘 축구 게임에 푹 빠져 있다. 화면 속 축구 선수들은 내가 조작하는 대로 움직이고, 골을 넣었을 때는 멋진 세레모니까지 보여 준다. 컴퓨터로 하는 게임이지만 생생한 배경음이 나와 진짜 축구 경기장에 있는 듯하다. 특히, 게임 속에 등장하는 유명한 선수들을 직접 선택할 수 있어 마치 내가 축구팀의 감독이 된 것 같아 더욱 신난다.

지은이는 문득 선수들의 다양한 정보를 바탕으로 최고의 팀을 만들기 위한 선수 조합을 알려 주는 인공지능 프로그램이 있다면 좋을 것 같다는 생각이 들었다. 선수들의 특성에 따라 필요한 선수를 선발하고 관리하는 데 도움이 될 것이기 때문이다. 지은이는 산하와 함께 축구 선수들의 기록 데이터를 살펴보며, 여러 가지 특성에 따라 선수를 분류하는 프로그램을 만들기로 했다.

01 데이터 수집하기

SOFIFA 사이트에서는 최근 실제 축구 경기에서의 기록을 바탕으로 만든 선수들의 데이터를 확인할 수 있다. 해당 데이터는 축구 게임을 만드는 데 기초 정보로 활용되고 있다.

여러 나라의 축구 선수들의 데이터를 확인하기 위해 SOFIFA 사이트에서 2019년 국제축구연맹 (FIFA; Federation Internationale de Football Association)의 자료를 찾아보자. SOFIFA 사이트에서 찾은 데이터를 csv 파일로 저장한 후 파이선으로 작성한 프로그램에서 데이터 분석에 사용해 보자.

참고 사이트
https://www.kaggle.
com/karangadiya/
fifa19/version/4
위 사이트에서 2019년
FIFA 선수들의 데이터가
담긴 csv 파일을 바로 내려
받을 수 있다.

csv 파일 정리해서 링크 생성하기
본문에서는 다운받은 파일
제목을 fifa2019로 바꾸어
서술하였다.

	ID	Name	Age	Photo	Nationality	Flag	Overall	Potential	Club	Club Logo	Value	Wage	Special	Prefer
0	158023	L. Messi	31	https://cd	Argentina	https://cd	94	94	FC Barcel	https://cd	€110.5M	€565K	2202	Left
1	20801	Cristiano	33	https://cd	Portugal	https://cd	94	94	Juventus	https://cd	€77M	€405K	2228	Right
2	190871	Neymar Jr	26	https://cd	Brazil	https://cd	92	93	Paris Sain	https://cd	€118.5M	€290K	2143	Right
3	193080	De Gea	27	https://cd	Spain	https://cd	91	93	Manchest	https://cd	€72M	€260K	1471	Right
4	192985	K. De Bru	27	https://cd	Belgium	https://cd	91	92	Manchest	https://cd	€102M	€355K	2281	Right
5	183277	E. Hazard	27	https://cd	Belgium	https://cd	91	91	Chelsea	https://cd	€93M	€340K	2142	Right
6	177003	L. Modrić	32	https://cd	Croatia	https://cd	91	91	Real Madi	https://cd	€67M	€420K	2280	Right
7	176580	L. Suárez	31	https://cd	Uruguay	https://cd	91	91	FC Barcel	https://cd	€80M	€455K	2346	Right
8	155862	Sergio Ra	32	https://cd	Spain	https://cd	91	91	Real Madi	https://cd	€51M	€380K	2201	Right
9	200389	J. Oblak	25	https://cd	Slovenia	https://cd	90	93	Atlético M	https://cd	€68M	€94K	1331	Right
10	188545	R. Lewand	29	https://cd	Poland	https://cd	90	90	FC Bayern	https://cd	€77M	€205K	2152	Right
11	182521	T. Kroos	28	https://cd	Germany	https://cd	90	90	Real Madi	https://cd	€76.5M	€355K	2190	Right
12	182493	D. Godín	32	https://cd	Uruguay	https://cd	90	90	Atlético M	https://cd	€44M	€125K	1946	Right
13	168542	David Silv	32	https://cd	Spain	https://cd	90	90	Manchest	https://cd	€60M	€285K	2115	Left
14	215914	N. Kanté	27	https://cd	France	https://cd	89	90	Chelsea	https://cd	€63M	€225K	2189	Right
15	211110	P. Dybala	24	https://cd	Argentina	https://cd	89	94	Juventus	https://cd	€89M	€205K	2092	Left
16	202126	H. Kane	24	https://cd	England	https://cd	89	91	Tottenhan	https://cd	€83.5M	€205K	2165	Right
17	194765	A. Griezm	27	https://cd	France	https://cd	89	90	Atlético M	https://cd	€78M	€145K	2246	Left
18	192448	M. ter Ste	26	https://cd	Germany	https://cd	89	92	FC Barcel	https://cd	€58M	€240K	1328	Right
19	192119	T. Courtoi	26	https://cd	Belgium	https://cd	89	90	Real Madi	https://cd	€53.5M	€240K	1311	Left
20	189511	Sergio Bu	29	https://cd	Spain	https://cd	89	89	FC Barcel	https://cd	€51.5M	€315K	2065	Right
21	179813	E. Cavani	31	https://cd	Uruguay	https://cd	89	89	Paris Sain	https://cd	€60M	€200K	2161	Right
22	167495	M. Neuer	32	https://cd	Germany	https://cd	89	89	FC Bayern	https://cd	€38M	€130K	1473	Right
23	153079	S. Agüero	30	https://cd	Argentina	https://cd	89	89	Manchest	https://cd	€64.5M	€300K	2107	Right
24	138956	G. Chiellin	33	https://cd	Italy	https://cd	89	89	Juventus	https://cd	€27M	€215K	1841	Left
25	231747	K. Mbapp	19	https://cd	France	https://cd	88	95	Paris Sain	https://cd	€81M	€100K	2118	Right
26	209331	M. Salah	26	https://cd	Egypt	https://cd	88	89	Liverpool	https://cd	€69.5M	€255K	2146	Left
27	200145	Casemiro	26	https://cd	Brazil	https://cd	88	90	Real Madi	https://cd	€59.5M	€285K	2170	Right
28	198710	J. Rodrígu	26	https://cd	Colombia	https://cd	88	89	FC Bayern	https://cd	€69.5M	€315K	2171	Left
29	198219	L. Insigne	27	https://cd	Italy	https://cd	88	88	Napoli	https://cd	€62M	€165K	2017	Right
30	197781	Isco	26	https://cd	Spain	https://cd	88	91	Real Madi	https://cd	€73.5M	€315K	2137	Right
31	190460	C. Eriksen	26	https://cd	Denmark	https://cd	88	91	Tottenhan	https://cd	€73.5M	€205K	2117	Right
32	189242	Coutinho	26	https://cd	Brazil	https://cd	88	89	FC Barcel	https://cd	€69.5M	€340K	2175	Right
33	188567	P. Aubam	29	https://cd	Gabon	https://cd	88	88	Arsenal	https://cd	€59M	€265K	2069	Right

▲ 데이터 파일(파일명: fifa2019.csv)

생각해 보기 여러 가지 데이터 중 게임 사용자가 가장 중요하게 생각하는 요소를 반영하여 데이터를 분석하려면 어떻게 해야 하는지 생각해 보자.

02 데이터 불러오기

FIFA 선수 데이터에서 다양한 정보를 확인할 수 있다. 여러 명의 축구 선수 데이터를 분석하기 위하여 파이선으로 불러와 확인해 보자.

[Step 1] 파일에 저장한 데이터를 불러와 출력하기

SOFIFA에서 제공하는 2019년 FIFA 선수들의 데이터를 파이선으로 분석하기 위하여 다음과 같이 파이선으로 코드를 작성한다.

fifa2019.csv의 저장 위치
fifa2019.csv 파일은 데이터를 사용하려는 파이선 파일과 같은 저장 위치에 있어야 한다. 만약 파이선 파일과 fifa2019.csv 파일이 서로 다른 위치에 저장되어 있다면 csv 파일의 저장 경로를 자세히 적어야 한다.

[완성 파일: 3-1-01.py]

1	import pandas as pd
2	
3	fifa2019 = pd.read_csv('fifa2019.csv')　　　# fifa2019.csv 파일의 데이터 불러오기
4	
5	print(fifa2019.shape)　　　# 출력하기

실행 결과
(18207, 89)

csv
comma separated values의 약자로 여러 가지 필드를 쉼표(,)로 구분한 텍스트 파일 형식을 의미한다.

1행: 확장자가 csv인 파일의 데이터를 불러오기 위해 먼저 'pandas' 모듈을 선언한다. 이때 pandas로 쓰지 않고, pd로 줄여서 쓸 수 있도록 정의한다.
3행: 'fifa2019.csv' 파일을 불러와 fifa2019에 저장하는 코드로, read_csv( ) 함수는 pandas 모듈의 명령어이기 때문에 앞에 'pd.'를 붙인다. 만약 1행 코드에서 pd라고 줄여 쓰지 않았다면 pandas를 앞에 붙여야 한다.
5행: fifa2019.shape의 결과를 출력한다. 이때 fifa2019는 'fifa2019.csv' 파일의 데이터가 저장된 것을 의미하고, shape 함수는 데이터 프레임의 행, 열의 개수를 반환한다.

[실행 결과]에서 (18207, 89)라는 값이 출력되었으므로, 'fifa2019.csv' 파일은 18207개의 행과 89개의 열을 가진 데이터임을 알 수 있다. 따라서 fifa2019에 저장된 개별 값들은 최대 1,620,423($=18,207 \times 89$)개임을 알 수 있다. 이처럼 데이터 수가 많을 경우, 컴퓨터 사양에 따라 파이선 코드를 실행할 때 시간차가 발생할 수 있다.

[Step 2] fifa2019에 저장된 개별 값들을 열별로 확인하기

pandas 모듈의 info 함수를 사용하여 데이터의 요약 정보를 확인할 수 있다. 즉 전체 데이터의 인덱스 범위, 열의 개수, 열별 유효한 값의 개수, 열별 데이터형, 메모리 사용량 등을 알 수 있다.

[완성 파일: 3-1-02.py]

1~3	([Step 1]에서 1~3행 코드와 동일하므로 생략)
4	print(fifa2019.info( ))　　　# 데이터의 요약 정보 출력하기

실행 결과
〈class 'pandas.core.frame.DataFrame'〉
RangeIndex: 18207 entries, 0 to 18206
Data columns (total 89 columns):

```
 #  Column                  Non-Null Count  Dtype
 0  Unnamed: 0              18207 non-null  int64
 1  ID                      18207 non-null  int64
 2  Name                    18207 non-null  object
 3  Age                     18207 non-null  int64
 4  Photo                   18207 non-null  object
 5  Nationality             18207 non-null  object
 6  Flag                    18207 non-null  object
 7  Overall                 18207 non-null  int64
 8  Potential               18207 non-null  int64
 9  Club                    17966 non-null  object
10  Club Logo               18207 non-null  object
11  Value                   18207 non-null  object
12  Wage                    18207 non-null  object
13  Special                 18207 non-null  int64
14  Preferred Foot          18159 non-null  object
15  International Reputation 18159 non-null  float64
16  Weak Foot               18159 non-null  float64
17  Skill Moves             18159 non-null  float64
18  Work Rate               18159 non-null  object
19  Body Type               18159 non-null  object
20  Real Face               18159 non-null  object
21  Position                18147 non-null  object
22  Jersey Number           18147 non-null  float64
23  Joined                  16654 non-null  object
24  Loaned From             1264 non-null   object
25  Contract Valid Until    17918 non-null  object
26  Height                  18159 non-null  object
27  Weight                  18159 non-null  object
28  LS                      16122 non-null  object
29  ST                      16122 non-null  object
30  RS                      16122 non-null  object
31  LW                      16122 non-null  object
32  LF                      16122 non-null  object
33  CF                      16122 non-null  object
34  RF                      16122 non-null  object
35  RW                      16122 non-null  object
36  LAM                     16122 non-null  object
37  CAM                     16122 non-null  object
38  RAM                     16122 non-null  object
39  LM                      16122 non-null  object
~~~~~~~~~~~~~~~~~~~~~~~~~~~~~~~~~~~~~~~~~~~~~~~~~~~~~
72  Strength                18159 non-null  float64
73  LongShots               18159 non-null  float64
74  Aggression              18159 non-null  float64
75  Interceptions           18159 non-null  float64
76  Positioning             18159 non-null  float64
77  Vision                  18159 non-null  float64
78  Penalties               18159 non-null  float64
79  Composure               18159 non-null  float64
80  Marking                 18159 non-null  float64
81  StandingTackle          18159 non-null  float64
82  SlidingTackle           18159 non-null  float64
83  GKDiving                18159 non-null  float64
84  GKHandling              18159 non-null  float64
85  GKKicking               18159 non-null  float64
86  GKPositioning           18159 non-null  float64
87  GKReflexes              18159 non-null  float64
88  Release Clause          16643 non-null  object
dtypes: float64(38), int64(6), object(45)
memory usage: 9.2+ MB
None
```

[실행 결과]에서 두 번째 줄을 살펴보면, 인덱스 범위가 0부터 18,206까지이므로 행별로 최대 18,207개의 데이터를 가지고 있음을 알 수 있다. 하지만 모든 열에 저장된 데이터가 18,207개가 아닐 수 있다. 예를 들어, 두 번째 열에 해당하는 ID의 데이터 개수는 18,207개이며, 64비트의 정수형 데이터이다. 그러나 Long Shots의 데이터 개수는 18,159개이며, 64비트의 실수형 데이터이다. 이는 누락된 값이 있음을 의미한다. 데이터가 누락된 이유는 다양하므로, 데이터를 바탕으로 한 통계를 낼 때는 주의하여야 한다.

## 03

데이터 다루기

많은 선수 중 특정 선수의 데이터를 찾고, 그 데이터 중 원하는 내용만 골라 추출해 보자.

[Step 1] 궁금한 선수의 데이터 검색하기

loc와 iloc 명령어

loc 함수는 인덱스 레이블을 기준으로 행 데이터를 읽고, iloc 함수는 행 번호를 기준으로 행 데이터를 읽는다. 인덱스 레이블은 문자열로 지정할 수 있고, 숫자도 꼭 순서대로 되어 있지 않아도 된다. 행 번호는 0번부터 시작해서 순서대로 이어진다.

행과 열의 데이터에 접근하기 위해서 loc 함수를 사용한다. 이때 loc 함수의 대괄호 속 값이 하나이면 이 값을 인덱스 레이블로 하는 행을 의미한다. 궁금한 선수의 데이터를 출력해 보자.

[완성 파일: 3-1-03.py]

1~3	(90쪽, [Step 1]에서 1~3행 코드와 동일하므로 생략)
4	sub1 = fifa2019.loc[14]　　# fifa2019의 인덱스 레이블 14인 행값을 sub1에 저장하기
5	print(sub1)
6	

실행 결과

```
Unnamed: 0                                                      14
ID                                                          215914
Name                                                      N. Kante'
Age                                                             27
Photo            https://cdn.sofifa.org/players/4/19/215914.png
```
```
GKKicking                                                       10
GKPositioning                                                    7
GKReflexes                                                      10
Release Clause                                              €121.3M
Name: 14, Length: 89, dtype: object
```

4행: fifa2019.loc[14]는 fifa2019 데이터 행의 인덱스 레이블이 14인 값을 의미한다.

5행: sub1값을 출력한다. 이때 행의 데이터가 열별로 출력된다.

[Step 2] 원하는 범위의 데이터 검색하기

슬라이싱은 ':' 기호로 표현하며, a:b 기호는 a부터 b까지의 인덱스 레이블에 해당하는 데이터를 의미한다. 단, a부터 b까지는 연속적으로 저장된 값이다.

여러 행의 데이터를 불러오기 위해서 슬라이싱(slicing)을 사용하여 출력해 보자.

[완성 파일: 3-1-04.py]

1~3	(90쪽, [Step 1]에서 1~3행 코드와 동일하므로 생략)
4	sub2 = fifa2019.loc[2:16]　　# 인덱스 레이블 2부터 16까지인 행 값을 sub2에 저장하기
5	print(sub2)

실행 결과

```
    Unnamed: 0      ID  ...  GKReflexes  Release Clause
2            2  190871  ...        11.0         €228.1M
3            3  193080  ...        94.0         €138.6M
4            4  192985  ...        13.0         €196.4M
5            5  183277  ...         8.0         €172.1M
6            6  177003  ...         9.0         €137.4M
7            7  176580  ...        37.0          €164M
8            8  155862  ...        11.0         €104.6M
9            9  200389  ...        89.0         €144.5M
10          10  188545  ...        10.0         €127.1M
11          11  182521  ...        10.0         €156.8M
12          12  182493  ...        15.0          €90.2M
13          13  168542  ...        12.0          €111M
14          14  215914  ...        10.0         €121.3M
15          15  211110  ...         8.0         €153.5M
16          16  202126  ...        11.0         €160.7M
[15 rows x 89 columns]
```

4행: fifa2019의 인덱스 레이블 2행부터 16행까지의 값을 sub2에 저장한다.

5행: 15개의 행과 89개의 열 값을 출력한다.

[Step 3] 전체 선수들의 이름과 선호하는 발 정보 출력하기

전체 선수들의 데이터를 사용하기 위해 전체 행 값을 선택하고, 선수들의 이름 데이터가 담긴 'Name' 열과 선호하는 발의 정보가 담긴 'Preferred Foot' 열 값만을 선택하여 출력해 보자.

[완성 파일: 3-1-05.py]

1~3	(90쪽, [Step 1]에서 1~3행 코드와 동일하므로 생략)
4	sub3 = fifa2019.loc[:, ['Name', 'Preferred Foot']]
5	print(sub3)

실행 결과

```
            Name Preferred        Foot
0            L. Messi            Left
1     Cristiano Ronaldo         Right
2          Neymar Jr            Right
3            De Gea             Right
4          K. De Bruyne         Right

18202      J. Lundstram          Right
18203   N. Christoffersson       Right
18204       B. Worman            Right
18205    D. Walker-Rice          Right
18206       G. Nugent            Right
[18207 rows x 2 columns]
```

4행: 대괄호 속 열 값은 슬라이싱의 범위를 지정하지 않았으므로 전체 행을 의미하고, 행은 저장을 원하는 행의 이름을 리스트의 형태로 나타내었다. 따라서 Name, Preferred Foot 열 값을 sub3에 저장한다.

5행: sub3에 저장된 값인 선수들의 이름과 선호하는 발 정보를 출력한다.

[Step 4] 여러 행의 데이터 중 원하는 열 값만 골라 출력하기

fifa2019에는 선수의 데이터를 순위별로 정렬해 놓았다. 이 점을 활용하여 1위부터 10위까지의 선수들의 ID와 이름을 출력해 보자.

[완성 파일: 3-1-06.py]

1~3	(90쪽, [Step 1]에서 1~3행 코드와 동일하므로 생략)
4	sub4 = fifa2019.iloc[0:10, 1:3] # 0~9행, 1, 2열 값을 sub4에 저장하기
5	print(sub4)
6	

실행 결과

```
        ID              Name
0    158023           L. Messi
1     20801    Cristiano Ronaldo
2    190871          Neymar Jr
3    193080           De Gea
4    192985        K. De Bruyne
5    183277          E. Hazard
6    177003          L. Modric'
7    176580          L. Su'arez
8    155862        Sergio Ramos
9    200389           J. Oblak
```

4행: iloc 함수는 행 번호를 기준으로 행 데이터를 읽는다. 따라서 1위부터 10위까지 선수들의 정보를 선택하려면 0부터 9까지의 행 번호에 해당하는 데이터를 지정해야 한다. 또한 ID값은 1열, 이름값은 2열에 있으므로 fifa2019.iloc[0:10, 1:3]으로 코드를 작성한다.

3행: sub4의 값 즉, ID와 Name의 값을 출력한다.

[Step 5] 우리나라 선수들 출력하기

먼저 fifa2019에 저장된 데이터 중 국적을 의미하는 'Nationality' 값을 확인하여 'Korea Republic'인 선수들을 출력해 보자.

[완성 파일: 3-1-07.py]

1~3	(90쪽, [Step 1]에서 1~3행 코드와 동일하므로 생략)	
4	korea_player = fifa2019['Nationality'] == 'Korea Republic'	# 국적이 한국인 선수들의 행 값을 korea_player에 저장
5	sub5 = fifa2019.loc[korea_player]	
6	print(korea_player)	
7	print(sub5)	# 한국 국적의 선수 데이터 출력
8		

실행 결과

```
0          False
1          False
2          False
3          False
4          False

18202      False
18203      False
18204      False
18205      False
18206      False
Name: Nationality,     Length:  18207,  dtype: bool
          Unnamed: 0      ID     ...   GKReflexes    Release Clause
125            125     200104    ...      10.0          €71.2M
1295          1295     180283    ...      10.0          €14.3M
1407          1407     182152    ...       9.0          €12.8M
2002          2002     211927    ...       8.0          €17.6M
2021          2021     221671    ...       8.0          €13.8M

17955        17955     240272    ...      12.0          €73K
17959        17959     245401    ...      12.0          €73K
17965        17965     243359    ...      11.0          €131K
18058        18058     244108    ...      10.0          €104K
18084        18084     244411    ...       5.0          €73K
[335 rows x 89 columns]
```

불 대수

(Boolean algebra)

참과 거짓을 의미하는 True, False는 논릿값 또는 불 대수라고 한다. 불 대수는 논리값을 1 또는 0의 값으로 표현하는데, 1은 참(True), 0은 거짓(False)을 의미한다.

따라서 korea_player의 자료형은 'bool'이다.

4행: 국적이 한국인 선수들의 행 값을 korea_player에 저장한다. 우리나라의 국적은 'Korea Republic'으로 명시되어 있으므로 fifa2019 데이터의 'Nationality' 값이 'Korea Republic'인 데이터를 추출한다.

5행: 조건에 따른 논릿값이 저장된 korea_player를 loc 함수의 대괄호 안에 그대로 넣음으로써, 'True'에 해당하는 행의 값만 sub5에 저장된다.

6행: korea_player를 출력한다. 이때 각 행에 해당하는 값이 'True'나 'False'로 저장된 것을 알 수 있다. korea_player값에는 조건을 만족하는지 아닌지에 따라 True나 False가 저장된다.

7행: sub5의 값을 출력한 결과, 데이터 속 우리나라 선수는 335명임을 알 수 있다.

[Step 6] 우리나라 선수들의 이름 출력하기

우리나라 선수들을 찾아 이름을 출력해 보자.

[완성 파일: 3-1-08.py]

1~5	(94쪽 1~5행 코드와 동일하므로 생략)
6	sub6 = sub5['Name'] # 국적이 한국인 선수들의 이름 값을 sub6에 저장하기
7	print(sub6)
8	

실행 결과

```
125                    H. Son
1295             Ki Sung Yueng
1407              Koo Ja Cheol
2002          Kwon Chang Hoon
2021               Lee Jae Sung

17955            Min Gyeong Min
17959             Lee Dong Hee
17965              Kim Jong Jin
18058           Hong Hyeon Seok
18084               Kwon Ki Pyo
Name: Name, Length: 335, dtype: object
```

6행: 한국인 선수들만 저장된 sub5의 데이터 중 이름에 해당하는 'Name' 열의 값만 추출하여 sub6에 저장한다.

7행: sub6의 출력을 통해 한국인 선수 335명의 이름을 확인할 수 있다.

## 04

데이터 시각화하기

많은 데이터를 사람들이 이해하기 쉽도록 효과적으로 전달하는 방법 중 하나가 시각화이다. 여러 선수들의 원하는 정보만을 선택하여 한눈에 보기 쉽게 시각화해 보자.

[Step 1] 선수들이 선호하는 발의 종류 데이터를 막대그래프로 나타내기

[완성 파일: 3-1-09.py]

1~3	(90쪽, [Step 1]에서 1~3행 코드와 동일하므로 생략)	
4	import matplotlib.pyplot as plt	# 그래프를 출력하기 위한 모듈
5		
6	fifa2019['Preferred Foot'].value_counts( ).plot(kind = 'bar')	
7	plt.legend( )	# 범례 표시하기
8	plt.show( )	# 그래프 출력하기
9		

실행 결과

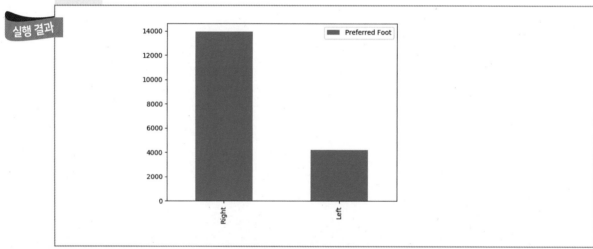

6행: value_counts( )는 특정 열 값의 개수를 알려 주는 명령어로서 fifa2019에서 'Preferred Foot' 열의 데이터를 전체 탐색하여 자동으로 특정 값이 몇 개나 있는지 알려 준다. plot은 그래프를 그리는 명령으로 'kind=' 다음에 표현할 그래프의 종류를 입력한다. 이때 그래프 종류를 따로 지정하지 않을 경우, 꺾은선 그래프로 표시된다.

[실행 결과]의 막대그래프를 살펴보면 오른발을 선호하는 선수들은 약 14,000명이고, 왼발을 선호하는 선수들이 약 4,000명임을 알 수 있다.

팁

print(fifa2019['Preferred Foot'].value_counts( )) 함수를 실행하면 value_counts( )의 역할을 보다 명확하게 알 수 있다. 실행 결과는 다음과 같다.

```
Right 13948
Left 4211
Name: Preferred Foot, dtype: int64
```

[Step 2] 선수들이 선호하는 발의 종류를 원 그래프로 나타내기

[완성 파일: 3-1-10.py]

1~4	(96쪽 1~4행 코드와 동일하므로 생략)
5	fifa2019['Preferred Foot'].value_counts( ).plot(kind = 'pie', autopct = '%1.f%%')
6	plt.legend( ) # 범례 표시하기
7	plt.show( ) # 그래프 출력하기

실행 결과

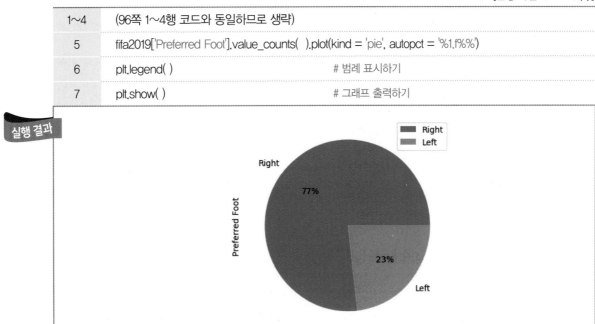

5행: plot의 kind값을 'pie'로 지정하면 원 그래프로 그려진다. 이때 비율을 표시하기 위해 autopct값을 '%1.f%%'로 지정한다. 첫 번째 %는 비율을 의미하는 숫자 형식을 지정하는 것이고, 1.f는 실숫값을 소수점 첫째 자리에서 반올림한 결과를 출력하라는 의미이다. 또한 %%는 기호 '%'를 출력하기 위한 것으로, '%' 기호를 그래프에 표현하기 위해서는 %%로 표기해야 한다.

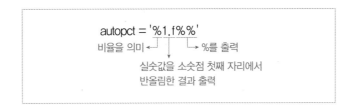

[실행 결과]의 원 그래프를 살펴보면 77%의 선수가 오른발, 23%의 선수가 왼발을 선호함을 알 수 있다.

우리는 [Step 1]과 [Step 2]의 예제를 통해 같은 데이터라도 막대그래프로 표현할 때와 원 그래프로 표현할 때의 특성이 다름을 알 수 있다. 막대그래프를 사용할 때는 항목별 개수를 비교하는 데 도움이 되고, 원 그래프를 사용할 때는 항목별 비율을 한눈에 확인하는 데 도움이 된다.

이처럼 같은 데이터라도 어떤 구조를 선택하여 시각화하는가에 따라 다르게 느껴질 수 있다. 따라서 시각화하려는 구조에 따라 데이터에서 발견하는 아이디어가 다를 수 있으므로, 데이터를 표현하기에 가장 효과적인 구조가 무엇인지를 이해하고 선택하는 것이 중요하다.

학습하기

지금까지 우리는 여러 나라의 축구 선수들의 데이터를 바탕으로 선수의 이름, 선호하는 발 정보 등을 살펴보았다. 실제로 축구 감독이 되어 축구팀을 이끌기 위해서는 선수들의 주요 포지션, 패스 능력 등 다양한 요소를 함께 고려해 보아야 할 것이다. 필요에 따라 분석을 원하는 몇 가지 요소를 선택하면, 비슷한 특성을 갖는 선수들이 추출되어 해당 선수들끼리 비교할 방법은 없을까?

선수들의 체력과 드리블 능력에 따라 상, 중, 하로 나누어 훈련팀을 만들고자 한다. 데이터를 불러오면 비슷한 값을 갖는 선수들끼리 3개 팀으로 분류해 주는 프로그램을 만들어 보자.

5-1. 비슷한 특성의 데이터끼리 묶기

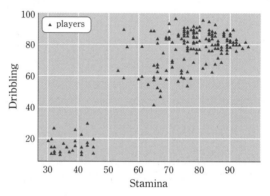

▲ 선수들의 체력과 드리블 능력 산점도 수

위 그림에서 하나의 점은 각각의 선수를 의미하며, 선수마다 체력과 드리블 능력에 따라 흩어져 있는 산점도이다. 산점도를 바탕으로 3개의 그룹을 묶는다고 가정해 보자. 그런데 무엇을 기준으로 그룹을 만들어야 할까?

군집(cluster)
비슷한 특성을 가진 데이터들의 집합을 말한다.

군집화(clustering)
주어진 데이터들의 특성을 고려해 같은 군집으로 군집화하고, 군집의 대표 특성을 찾아내는 과정을 말한다.

기계 학습에서 학습 목표가 되는 데이터의 특성을 레이블이라고 한다. 우리가 가진 데이터는 기계 학습의 재료가 되는 데이터일 뿐, 이를 바탕으로 세 개의 그룹을 나누는 기준을 미리 정해 놓은 것은 없다. 즉, 우리가 가진 데이터에는 선수들을 3개의 그룹으로 나눌 수 있는 특성, 즉 목표가 되는 레이블이 없다. 이런 유형의 문제를 레이블이 없는 데이터 셋을 다룬다고 하여 비지도 학습이라고 한다. 비지도 학습에서는 주로 입력된 데이터를 유사한 것끼리 묶는 것을 군집화(clustering)라고 한다. 다양한 군집화 알고리즘 중 하나인 K-평균(K-Means) 군집화 알고리즘을 이용하여 군집화 과정을 살펴보자.

산점도 (산포도)

산포도(scatter diagram 혹은 scatter plot)란 직각좌표계에서 두 변수에 대응하는 관측값을 점들로 표시한 그림을 말한다. 산포도는 두 개 이상의 연속형 변수 사이의 관계를 보기 위하여 사용되며 산점도라고도 한다.
변량들의 분포를 확인하는 데 사용하는 다양한 그림들로부터 변량들이 대푯값(중앙값, 평균 등)으로부터 얼마나 떨어져 있는지 그리고 그 각각이 어떠한 분포 상태인지를 알 수 있다. 산포도는 두 변수의 대응 관계가 포함된 분포도로서, 각 변수의 분포 양상과 함께 두 변수 사이의 대응 관계를 알 수 있는 유용한 그림이다. 산포도로부터 각 변수가 중심으로부터 얼마나 떨어져 있는지와 어떠한 범위에서 주로 나타나는지를 알 수 있다.

군집화 알고리즘을 적용하면 다음과 같은 결과가 나온다.

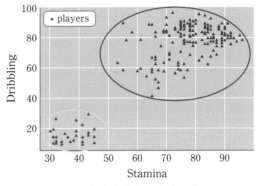

▲ 군집 1(빨강)과 군집 2(노랑)

선수들의 체력과 드리블 능력을 산점도로 표현한 데이터를 위 그림처럼 2개의 군집으로 나눌 수 있다. 가까운 거리에 있는 데이터들을 각각 빨간색과 노란색으로 테두리를 그어 묶음으로 표시하였다. 이때, 군집 간의 거리는 가능한 한 멀리 떨어질 수 있도록 묶는다. 이처럼 군집으로 묶어 데이터를 이해하는 군집 분석의 원리는 다음과 같이 두 가지로 정리할 수 있다.

- **군집 내 응집도 최대화**: 같은 군집 내 데이터들 간의 거리를 최소화하는 것이다.
- **군집 간 분리도 최대화**: 다른 군집 간 거리를 최대화하는 것이다.

이상의 두 가지 방법은 공통적으로 데이터 간의 거리를 계산해야 한다. 이를 이해하기 위해 수학에서 두 점 사이의 거리를 구하는 방법에 대해서 알아보자. 단순히 수평면에서 두 점 사이의 거리를 생각해 볼 수 있지만, 데이터의 특성을 1개가 아닌 2개, 3개로 확장하게 되면, 수직선>좌표평면>좌표공간으로 확대하여 생각할 수 있어야 한다.

[잠깐, 수학 Link 10] 수직선, 좌표평면, 좌표공간에서 두 점 사이의 거리를 구하기 위해 유클리디안 거리의 정리에 대해 알아보자.

관련 수학 개념 설명 _ 유클리디안 거리

Link 10

1 수직선에서의 두 점 사이의 거리

수직선 위의 두 점 $A(x_1)$, $B(x_2)$ 사이의 거리 $\overline{AB}$는

$x_1 \leq x_2$일 때, $\overline{AB} = x_2 - x_1$

$x_1 > x_2$일 때, $\overline{AB} = x_1 - x_2$이므로 $\overline{AB} = |x_2 - x_1|$이다.

예를 들어, 두 점 $A(2)$, $B(8)$ 사이의 거리 $\overline{AB} = |8 - 2| = 6$이고,

두 점 $C(-3)$, $D(1)$ 사이의 거리 $\overline{CD} = |1 - (-3)| = 4$이다.

2 좌표평면에서의 두 점 사이의 거리

좌표평면 위의 두 점 $A(x_1, y_1)$, $B(x_2, y_2)$ 사이의 거리 $\overline{AB}$는 오른쪽 그림과 같이 점 A를 지나고 x축에 평행한 직선과 점 B를 지나고 y축에 평행한 직선의 교점을 C라고 하면

$$\overline{AC} = |x_2 - x_1|, \ \overline{BC} = |y_2 - y_1|$$ 이다.

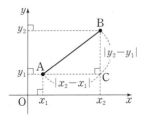

이때 삼각형 ABC는 직각삼각형이므로 피타고라스 정리에 의하여
$$\overline{AB}^2 = \overline{AC}^2 + \overline{BC}^2 = (x_2 - x_1)^2 + (y_2 - y_1)^2$$이다.

좌표평면에서의 두 점 사이의 거리

좌표평면 위의 두 점 $A(x_1, y_1)$, $B(x_2, y_2)$ 사이의 거리 $d_{(A, B)}$는
$$d_{(A, B)} = \sqrt{(x_2 - x_1)^2 + (y_2 - y_1)^2}$$

예를 들어, 두 점 $A(-1, 1)$, $B(3, -2)$ 사이의 거리는
$$\overline{AB} = \sqrt{\{3 - (-1)\}^2 + (-2 - 1)^2} = \sqrt{25} = 5$$이다.

❸ 좌표공간에서의 두 점 사이의 거리

(1) 좌표공간

오른쪽 그림과 같이 세 개의 수직선을 공간의 한 점에서 서로 직교하도록 그린다. 이때, 세 개의 수직선을 각각 x축, y축, z축이라 하고, 세 축을 통틀어 좌표축이라고 한다. 이와 같이 좌표축이 정해진 공간을 **좌표공간**이라 하고, 세 좌표축이 만나는 점을 좌표공간의 원점이라고 한다.

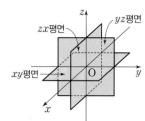

또 x축과 y축을 포함하는 평면을 xy평면, y축과 z축을 포함하는 평면을 yz평면, z축과 x축을 포함하는 평면을 zx평면이라 하고, 이 세 평면을 통틀어 좌표평면이라고 한다.

좌표공간에 있는 한 점 P를 지나고 yz평면, zx평면, xy평면에 평행한 평면이 x축, y축, z축과 만나는 점을 각각 A, B, C라고 하자. 세 점 A, B, C의 x축, y축, z축 위에서의 좌표를 각각 a, b, c라고 할 때, 점 P에 대응하는 세 실수 a, b, c의 순서쌍 (a, b, c)가 하나로 정해진다.

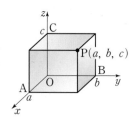

(2) 좌표공간에서의 두 점 사이의 거리

두 점 $A(x_1, y_1, z_1)$, $B(x_2, y_2, z_2)$에 대하여 직선 AB가 각 좌표평면과 평행하지 않은 경우에 오른쪽 그림과 같이 선분 AB를 대각선으로 하고 모든 면이 세 좌표평면에 평행한 직육면체를 그리면 $P(x_2, y_2, z_1)$, $Q(x_1, y_2, z_1)$이므로
$$\overline{PQ} = |x_2 - x_1|, \ \overline{AQ} = |y_2 - y_1|, \ \overline{BP} = |z_2 - z_1|$$이다.

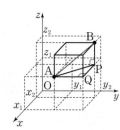

이때 삼각형 APQ는 직각삼각형이므로
$$\overline{AP}^2 = \overline{PQ}^2 + \overline{AQ}^2 \quad \cdots\cdots \ \textcircled{\scriptsize ㄱ}$$
이고, 삼각형 ABP도 직각삼각형이므로
$$\overline{AB}^2 = \overline{AP}^2 + \overline{BP}^2 \quad \cdots\cdots \ \textcircled{\scriptsize ㄴ}$$
$\textcircled{\scriptsize ㄱ}$을 $\textcircled{\scriptsize ㄴ}$에 대입하면
$$\overline{AB}^2 = \overline{PQ}^2 + \overline{AQ}^2 + \overline{BP}^2$$
$$= (x_2 - x_1)^2 + (y_2 - y_1)^2 + (z_2 - z_1)^2$$이다.

좌표공간에서의 두 점 사이의 거리

좌표공간에서 두 점 $A(x_1, y_1, z_1)$, $B(x_2, y_2, z_2)$ 사이의 거리 $d_{(A, B)}$는
$$d_{(A, B)} = \sqrt{(x_2 - x_1)^2 + (y_2 - y_1)^2 + (z_2 - z_1)^2}$$

예를 들어, 두 점 $A(1, 4, -1)$, $B(-3, 2, 1)$ 사이의 거리는
$$\overline{AB} = \sqrt{(-3 - 1)^2 + (2 - 4)^2 + \{1 - (-1)\}^2} = 2\sqrt{6}$$이다.

좌표공간에서 두 점 A$(1, 2, -5)$, B$(5, -2, 3)$으로부터 같은 거리에 있는 x축 위의 점의 좌표를 구해 보자.

수학으로 풀어보기

구하는 점을 P$(a, 0, 0)$이라고 하면 $\overline{\text{AP}}=\overline{\text{BP}}$이므로 $\overline{\text{AP}}^2=\overline{\text{BP}}^2$

즉 $(a-1)^2+(-2)^2+5^2=(a-5)^2+2^2+(-3)^2$이므로 $a^2-2a+30=a^2-10a+38$

　　$8a=8, a=1$

따라서 구하는 점의 좌표는 $(1, 0, 0)$이다.

$(1, 0, 0)$

(3) n차원 공간에서의 두 점 사이의 거리

n차원 공간 위의 두 점 A$(x_1, x_2, x_3, \cdots, x_n)$, B$(y_1, y_2, y_3, \cdots, y_n)$ 사이의 거리 $d_{(\text{A, B})}$는 다음과 같이 나타낼 수 있다.

$$d_{(\text{A, B})}=\sqrt{(x_1-y_1)^2+(x_2-y_2)^2+(x_3-y_3)^2+\cdots+(x_n-y_n)^2}$$
$$=\sqrt{\sum_{i=1}^{n}(x_i-y_i)^2}$$

유클리디안 거리(Euclidean Distance)

❶ 좌표평면에서 두 점 A(x_1, y_1), B(x_2, y_2) 사이의 거리 $d_{(\text{A, B})}$는
$$d_{(\text{A, B})}=\sqrt{(x_2-x_1)^2+(y_2-y_1)^2}$$
❷ 좌표공간에서 두 점 A(x_1, y_1, z_1), B(x_2, y_2, z_2) 사이의 거리 $d_{(\text{A, B})}$는
$$d_{(\text{A, B})}=\sqrt{(x_2-x_1)^2+(y_2-y_1)^2+(z_2-z_1)^2}$$
❸ n차원 공간에서 두 점 A$(x_1, x_2, x_3, \cdots, x_n)$, B$(y_1, y_2, y_3, \cdots, y_n)$ 사이의 거리 $d_{(\text{A, B})}$는
$$d_{(\text{A, B})}=\sqrt{(x_1-y_1)^2+(x_2-y_2)^2+(x_3-y_3)^2+\cdots+(x_n-y_n)^2}$$
$$d_{(\text{A, B})}=\sqrt{\sum_{i=1}^{n}(x_i-y_i)^2}$$

5-2. K-평균(K-Means) 군집화 알고리즘의 동작 과정 알아보기

다음은 K-평균 군집화 알고리즘의 전체 동작 과정을 나타낸 것이다. 1~3단계의 주요 과정을 확인해 보자.

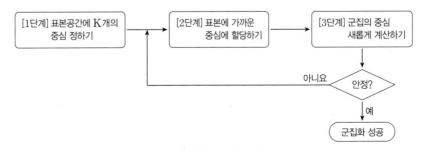

▲ K-평균 군집화 알고리즘의 동작 과정

[1단계] 표본공간에 K개의 중심을 무작위로 생성하기

군집을 만들기 위해서는 중심(centroid, 무게 중심)이 필요한데, 이유는 중심을 기준으로 가까운 거리의 점을 같은 군집에 포함할지 말지를 결정하기 때문이다. 군집화 알고리즘의 동작 과정을 알아보기 위한 예제로서 군집을 만들기 위해 상, 중, 하 3그룹으로 나누어 3개의 중심을 만들어 보자. 이때 중심은 무작위로 생성하도록 한다.

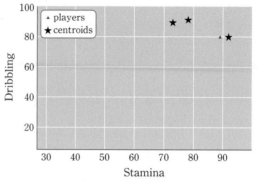

▲ 임의로 생성된 3개의 중심(centroids)

[2단계] 각 표본을 가장 가까운 중심(centroid)에 할당하기

무작위로 만든 3개의 중심을 기준으로 개별 데이터 사이의 거리를 계산하여 3개의 군집을 만들 수 있다. 개별 데이터는 가장 가깝게 있는 군집의 중심이 소속된 군집(클러스터, cluster)으로 할당한다. 예를 들어, 위 그림에서 (90, 80)에 위치한 선수들은 가장 오른쪽의 중심에 속하게 된다.

[3단계] 각 군집의 중심을 새롭게 계산하기

새로운 데이터가 추가되면 군집에 속한 데이터들의 평균을 바탕으로 군집의 중심좌표가 다시 계산된다. 군집의 중심과 해당 군집에 속한 데이터 간의 거리를 계산한 결과에 변화가 없을 때까지 개별 데이터를 군집에 할당하고, 군집의 중심을 다시 계산하는 과정을 반복한다. 이와 같은 방법으로 군집화 결과를 평가하기도 한다.

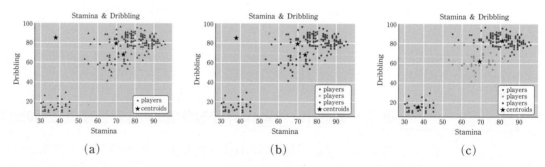

위 그림 중 (a)는 랜덤하게 생성된 군집의 중심과 선수 200명을 나타낸 것이고, (b)는 (a)의 군집을 중심으로 레이블링을 한 것이다. (c)는 중심 계산을 5번 했을 때, 나오는 중심과 그때의 레이블링된 데이터들이다. 어떤 차이가 있는지 비교해 보도록 한다.

5-3. 프로그램 작성하기

지금까지 살펴본 K-평균 군집화 알고리즘을 바탕으로 여러 선수의 체력과 드리블 능력 데이터를 상, 중, 하의 3개 팀으로 나누는 프로그램을 만들어 보자.

[Step 1] 데이터 불러오기

[완성 파일: 3-1-11.py]

```
1    import pandas as pd
2    fifa2019 = pd.read_csv('fifa2019.csv')
3    df = pd.DataFrame.copy(fifa2019.sort_values(by='Overall', ascending=False).head(200))
4    test_features = ['Name', 'Stamina', 'Dribbling', 'ShortPassing', 'Penalties']
5    test_df = pd.DataFrame(df, columns = test_features)
6    print(test_df.head(5))
7
```

```
                 Name    Stamina    Dribbling    ShortPassing    Penalties
0             L. Messi     72.0        97.0          90.0          75.0
1    Cristiano Ronaldo     88.0        88.0          81.0          85.0
2           Neymar Jr     81.0        96.0          84.0          81.0
3              De Gea     43.0        18.0          50.0          40.0
4        K. De Bruyne     90.0        86.0          92.0          79.0
```

3행: fifa2019의 모든 선수가 아닌 훈련에 참여한 선수 200명을 복사하여 새로운 데이터 프레임(DataFrame) df를 만든다. 이때, 전반적인 능력치(Overall)를 기준으로 높은 순서대로 정렬하여 200명을 선발한다.

4행: 선수마다 가지고 있는 많은 특성 중에서 우리가 필요한 이름(Name), 체력(Stamina), 드리블(Dribbling), 짧은 패스(ShortPassing), 패널티킥(Penalties)만이 필요하므로 별도의 리스트 test_features에 저장한다.

5행: 필요한 특성만을 가진 새로운 test_df라는 데이터 프레임 구조를 만들기 위해 기존 3행에서 만든 데이터 프레임에 test_features 특성만을 가져와 생성한다.

6행: test_df에서 첫 순서부터 5개 행을 출력한다.

[Step 2] 학습 데이터 준비하기

[완성 파일: 3-1-12.py]

```
1~5    ([Step 1]에서 1~5행 코드와 동일하므로 생략)
6      # 체력(Stamina) & 드리블(Dribbling)
7      import numpy as np
8      XY = np.array(test_df)
9      X = XY[:, 1:3]
10
```

8행: test_df는 데이터 프레임 구조이므로 계산하기에 편리한 2차원 배열로 전환한다.

9행: 배열 XY의 특성 열은 Name, Stamina, Dribbling, ShortPassing, Penalties 순서로 나열되어 있다. 이중 우리가 필요한 것은 두 번째와 세 번째 열의 모든 행이므로 XY[:,1:3]만을 슬라이싱해서 새로운 배열 X를 생성한다.

[Step 3] K−평균 군집화 알고리즘 적용하기

[1단계] 표본공간에 k개의 중심을 무작위로 생성하기

① 표본공간에서 사용할 중심을 생성해 보자.

11	k = 3	# 분류하려는 군집의 개수가 3개이므로 k = 3
12	C_x = np.random.choice(X[:,0], k)	
13	C_y = np.random.choice(X[:,1], k)	
14	C = np.array(list(zip(C_x, C_y)))	
15	print(C)	
16		

```
[ [78. 91.]
  [92. 80.]
  [73. 90.] ]
```

12행: 데이터 셋에서 k개를 무작위로 선택하고, 선택된 체력 데이터의 값을 중심의 x축 좌표로 지정한다.

13행: 데이터 셋에서 k개를 무작위로 선택하고, 선택된 드리블 데이터의 값을 중심의 y축 좌표로 지정한다.

14행: 12, 13행에서 만든 배열 C_x, C_y를 하나의 배열 C로 만들기 위해 zip( ) 함수를 사용한다.

15행: 배열 C를 출력한다. 이때, [실행 결과]의 값은 데이터 중 무작위로 선택된 것이므로, 실행할 때마다 결과가 다를 수 있다.

② 생성 결과를 시각적으로 확인해 보자.

[완성 파일: 3−1−13.py]

1~14	(103쪽~104쪽, [Step 2]~[Step 3]에서 1~14행의 코드와 동일하므로 생략)
15	
16	# 데이터 시각화하기
17	import matplotlib.pyplot as plt
18	Stamina = test_df['Stamina']
19	Dribbling = test_df['Dribbling']
20	plt.title('Stamina&Dribbling')
21	plt.xlabel('Stamina')
22	plt.ylabel('Dribbling')
23	plt.scatter(Stamina, Dribbling, marker = '^', c = 'blue', s = 10, label = 'players')
24	plt.scatter(C_x, C_y, marker = '*', s = 200, c = 'black', label = 'centroids')
25	plt.legend(loc = 'best')
26	plt.grid( )
27	plt.show( )

실행 결과

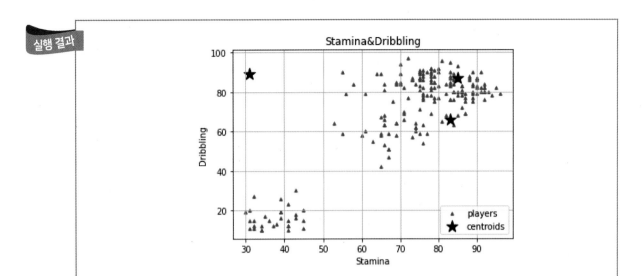

23행: 체력과 드리블 기준으로 선수들을 산점도로 표현한다. 산점도를 그리는 함수 scatter( )는 매개
변수를 다음과 같이 가진다.

- 첫 번째, 두 번째 매개 변수: x축의 제목, y축의 제목
- marker: 그래프에 표현되는 모습('^': 삼각형, '*': 별을 의미)
- s: 점의 크기
- c: 색상
- label: 범례에 표기되는 글자 지정

24행: 무작위로 생성한 군집의 중심 C를 산점도로 표현한다.

25행: 범례를 생성하는데 loc는 location의 줄임말로 loc='best'는 최적(best)의 위치에 범례를 자동
으로 나타내라는 의미이다.

[2단계] 각 표본에 가까운 중심에 할당하기

① 먼저 거리를 추측하는 함수를 만들어 보자.

[완성 파일: 3-1-14.py]

1~14	(104쪽 1~14행의 코드와 동일하므로 생략)
15	# 유클리디안 거리 계산 함수 만들기
16	def Distance(A, B) :
17	return np.sqrt(np.sum(np.power((A-B), 2)))

16행: 군집의 중심과 데이터 간의 유클리디안 거리를 계산하는 함수를 생성한다.

17행: $Distance(A, B) = \sqrt{(A-B)^2}$를 표현한 식으로, A와 B의 유클리디안 거리를 반환한다.

② 각 군집의 중심을 새롭게 계산한다.

18	C_old = np.zeros(C.shape)
19	clusters = np.zeros(len(X))
20	flag = Distance(C, C_old)
21	print(C_old)
22	print(flag)

실행 결과

```
[ [0. 0.]
  [0. 0.]
  [0. 0.] ]
162.28370220080635
```

18행: 중심의 좌표를 업데이트하기 위해 동일한 크기의 행렬을 선언한다.

19행: 모든 데이터의 클러스터 레이블을 저장하기 위해 행렬을 선언한다. 이때, np.zeros( )를 사용하여 초깃값은 0으로 하고, 훈련 데이터의 개수만큼이므로 len( )을 사용한다.

20행: 반복문의 종료 기준이 될 flag 변수를 정의한다. 중심좌표 간의 거리를 계산해서 최종적으로 0이 될 때까지 계산을 반복한다.

[3단계] 각 군집의 중심을 새롭게 계산하기

[완성 파일: 3-1-15.py]

1~20	(105쪽 1~20행 코드와 동일하므로 생략)
21	from copy import deepcopy
22	
23	distances = [ ]
24	while flag != 0 :
25	for i in range(len(X)) :
26	for j in range(3) :
27	temp = Distance(X[i], C[j])
28	distances.append(temp)
29	cluster = np.argmin(distances)
30	clusters[i] = cluster
31	distances = [ ]
32	
33	C_old = deepcopy(C)
34	
35	for i in range(k) :
36	points = [X[j] for j in range(len(X)) if clusters[j] == i]
37	C[i] = np.mean(points)
38	
39	flag = Distance(C, C_old)

21행: deepcopy 기능을 사용하기 위해 모듈을 추가한다.

23행: 군집 중심과 데이터 간의 거리 계산 결과를 저장할 빈 리스트 distance를 선언한다.

24~39행: 조건 반복문 while문에 해당하는 부분으로, flag 객체의 값이 0이 될 때까지 즉, 군집 중심의 좌표가 변화가 없을 때까지 while문 안의 명령어를 반복 실행한다.

25~31행: 선수들의 수만큼 계산을 반복하면서 선수들 각각의 체력, 드리블 값과 임의의 군집 중심의 값의 거리를 계산한다.

27행: 선수 한명(i)과 3개 각각의 군집 중심 값의 거리를 계산하여 temp 변수에 저장한다.

28행: 계산한 값을 리스트 distances에 순서대로 저장한다.

29행: 리스트 distances에는 3개의 값이 저장되어 있다. 예를 들어, distances = [10, 20, 30]이라고 할 때, 이중 가장 작은 값인 10은 1번 군집의 중심과 선수 한명(i)의 거리가 가장 가깝다는 것을 의미한다. 우리에게 필요한 정보는 거릿값이 아닌 1~3번 군집 중 어떤 것인지가 중요하므로 argmin( ) 명령을 이용하여 최솟값을 가지는 값의 인덱스 번호를 변수 cluster에 저장한다.

30행: cluster 변수의 값을 리스트 clusters의 i번째에 저장한다.

31행: 다음 i번째 선수와 군집의 중심 간의 거리를 계산해서 새롭게 저장해야 하므로 기존 distances의 값을 초기화한다.

33행: 35~37행에서 군집별로 새로운 중심 좌표(C)를 계산해야 하므로 이전 중심(C_old)과 새로운 중심을 구분하기 위해 지금까지 사용된 중심을 C_old로 복사한다.

35~37행: clusters에는 200명의 선수가 순서대로 0, 1, 2의 숫자로 매칭되어 나열되어 있으므로 같은 군집끼리 데이터를 모아서 새로운 군집의 중심을 계산한다.

35행: k=3이므로, 반복 계수 i에는 [0, 1, 2]가 순서대로 입력되고, 36, 37행의 명령문을 3번 반복 실행한다.

36행: 군집의 중심별로 데이터를 모아서 리스트 points에 저장한다.

37행: 리스트 points 값의 평균(means)을 계산한다. i번째 중심의 (x,y)축 값이 계산된다.

39행: 35~37행에서 새롭게 계산된 군집의 중심(C)과 이전의 중심(C_old) 간의 거리차가 있다면 중심이 변경된 것이므로 지금까지의 과정을 다시 반복하도록 한다.

일반 복사와 깊은 복사의 차이점		

106쪽 33행의 deepcopy와 일반적인 copy와의 차이를 다음 예를 통해 알아보자.

구분	일반 복사(copy)	깊은 복사(deep copy)
코드	a = [1,2,3] b = a print(a) print(b)	from copy import deepcopy c = [1,2,3] d = deepcopy(c) print(c) print(d)
실행 결과	[1,2,3] [1,2,3]	[1,2,3] [1,2,3]

[실행 결과]를 보면 동일한 값이 a를 일반 복사한 b와 c를 깊은 복사한 d는 같아 보인다. 그러나 다음과 같이 b, d의 0번째 값을 변경해 보면 결과가 달리 나옴을 알 수 있다.

구분	일반 복사	깊은 복사
코드	b[0] = 'ebs' print(a) print(b)	c[0] = 'ebs' print(c) print(d)
실행 결과	['ebs',2,3] ['ebs',2,3]	[1,2,3] ['ebs',2,3]

이상과 같이 a=b와 같이 객체를 할당하는 것은 서로 간의 객체가 연결되어, 하나의 값을 변경하면 양쪽 모두 변경된다. 그러나 deepcopy는 처음 만든 객체 c와 복사된 객체 d가 전혀 다르기 때문에 어느 한쪽을 수정해도 서로 영향을 주지 않음을 알 수 있다.

5-4. 문제 해결하기

지금까지의 과정을 통해 우리는 선수들을 체력과 드리블 능력을 기준으로 3개의 군집으로 나타내었다. 이제 군집 결과를 이용해 문제를 해결하려고 한다. 선수들이 자신의 소속 집단이 어디인지 한눈에 알 수 있도록 군집화 결과를 시각화해 보자.

40	import matplotlib.pyplot as plt
41	# 1번 군집
42	plt.scatter(X[clusters == 0, 0], X[clusters == 0, 1], s = 50, c = 'red', marker = 'o', edgecolor = 'black', label = 'A')
43	# 2번 군집
44	plt.scatter(X[clusters == 1, 0], X[clusters == 1, 1], s = 50, c = 'yellow', marker = 'x', edgecolor = 'black', label = 'B')
45	# 3번 군집
46	plt.scatter(X[clusters == 2, 0], X[clusters == 2, 1], s = 50, c = 'blue', marker = '^', edgecolor = 'black', label = 'C')
47	# 군집의 중심 좌표들
48	plt.scatter(C[:, 0], C[:, 1], s = 250, marker = '*', c = 'black', edgecolor = 'black', label = 'Centroids')
49	plt.legend( )
50	plt.grid( )
51	plt.show( )

실행 결과

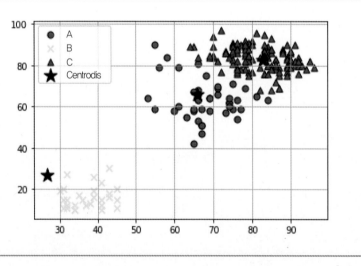

42행: 200명의 선수(X) 중에서 군집화 결과가 0번 즉, 1번 군집에 해당하는 선수만을 찾아서 그 선수의 체력(X[clusters == 0, 0])을 산점도의 x좌표로, 드리블(X[clusters == 0, 1])을 y좌표로 지정해 붉은색으로 나타낸다. 추가로 크기(s), 색상(c), 모양(marker), 외곽선 색상(edgecolor), 범례명(label)을 정해 준다. 이때, 범례명은 시각화된 결과를 보고 군집의 중심의 위치가 가운데에 위치하기 때문에 'middle'로 한다.

44행: 200명의 선수(X) 중 군집화 결과가 1번에 해당하는 선수를 노란색으로 나타낸다.

46행: 200명의 선수(X) 중 군집화 결과가 2번에 해당하는 선수를 파란색으로 나타낸다.

48행: 군집의 중심(C)을 x축 값(C[:,0])과 y축 값(C[:,1])을 검은색으로 나타낸다.

생각해
보기 | **scikit−learn 모듈을 이용하여 K − Means 모델을 적용해 보자. (www.ebssw.kr/ai4u)**

메모

2 고흐가 그린 붓꽃은 어떤 종류일까

주연이는 꽃을 무척 좋아한다. 꽃마다 크기도 모양도 조금씩 다른 것을 관찰하는 것이 재미있기 때문이다. 길을 지나다가 마음에 드는 꽃을 보면 스마트폰으로 사진을 찍어 이미지 검색을 해 보는 것도 좋아한다. 또한 꽃이름 찾기 앱을 통해 내가 찍은 사진을 분석해서 비슷한 사진들을 검색할 수 있기 때문에 꽃의 이름이나 특성을 쉽게 알 수 있다. 주연이는 문득 '그림 속 꽃도 자동으로 분류할 수 있을까?'라는 호기심이 들었다. 미술 시간에 봤던 빈센트 반 고흐의 '붓꽃' 그림을 떠올렸다. 똑같은 붓꽃이지만 조금씩 다른 모습으로 그려져 있기 때문에 그림 속의 꽃들도 검색해 보면 꽃의 종류가 많을 것 같았다. 주연이는 직접 그림 속 붓꽃의 종류를 분류하는 프로그램을 만들어 보기로 했다.

붓꽃(Iris, 1889 빈센트 반 고흐)

01 데이터 수집하기

붓꽃 데이터 파일 다운로드

https://www.kaggle.com/uciml/iris?select=Iris.csv

본문에서는 다운받은 파일의 제목을 Iris로 바꾸어 소스 파일과 같은 폴더에 저장하였다.

프로그램을 만들기 위해 붓꽃의 특성에 관한 구체적인 자료를 찾아 정리해 보도록 한다.

인터넷을 통해 붓꽃에 관한 자료를 검색해 보니 통계학자인 로널드 피셔가 Iris-setosa, Iris-versicolor, Iris-virginica라는 세 종류의 붓꽃을 관찰하고, 그 특성을 기록한 데이터가 있었다. 관찰의 기준은 꽃받침의 길이와 너비, 꽃잎의 길이와 너비를 가지고 세 가지 붓꽃을 종류별로 50개씩 표본을 측정한 것이다.

Iris-versicolor   Iris-setosa   Iris-virginica

▲ 다양한 붓꽃

총 150개의 데이터를 다음과 같이 파일(Iris.csv)로 정리하였다.

▼ 붓꽃 특성의 이름

특성	Id
꽃받침 길이	SepalLengthCm
꽃받침 너비	SepalWidthCm
꽃잎 길이	PetalLengthCm
꽃잎 너비	PetalWidthCm
꽃 종류	Species

	A	B	C	D	E	F	G
1	Id	SepalLengthCm	SepalWidthCm	PetalLengthCm	PetalWidthCm	Species	
2	1	5.1	3.5	1.4	0.2	Iris-setosa	
3	2	4.9	3	1.4	0.2	Iris-setosa	
4	3	4.7	3.2	1.3	0.2	Iris-setosa	
5	4	4.6	3.1	1.5	0.2	Iris-setosa	
6	5	5	3.6	1.4	0.2	Iris-setosa	
7	6	5.4	3.9	1.7	0.4	Iris-setosa	
8	7	4.6	3.4	1.4	0.3	Iris-setosa	
9	8	5	3.4	1.5	0.2	Iris-setosa	
10	9	4.4	2.9	1.4	0.2	Iris-setosa	
11	10	4.9	3.1	1.5	0.1	Iris-setosa	
12	11	5.4	3.7	1.5	0.2	Iris-setosa	
13	12	4.8	3.4	1.6	0.2	Iris-setosa	
14	13	4.8	3	1.4	0.1	Iris-setosa	
15	14	4.3	3	1.1	0.1	Iris-setosa	
16	15	5.8	4	1.2	0.2	Iris-setosa	
17	16	5.7	4.4	1.5	0.4	Iris-setosa	
18	17	5.4	3.9	1.3	0.4	Iris-setosa	
19	18	5.1	3.5	1.4	0.3	Iris-setosa	
20	19	5.7	3.8	1.7	0.3	Iris-setosa	
21	20	5.1	3.8	1.5	0.3	Iris-setosa	
22	21	5.4	3.4	1.7	0.2	Iris-setosa	
23	22	5.1	3.7	1.5	0.4	Iris-setosa	
24	23	4.6	3.6	1	0.2	Iris-setosa	
25	24	5.1	3.3	1.7	0.5	Iris-setosa	
26	25	4.8	3.4	1.9	0.2	Iris-setosa	
27	26	5	3	1.6	0.2	Iris-setosa	
28	27	5	3.4	1.6	0.4	Iris-setosa	
29	28	5.2	3.5	1.5	0.2	Iris-setosa	
30	29	5.2	3.4	1.4	0.2	Iris-setosa	

▲ 붓꽃 데이터 파일 (파일명: Iris.csv)

데이터 불러오기

앞에서 작성한 Iris.csv 파일 중에서 원하는 데이터만 추출하여 다양한 조건으로 데이터를 추출해 보자.

[Step 1] 붓꽃 데이터를 불러와 출력하기

붓꽃 데이터 파일을 출력하기 위하여 다음과 같이 코드를 작성한다.

[완성 파일: 3-2-01.py]

```
1   import csv                    # csv 파일의 데이터를 불러오기 위한 모듈 선언

2

3   f = open('Iris.csv')          # Iris.csv 파일 열기

4   data = csv.reader(f)          # Iris.csv 파일 속 데이터를 data에 저장하기

5   result = [ ]                  # 빈 리스트 result 만들기

6

7   # 전체 데이터를 행별로 result 리스트에 저장 및 출력하기

8   for row in data :

9       result.append(row)        # 행별로 데이터 저장하기

10      print(row)                # 행별로 데이터 출력하기
```

5행의 [ ]는 리스트라는 자료 구조를 의미하며, 각 행이 리스트로 저장되었음을 의미한다.

실행 결과

```
['Id', 'SepalLengthCm', 'SepalWidthCm', 'PetalLengthCm', 'PetalWidthCm', 'Species']
['1', '5.1', '3.5', '1.4', '0.2', 'Iris-setosa']
['2', '4.9', '3.0', '1.4', '0.2', 'Iris-setosa']
['3', '4.7', '3.2', '1.3', '0.2', 'Iris-setosa']
['4', '4.6', '3.1', '1.5', '0.2', 'Iris-setosa']
['5', '5.0', '3.6', '1.4', '0.2', 'Iris-setosa']
['6', '5.4', '3.9', '1.7', '0.4', 'Iris-setosa']
['7', '4.6', '3.4', '1.4', '0.3', 'Iris-setosa']
['8', '5.0', '3.4', '1.5', '0.2', 'Iris-setosa']
['9', '4.4', '2.9', '1.4', '0.2', 'Iris-setosa']
['10', '4.9', '3.1', '1.5', '0.1', 'Iris-setosa']
['11', '5.4', '3.7', '1.5', '0.2', 'Iris-setosa']
['12', '4.8', '3.4', '1.6', '0.2', 'Iris-setosa']
['13', '4.8', '3.0', '1.4', '0.1', 'Iris-setosa']
['14', '4.3', '3.0', '1.1', '0.1', 'Iris-setosa']

['139', '6.0', '3.0', '4.8', '1.8', 'Iris-virginica']
['140', '6.9', '3.1', '5.4', '2.1', 'Iris-virginica']
['141', '6.7', '3.1', '5.6', '2.4', 'Iris-virginica']
['142', '6.9', '3.1', '5.1', '2.3', 'Iris-virginica']
['143', '5.8', '2.7', '5.1', '1.9', 'Iris-virginica']
['144', '6.8', '3.2', '5.9', '2.3', 'Iris-virginica']
['145', '6.7', '3.3', '5.7', '2.5', 'Iris-virginica']
['146', '6.7', '3.0', '5.2', '2.3', 'Iris-virginica']
['147', '6.3', '2.5', '5.0', '1.9', 'Iris-virginica']
['148', '6.5', '3.0', '5.2', '2.0', 'Iris-virginica']
['149', '6.2', '3.4', '5.4', '2.3', 'Iris-virginica']
['150', '5.9', '3.0', '5.1', '1.8', 'Iris-virginica']
```

111쪽의 데이터 파일과 같음을 알 수 있다.

3행: 붓꽃 관련 데이터들이 저장된 csv 파일을 불러온다.

8~10행: 전체 데이터를 리스트에 저장 후 행별로 출력하는 반복문이다.

9행: append 함수로 data에 저장된 값을 행별로 result 리스트에 추가한다.

10행: 9행에서 result 리스트에 추가한 데이터를 행별로 출력한다.

[실행 결과]에서 맨 첫 줄에는 어떤 정보가 저장되었는지를 알 수 있는 특성들(Id, 꽃받침과 꽃잎의 길이 및 너비 등)이 저장되었고, 나머지는 Id별로 같은 행에 저장된 값들이 하나의 리스트로 구성되어 있다. 이때, 첫 번째 줄의 값은 우리가 사용할 숫자 값이 아닌 제목이므로 header 명령을 이용하여 따로 저장하여 관리할 수 있다. 또한 데이터들이 ' '로 표현된 것은 이 값들이 프로그램상에서 숫자가 아닌 문자열로 인식되었음을 나타낸다. 행별로 저장된 값 중 붓꽃의 종류는 문자열의 나열로 인식되어야 하지만, 다른 값들은 숫자로 구분되어야 평균, 중앙값 등의 계산을 처리할 수 있다.

[Step 2] 여러 개의 자료형 변환하기

여러 값의 대푯값을 구하기 위해서는 문자열로 저장된 꽃받침과 꽃잎의 길이, 너비와 같은 데이터들은 계산을 위해 숫자형으로 변환해야 한다. 이때 자료형을 정수형으로 변환하려면 int, 실수형으로 변환하려면 float로 변환하는 함수를 사용해야 한다.

[완성 파일: 3-2-02.py]

```
1   import csv
2
3   f = open('Iris.csv')            # Iris.csv 파일 열기
4   data = csv.reader(f)            # Iris.csv 파일 속 데이터를 data로 저장하기
5   header = next(data)            # 제목을 따로 저장하기 위한 명령
6   result = [   ]                 # 빈 리스트 result 생성
7
8   # 전체 데이터를 행별로 result 리스트에 저장하기
9   for row in data :
10      result.append(row)         # 행별로 데이터 저장하기
11
12  # result에 저장된 값 중 꽃받침과 꽃잎의 길이, 너비 값을 숫자로 바꾼 후 출력하기
13  for i in result :
14      for j in range(1, 5) :     # 두 번째 값부터 다섯 번째 값까지 이동
15          i[j] = float(i[j])     # 실수형으로 바꾸기
16      print(i)                   # 형별로 데이터 출력하기
```

range( )는 괄호 속에 숫자를 2개 넣었을 때, 첫 번째 값부터 시작하여 두 번째 값보다 1 작은 수까지의 범위를 의미한다.

실행 결과
```
['1', 5.1, 3.5, 1.4, 0.2, 'Iris-setosa']
['2', 4.9, 3.0, 1.4, 0.2, 'Iris-setosa']
['3', 4.7, 3.2, 1.3, 0.2, 'Iris-setosa']
['4', 4.6, 3.1, 1.5, 0.2, 'Iris-setosa']
['5', 5.0, 3.6, 1.4, 0.2, 'Iris-setosa']
['6', 5.4, 3.9, 1.7, 0.4, 'Iris-setosa']
['7', 4.6, 3.4, 1.4, 0.3, 'Iris-setosa']
['8', 5.0, 3.4, 1.5, 0.2, 'Iris-setosa']
['9', 4.4, 2.9, 1.4, 0.2, 'Iris-setosa']

['142', 6.9, 3.1, 5.1, 2.3, 'Iris-virginica']
['143', 5.8, 2.7, 5.1, 1.9, 'Iris-virginica']
['144', 6.8, 3.2, 5.9, 2.3, 'Iris-virginica']
['145', 6.7, 3.3, 5.7, 2.5, 'Iris-virginica']
['146', 6.7, 3.0, 5.2, 2.3, 'Iris-virginica']
['147', 6.3, 2.5, 5.0, 1.9, 'Iris-virginica']
['148', 6.5, 3.0, 5.2, 2.0, 'Iris-virginica']
['149', 6.2, 3.4, 5.4, 2.3, 'Iris-virginica']
['150', 5.9, 3.0, 5.1, 1.8, 'Iris-virginica']
```
        문자형   숫자형   문자형

9, 10행: 전체 데이터를 행별로 result 리스트에 추가하기 위해 append( ) 함수를 사용하여 저장한다.

13~16행: for문 i 안에 for문 j가 내포되어 있는 구조로, i가 1씩 증가할 때마다 j는 인덱스 1~4까지 반복하면서 데이터의 자료형을 변환하여 출력하는 작업을 수행한다.

14, 15행: for문 j는 행별로 4개 항목(꽃받침의 길이와 너비, 꽃잎의 길이와 너비)의 문자열 자료형을 실수형으로 변환하는 작업을 반복한다.

16행: 행별로 변환된 데이터를 출력한다.

리스트에 저장한 값들은 번호를 붙여 다룬다. 실생활에서는 첫 번째 값에 보통 1번부터 번호를 매기는 것과 달리 리스트의 첫 번째 값은 0번부터 번호를 매긴다. 따라서 다음 표와 같이 Id는 0번, 꽃받침의 길이가 저장된 두 번째 값은 1번, 꽃잎의 너비 값이 저장된 다섯 번째 값은 4번이다.

여기서 i는 행 전체를 의미하고, i[j]는 행단위 열의 값을 의미한다.

리스트 번호	0	1	2	3	4	5	
[행]	순서 Id	꽃받침 길이 SL	꽃받침 너비 SW	꽃잎 길이 PL	꽃잎 너비 PW	종류 S	[열]
i=1	1 i[0]	i[1]	i[2]	i[3]	i[4]	i[5]	i[j] → j=1
i=2	2						j=2
i=3	3						j=3
i=4	4						j=4
	⋮						

▲ 붓꽃 정보가 저장된 리스트의 구조

우리는 꽃받침과 꽃잎의 길이 값부터 꽃잎의 너비 값까지를 실수형으로 변환해야 한다. 따라서 1번부터 4번 위치의 값 모두를 실수형으로 바꾸기 위해 안쪽 for문의 j값의 범위를 range(1, 5)로 설정하였다.

💡 팁

113쪽 코드에서 9~16행의 코드 내용을 다음과 같이 바꾸어 작성할 수도 있다.

9	for row in data :	
10	result.append(row)	# 행별로 데이터 저장하기
11	for i in range(1, 5) :	# 두 번째 값부터 다섯 번째 값까지 실수형으로 변환하기
12	row[i] = float(row[i])	
13		
14	print(result)	# 한번에 전체 데이터를 행별로 출력하기

03 데이터 다루기

실수형으로 저장한 붓꽃의 꽃받침, 꽃잎의 길이와 너비 데이터를 이용하여 각 항목의 대푯값을 구해 보자.

[Step 1] 붓꽃 데이터를 종류별로 따로 저장하기

새로운 붓꽃을 보고 종류를 구분할 수 있도록 종류별 대푯값을 확인해 보자.

[완성 파일: 3-2-03.py]

1~15	(113쪽 1~15행 코드와 동일하므로 생략)
16	# 꽃 종류별 데이터 저장하기
17	a = [ ] # Iris-setosa 정보를 저장할 리스트 만들기
18	b = [ ] # Iris-versicolor 정보를 저장할 리스트 만들기
19	c = [ ] # Iris-virginica 정보를 저장할 리스트 만들기
20	
21	for i in result :
22	if i[5] == 'Iris-setosa' :
23	a.append(i[0:5])
24	if i[5] == 'Iris-versicolor' :
25	b.append(i[0:5])
26	if i[5] == 'Iris-virginica' :
27	c.append(i[0:5])

프로그래밍에서 '같다'는 등호(=)를 2개 사용하여 표현한다. 예를 들어 'a==0'은 'a의 값이 0과 같다.'라는 의미이다. 등호를 1개 사용할 경우, 등호를 기준으로 오른쪽의 값을 등호 왼쪽에 저장한다는 의미이다.

변수나 리스트의 이름 지정하기

변수나 리스트처럼 값을 저장하는 공간을 만들 때, 저장할 값과 관련된 이름을 붙여 관리하는 것이 좋다. 시간이 조금 지나 다시 코드를 봤을 때 어떤 값이 저장되었는지 쉽게 알 수 있고, 다른 사람과 함께 작업을 할 때도 의사소통에 도움을 주기 때문이다. 그러나 변수나 리스트의 이름을 간단하게 짓게 된다면, 주석을 달아 설명을 붙여넣는 것을 제안한다.

17~19행: 붓꽃 데이터를 종류별로 따로 저장하기 위해 리스트 a, b, c를 만든다.

22, 24, 26행: 각 행에서 붓꽃 종류는 5번 위치에 저장되어 있으므로 i[5]값이 어떤 종류인지 확인한다.

23, 25, 27행: 각 리스트에 0번부터 4번까지의 값을 저장하기 위해 append(i[0:5])라는 명령을 사용하였다.

참고 i[0:5]와 같이 리스트의 첫 번째 요소부터 슬라이싱할 경우 i[:5]와 같이 0을 생략하고 작성할 수도 있다.

대푯값

오른쪽 자료는 고등학생들의 평균 수면 시간을 나타낸 것으로 이를 통해 학생 개개인의 수면 시간을 비교할 수는 없지만, 3학년 학생들의 수면 시간이 평균적으로 1학년 학생들의 수면 시간보다 짧은 것을 알 수 있다. 즉, 평균 수면 시간은 각 학년 전체 학생들의 수면 시간을 대표적으로 나타내는 값으로 의미를 갖는다.

이처럼 자료 전체의 특성을 대표적으로 나타내는 값을 그 자료의 대푯값이라고 한다. 일반적인 대푯값으로 평균, 표준편차, 중앙값, 최빈값이 있는데 그중 일반적으로 대푯값이라 하면 평균을 의미한다.

① 평균: 변량의 총합을 변량의 개수로 나눈 값

② 표준편차: 자료의 값이 평균으로부터 얼마나 떨어져 있는지, 즉 흩어져 있는지를 나타내는 값

③ 중앙값: 자료의 변량을 작은 값부터 크기 순서로 나열할 때 중앙에 위치하는 값

④ 최빈값: 자료의 변량 중에서 가장 많이 나타나는 값

☞ 대푯값에 대한 보다 자세한 설명은 128쪽 LINK 11을 참고한다.

고등학생들의 평균 수면 시간

1학년 ▭ 6시간 14분
2학년 ▭ 5시간 58분
3학년 ▭ 5시간 48분

▲ 고등학생들의 평균 수면 시간

[Step 2] Iris-setosa의 꽃잎과 꽃받침 길이, 너비에 따른 평균 구하기

[Step 1]에서 붓꽃의 종류별로 리스트를 만들어 데이터를 따로 저장했으므로 평균을 쉽게 구할 수 있다. 원하는 붓꽃 종류의 특성별 평균을 구하기 위해 총합과 개수를 먼저 구해 보자.

28	# Iris-setosa의 꽃잎과 꽃받침의 길이, 너비에 따른 평균 구하기
29	SL = [ ]　　　# 꽃받침 길이(Sepal Length)를 저장할 리스트 만들기
30	SW = [ ]　　　# 꽃받침 너비(Sepal Width)를 저장할 리스트 만들기
31	PL = [ ]　　　# 꽃잎 길이(Petal Length)를 저장할 리스트 만들기
32	PW = [ ]　　　# 꽃잎 너비(Petal Width)를 저장할 리스트 만들기
33	
34	for i in a :　　　# Iris-setosa의 전체 데이터 수만큼 반복하기
35	SL.append(i[1])　　# 꽃받침 길이 추가하기
36	SW.append(i[2])　　# 꽃받침 너비 추가하기
37	PL.append(i[3])　　# 꽃잎 길이 추가하기
38	PW.append(i[4])　　# 꽃잎 너비 추가하기
39	
40	print('〈Iris-setosa의 특성별 평균〉')　　# 제목 출력
41	print('꽃받침 길이 평균:', round(sum(SL)/len(SL),3), '\n꽃받침 너비 평균:', round(sum(SW)/len(SW),3), '\n꽃잎 길이 평균:', round(sum(PL)/len(PL),3), '\n꽃잎 너비 평균:', round(sum(PW)/len(PW),3))　　# 평균을 구해 출력하기

실행 결과

〈Iris-setosa의 특성별 평균〉
꽃받침 길이 평균: 5.006
꽃받침 너비 평균: 3.418
꽃잎 길이 평균: 1.464
꽃잎 너비 평균: 0.244

> '\n'은 줄 바꿈을 의미하는 명령어로서, '\'는 백슬래시(Back Slash)로 읽으며, 한글 키보드에서 원화 표시 기호(₩)를 눌러 입력할 수 있다. n은 new line(다음 줄)을 의미한다.

파이선에서는 숫자 계산을 편리하게 할 수 있는 내장 함수를 제공한다. 총합을 구할 때에는 sum( ), 리스트에 저장된 값의 개수는 리스트의 길이로 확인 가능하므로 len( )이라는 함수를 사용한다. 물론 여러 개 값의 총합과 개수를 구할 때, 내장 함수를 사용하지 않고 변수와 반복문을 사용하여 프로그래밍할 수 있다.

다른 종류의 붓꽃 특성에 대한 평균을 구하려면 어떻게 코드를 작성하면 될까? Iris-setosa의 특성 값은 리스트 a에 저장하였고, Iris-versicolor는 리스트 b에, Iris-virginica는 리스트 c에 저장하였으므로 위 코드 34행에서 a로 되어 있는 부분을 b나 c로 바꾸어 확인할 수 있다.

[실행 결과]를 살펴보면, Iris-setosa의 꽃받침과 꽃잎 길이, 너비의 평균은 소수점 넷째 자리에서 반올림한 값으로 꽃받침 길이 평균은 5.006, 꽃받침 너비 평균은 3.418, 꽃잎 길이 평균은 1.464, 꽃잎 너비 평균은 0.244인 것을 확인할 수 있다.

[Step 3] Iris-setosa의 꽃잎과 꽃받침 길이, 너비의 중앙값 구하기

Iris-setosa의 꽃잎과 꽃받침 길이, 너비의 중앙값을 구해 보자. 중앙값은 여러 개의 값을 오름차순으로 정리한 뒤 중앙에 위치한 값을 찾아 구할 수 있다. sort( )는 리스트의 값을 오름차순으로 나열하는 내장 함수이다. 리스트의 값을 정렬하였으면 중간에 위치한 값의 번호를 찾아 확인하도록 한다.

[완성 파일: 3-2-04.py]

1~38	(115~116쪽 1~38행 코드와 동일하므로 생략)
39	# Iris-setosa의 꽃잎과 꽃받침 길이, 너비에 따른 중앙값 구하기
40	SL.sort( )　　　　　# 꽃받침 길이 정렬하기
41	SW.sort( )　　　　　# 꽃받침 너비 정렬하기
42	PL.sort( )　　　　　# 꽃잎 길이 정렬하기
43	PW.sort( )　　　　　# 꽃잎 너비 정렬하기
44	m = int(len(a)/2)　　# Iris-setosa의 전체 개수를 2로 나누어 중앙값 구하기
45	
46	print('〈Iris-setosa의 특성별 중앙값〉')　　　# 제목 출력하기
47	print('꽃받침 길이 중앙값:', SL[m], '\n꽃받침 너비 중앙값:', SW[m], '\n꽃잎 길이 중앙값:', PL[m], '\n꽃잎 너비 중앙값:', PW[m])

실행 결과

```
〈Iris-setosa의 특성별 중앙값〉
꽃받침 길이 중앙값: 5.0
꽃받침 너비 중앙값: 3.4
꽃잎 길이 중앙값: 1.5
꽃잎 너비 중앙값: 0.2
```

팁

우리가 사용하고 있는 붓꽃 (Iris) 데이터는 종류별 데 이터가 50개, 이 값을 2로 나누면 25, 즉 홀수이다. 50 개의 데이터 중 중앙값을 계 산하기 위해 44행과 같이 코 드를 작성하였다. 자료의 개 수가 짝수 개일 경우에는 전 체 자료의 중앙에 위치하는 자료가 2개이므로 두 값의 평균을 구한 것이 중앙값이 될 수 있도록 코드를 수정해 야 한다.

[실행 결과]를 살펴보면, Iris-setosa의 꽃받침 길이 중앙값은 5.0, 꽃받침의 너비 중앙값은 3.4, 꽃잎 길이 중앙값은 1.5, 꽃잎 너비 중앙값은 0.2인 것을 확인할 수 있다. 다른 종류의 붓꽃 특성에 따른 중앙값 을 구하려면 마찬가지로 각 종류에 해당하는 값이 저장된 리스트의 이름으로 코드를 바꾸어 확인할 수 있다.

참고로 붓꽃의 종류별 데이터를 바탕으로 붓꽃의 종류에 따라 평균, 중앙값을 구한 결과는 다음과 같다.

```
〈Iris-setosa의 특성별 평균〉
꽃받침 길이 평균: 5.006
꽃받침 너비 평균: 3.418
꽃잎 길이 평균: 1.464
꽃잎 너비 평균: 0.244
〈Iris-setosa의 특성별 중앙값〉
꽃받침 길이 중앙값: 5.0
꽃받침 너비 중앙값: 3.4
꽃잎 길이 중앙값: 1.5
꽃잎 너비 중앙값: 0.2
〈Iris-versicolor의 특성별 평균〉
꽃받침 길이 평균: 5.936
꽃받침 너비 평균: 2.77
꽃잎 길이 평균: 4.26
꽃잎 너비 평균: 1.326
〈Iris-versicolor의 특성별 중앙값〉
꽃받침 길이 중앙값: 5.9
꽃받침 너비 중앙값: 2.8
꽃잎 길이 중앙값: 4.4
꽃잎 너비 중앙값: 1.3
〈Iris-verginica의 특성별 평균〉
꽃받침 길이 평균: 6.588
 평균: 2.974
꽃잎 길이 평균: 5.552
꽃잎 너비 평균: 2.026
〈Iris-verginica의 특성별 중앙값〉
꽃받침 길이 중앙값: 6.5
꽃받침 너비 중앙값: 3.0
꽃잎 길이 중앙값: 5.6
꽃잎 너비 중앙값: 2.0
```

04 데이터 시각화하기

붓꽃 데이터의 네 가지 특성에 따라 붓꽃 종류를 분류하기 위하여 꽃받침과 꽃잎의 길이, 너비 값을 시각화해 보자.

[Step 1] Iris.csv 파일에 있는 전체 데이터 요약하기

데이터를 시각화하기 위해 파이선의 외부 모듈을 사용할 수 있다. 데이터 시각화에 많이 사용되는 모듈 중 pandas와 matplotlib를 사용해 보자. pandas의 함수를 사용하면 '03. 데이터 다루기'에서처럼 상세한 코드로 데이터를 정리하는 과정을 비교적 간단하게 처리할 수 있다. 이번에는 붓꽃(Iris) 데이터가 저장된 Iris.csv 파일을 사용하여 전체 데이터를 요약하고 그래프로 출력해 보자.

[완성 파일: 3-2-05.py]

```
1   import pandas as pd
2
3   iris = pd.read_csv('Iris.csv')
4
5   print(iris.head(2))        # iris의 처음 2개 행의 데이터 출력하기
6   print(iris.info( ))        # iris 전체 데이터 요약한 것 출력하기
7   print(iris.describe( ))    # iris 전체 데이터의 통계값 요약 출력하기
```

실행 결과

```
     Id   SepalLengthCm   SepalWidthCm   PetalLengthCm   PetalWidthCm      Species
0    1             5.1            3.5             1.4            0.2    Iris-setosa      5행 명령문
1    2             4.9            3.0             1.4            0.2    Iris-setosa      실행
<class 'pandas.core.frame.DataFrame'>
RangeIndex: 150 entries, 0 to 149
Data columns (total 6 columns):
 #      Column      Non-Null Count      Dtype
 0          Id      150 non-null        int64
 1   SepalLengthCm  150 non-null        float64
 2   SepalWidthCm   150 non-null        float64                        6행 명령문
 3   PetalLengthCm  150 non-null        float64                        실행
 4   PetalWidthCm   150 non-null        float64
 5      Species     150 non-null        object
dtypes: float64(4), int64(1), object(1)
memory usage: 6.5+ KB
None
             Id   SepalLengthCm   SepalWidthCm   PetalLengthCm   PetalWidthCm
count  150.000000     150.000000     150.000000      150.000000     150.000000
mean    75.500000       5.843333       3.054000        3.758667       1.198667
std     43.445368       0.828066       0.433594        1.764420       0.763161
min      1.000000       4.300000       2.000000        1.000000       0.100000     7행 명령문
25%     38.250000       5.100000       2.800000        1.600000       0.300000     실행
50%     75.500000       5.800000       3.000000        4.350000       1.300000
75%    112.750000       6.400000       3.300000        5.100000       1.800000
max    150.000000       7.900000       4.400000        6.900000       2.500000
```

5행: Iris.csv 데이터를 읽어들인 iris 데이터 중 두 개 행만 먼저 출력한다. 이때 실행 결과를 보면 Id, SepalLengthCm 등 데이터 값의 헤더에 해당하는 값이 나타나고, 2개의 값이 출력된 것을 볼 수 있다. 따라서 전체 데이터가 어떤 형식으로 저장되어 있는지를 확인하는 데 유용하다.

6행: 전체 데이터의 요약 결과를 출력한다. 값을 열별로 데이터가 몇 개 저장되어 있는지, 유효하지 않은 값(null)은 없는지, 데이터는 어떤 형식으로 다룰 수 있는지를 한눈에 볼 수 있다. 꽃받침의 길이와 너비

값들을 숫자형으로 데이터를 인식하였기 때문에 바로 시각화에 사용할 수 있다.

7행: 전체 데이터의 통계값 요약 결과를 확인할 수 있다. 6행의 info( ) 함수는 데이터 자체의 특성에 대해 확인할 수 있다면, describe( ) 함수는 여러 데이터의 평균, 표준편차값, 최솟값, 최댓값 등의 통계값을 요약하여 출력한다. 따라서 여러 데이터의 대푯값을 쉽게 확인할 수 있다.

[Step 2] 꽃받침 길이와 너비를 분산형 그래프로 나타내기

시각화하고 싶은 데이터별로 특성을 지정하여 그래프를 작성해 보자. 붓꽃 세 종류의 꽃받침 길이와 너비를 이용하여 분산형 그래프로 나타내 보자.

[완성 파일: 3-2-06.py]

1~3	(118쪽 1~3행 코드와 동일하므로 생략)
4	import matplotlib.pyplot as plt　　　# 그래프 출력을 위한 모듈
5	# 꽃받침(Sepal)의 길이와 너비에 따른 분산형(scatter) 그래프
6	fig = iris[iris.Species == 'Iris-setosa'].plot(kind = 'scatter', x = 'SepalLengthCm', y = 'SepalWidthCm', color = 'orange', label = 'setosa')
7	iris[iris.Species == 'Iris-versicolor'].plot(kind = 'scatter', x = 'SepalLengthCm', y = 'SepalWidthCm', color = 'blue', label = 'versicolor', ax = fig)
8	iris[iris.Species == 'Iris-virginica'].plot(kind = 'scatter', x = 'SepalLengthCm', y = 'SepalWidthCm', color = 'green', label = 'virginica', ax = fig)
9	fig.set_xlabel('Sepal Length')　　　# 그래프의 x축 제목 설정하기
10	fig.set_ylabel('Sepal Width')　　　# 그래프의 y축 제목 설정하기
11	fig.set_title('Sepal Length VS Width')　　　# 그래프의 제목 설정하기
12	fig = plt.gcf( )
13	fig.set_size_inches(10, 6)
14	plt.show( )

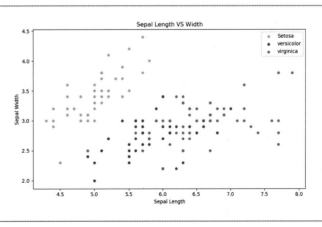

6행: fig에 iris 데이터 중 Iris-setosa종의 꽃받침 길이 값을 x좌표, 꽃받침 너비 값을 y좌표로 설정하여 저장한다. Iris-versicolor종과 Iris-virginica종의 값들은 Iris-setosa종의 값으로 그래프를 그린 fig에 추가로 표시하였다. 이때, 모든 종의 점이 같은 색으로 표시되지 않도록 Iris-setosa는 주황색 (orange), Iris-versicolor는 파란색(blue), Iris-virginica는 초록색(green)으로 구분하여 표시한다.

9, 10행: 그래프가 어떤 값을 x좌표로, y좌표로 그려진 것인지 한눈에 확인할 수 있도록 x축과 y축의 제목을 설정한다. fig.set_xlabel('Sepal Length') 코드는 x축의 제목을 'Sepal Length'로, fig.

set_ylabel('Sepal Width') 코드는 y축의 제목을 'Sepal Width'로 설정함을 뜻한다.

11행: set_title( ) 함수를 사용하여 그래프의 제목을 표현할 수 있다.

12행: gcf( ) 함수는 Get the current figure의 줄임말로 작업 중인 figure의 설정 정보를 확인할 수 있는 함수이다.

13행: set_size_inches( ) 함수는 그래프의 크기를 지정한다.

14행: show( ) 함수는 그래프를 우리가 볼 수 있게 화면에 출력한다.

[Step 3] 꽃잎의 길이와 너비를 분산형 그래프로 나타내기

[Step 2]에서는 꽃받침의 길이와 너비에 따른 분산형 그래프를 그려 보았다. 이번에는 꽃잎의 길이와 너비에 따른 분산형 그래프를 그려 보자.

[완성 파일: 3-2-07.py]

1~4	(119쪽 1~4행 코드와 동일하므로 생략)
5	
6	# 꽃잎(Petal)의 길이와 너비에 따른 분산형(scatter) 그래프
7	fig = iris[iris.Species == 'Iris-setosa'].plot(kind = 'scatter', x = 'PetalLengthCm', y = 'PetalWidthCm', color = 'orange', label = 'setosa')
8	iris[iris.Species == 'Iris-versicolor'].plot(kind = 'scatter', x = 'PetalLengthCm', y = 'PetalWidthCm', color = 'blue', label = 'versicolor', ax = fig)
9	iris[iris.Species == 'Iris-virginica'].plot(kind = 'scatter', x = 'PetalLengthCm', y = 'PetalWidthCm', color = 'green', label = 'virginica', ax = fig)
10	fig.set_xlabel('Petal Length')
11	fig.set_ylabel('Petal Width')
12	fig.set_title('Petal Length VS Width')
13	fig = plt.gcf( )
14	fig.set_size_inches(10, 6)
15	plt.show( )

실행 결과

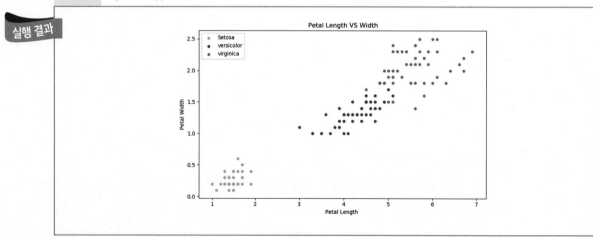

두 분산형 그래프를 통해 세 가지 종류의 붓꽃을 분류하는 데 꽃받침의 길이와 너비보다 꽃잎의 길이와 너비에 따라 붓꽃을 분류하는 것이 더 쉬운 것을 확인할 수 있다. 단순히 평균이나 중앙값을 구하는 것과 달리 시각화를 통해 두 가지 데이터의 상관관계를 쉽게 찾아볼 수 있다.

05 학습하기

정리한 데이터를 바탕으로 붓꽃 분류기 프로그램을 만들어 보자.

학습하기 단원에서 진행할 전체 과정이다. 여기서 먼저 붓꽃 분류기를 만드는 데 적용될 K-NN 알고리즘에 대해서 알아보자.

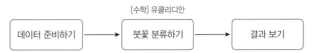

5-1. K-최근접 이웃(K-Nearest Neighbor) 알고리즘이란?

K-최근접 이웃 알고리즘, 줄여서 K-NN 알고리즘이란 새로운 데이터가 들어왔을 때 특성 공간 내에 데이터 간의 거리가 가까운 데이터를 찾아서 그것의 레이블의 값으로 분류하는 알고리즘이다. 이때 K는 특성값을 기준으로 가장 거리가 가까운 데이터의 개수를 의미한다. 오른쪽 그림에서 초록색으로 표시된 새로운 데이터를 노란색으로 분류할지 파란색으로 분류할지를 결정하는 문제를 가정해 보자. K-NN 알고리즘으로 분류한다면, 입력된 데이터의 특성 공간에서 가장 가까운 거리의 데이터가 어떤 색인지를 확인한다.

▲ 노란색, 파란색 색깔 분류 문제

만약 K가 1인 경우, 다음 그림과 같이 새로 입력된 초록색 데이터에서 가장 가까운 거리에는 노란색 데이터가 있다. 그러므로 새로 입력된 데이터는 노란색 데이터로 분류된다.

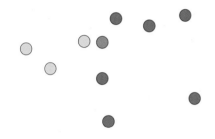

데이터	레이블
○	노란색
●	파란색
●	(모름.)

▲ K=1인 경우

K=2인 경우가 가능할까?
각각의 데이터의 레이블이 서로 다를 경우 선택할 수 없다. 기본 K-NN 알고리즘의 이런 한계점으로 인해 변형된 K-NN 알고리즘이 존재한다. 예를 들어, 데이터의 거리가 조금 더 가까운 경우를 선택하게 하는 등의 조건을 부여하여 레이블을 선택하도록 할 수 있다.

만약 K값이 달라진다면 새로운 데이터는 어떻게 분류될까? 다음 그림과 같이 K가 3인 경우를 살펴보자. 새로 입력된 초록색 데이터를 중심으로 가장 거리가 가까운 데이터 3개를 찾는다.

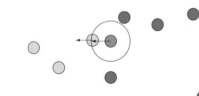

데이터	레이블
○	노란색
●	파란색
●	(모름.)

▲ K=3인 경우

5-2. K-NN 알고리즘을 이용한 붓꽃 분류기

자연어란
언어 또는 기계어와 구분하기 위해 인간이 일상생활에서 의사소통을 위해 사용하는 언어를 의미한다.

K-NN 알고리즘에 따라 붓꽃을 분류하는 함수를 만들기 위해 분류되지 않은 붓꽃 데이터, 분류된 붓꽃 데이터, K값이 필요하다. 붓꽃 분류기의 동작을 다음과 같이 자연어로 표현할 수 있다.

[붓꽃 분류기 정의]

def 붓꽃 분류기(분류하고 싶은 데이터, 분류된 데이터, K) :

    ❶ 분류하고 싶은 데이터와 분류된 데이터 사이의 거리 계산하기

    ❷ 분류하고 싶은 데이터와 가까운 순서대로 나열하기

    ❸ 가장 가까운 K개 데이터 중에서 레이블별 빈도 세기

    ❹ return 최다 빈도의 붓꽃 레이블값 반환하기

[사용 예]

❶ 우리가 사용할 붓꽃 데이터는 150개이므로 분류하고 싶은 데이터와 분류된 데이터 간의 거리 계산은 150번 이루어진다.

❷ 거리 계산이 끝나면 거리가 가까운 순서대로 나열한다.

❸ K-NN 알고리즘을 적용하기 위해 거리가 가장 가까운 K개 데이터의 붓꽃 종류를 빈도별로 센다.

❹ K개 데이터 중 가장 많이 나타난 붓꽃 데이터의 종류를 반환한다.

5-3. 프로그램 작성하기

150개의 붓꽃 데이터를 바탕으로 K-NN 알고리즘에 따라 붓꽃을 분류하는 프로그램을 만들어 보자. 150개의 데이터는 각 행별로 1번 인덱스부터 4번 인덱스까지 붓꽃의 특성 정보(꽃잎, 꽃받침의 길이와 너비)가 저장되어 있고, 5번 인덱스에 종류가 저장되어 있다. 붓꽃의 특성과 종류 정보를 features와 target_value에 저장하여 분류기를 만든다.

[Step 1] 데이터 불러오기

[완성 파일: 3-2-08.py]

1	# 모듈 추가하기
2	import pandas as pd
3	
4	# 붓꽃 데이터 불러오기
5	iris = pd.read_csv('Iris.csv')
6	

[Step 2] 150개 데이터의 특성 데이터와 종류 데이터를 나누어 저장하기

7	import numpy as np # 모듈 호출
8	
9	# 계산의 편의를 위해 데이터 셋의 형식을 numpy로 변환
10	xy = np.array(iris)
11	# 테이블의 1~4 열벡터를 features에 저장

12	features = xy[:, 1:-1]
13	# 테이블의 마지막 열벡터를 target_value에 저장
14	target_value = xy[:, [-1]]
15	

10행: 데이터 프레임 형태의 iris 데이터를 배열로 변환한다.

12행: 특성 벡터만을 분류하기 위해 모든 행의 인덱스 번호 1부터 4번까지 총 4개의 열벡터를 추출하여 features에 저장한다.

14행: 분류하려는 레이블 값을 추출하여 target_value에 저장한다.

[Step 3] 유클리드 거리법을 이용하여 두 데이터 간의 거리를 구하는 함수 선언하기

16	# Distance 함수 만들기
17	def Distance(A, B) :
18	return np.sqrt(np.sum(np.power((A-B), 2)))
19	

18행: numpy 모듈의 sqrt( ), sum( ), power( ) 함수를 사용하여 유클리드 공식을 구현한 것으로, 두 점 사이의 거리를 구한다. sqrt( ) 함수는 제곱근, sum( ) 함수는 합, power( ) 함수는 거듭제곱을 계산한다.

예 두 점 사이의 거리 구하기

두 점 A(1,2)와 B(5,7) 사이의 거리를 구하는 파이선 코드는 다음과 같이 구현할 수 있다.

1	import numpy as np # numpy 라이브러리 추가
2	
3	# 두 점 A(1,2)와 B(5,7) 선언
4	A = np.array([1, 2])
5	B = np.array([5, 7])
6	# 두 점 A(1,2)와 B(5,7) 사이의 거리를 계산하여 변수 distance에 저장하기
7	distance = np.sqrt(np.sum(np.power((A-B), 2)))
8	# 변수 distance에 저장된 값을 소수점 셋째 자리에서 반올림하기
9	distance = round(distance, 2)
10	# 계산 결과 출력하기
11	print('두 점 A(1,2)와 B(5,7) 사이의 거리는 {0} 입니다.'.format(distance))

실행 결과

두 점 A(1,2)와 B(5,7) 사이의 거리는 6.4입니다.

[Step 4] 붓꽃 분류 작성하기

K-NN 알고리즘에 따라 붓꽃 데이터를 분류하는 함수를 만들어 보자. 122쪽 [붓꽃 분류기 정의]에서 살펴보았던 흐름에 따라 한 단계씩 구현한다. 이때 기준이 될 데이터는 Unknown으로 표현한다.

20	def K_NN(Unknown, features, K) :
21	# ❶ 붓꽃 분류 함수 – 데이터 사이의 거리 계산
22	distance_result = np.zeros(150)
23	for i in range(150) :
24	distance_result[i] = Distance(Unknown, features[i])
25	# ❷ 붓꽃 분류 함수–분류하려는 데이터와 가까운 순서대로 인덱스 정렬
26	index = distance_result.argsort( )
27	# ❸ 붓꽃 분류 함수 – K개의 레이블별 빈도 세기
28	target_result = [ ]
29	result = [0, 0, 0]
30	for i in range(K) :
31	target_result.append(target_value[index[i]])
32	if target_result[i] == 'Iris-setosa' :
33	result[0] += 1
34	elif target_result[i] == 'Iris-versicolor' :
35	result[1] += 1
36	else :
37	result[2] += 1
38	# ❹ 붓꽃 분류 함수 – 레이블의 빈도가 가장 높은 값 반환
39	max_label = result.index(max(result))
40	species = {0:'setosa', 1:'versicolor', 2:'virginica'}
41	species_result = species[max_label]
42	return species_result
43	

22행: 기준이 되는 데이터와 150개의 데이터 간의 거리를 저장할 distance_result 배열을 0으로 초기화한다.

23, 24행: Distance( ) 함수를 사용하여 150개 데이터와 기준 데이터 간 거리를 구한 후, distance_result 배열에 저장한다.

26행: argsort( ) 함수를 사용하여 distance_result에 저장된 값 중 가장 작은 거리 값의 인덱스부터 가장 큰 거리 값의 인덱스까지 차례대로 index 배열에 저장한다.

28행: K개 데이터의 레이블(붓꽃 종류)을 저장할 target_result를 선언한다.

29행: K의 값을 3으로 두어, 가장 가까운 순서부터 3개 데이터의 레이블 값 빈도를 저장할 result를 선언한다.

30행~37행: 분류할 데이터와 가장 거리가 가까운 3개 데이터의 인덱스 값으로 해당 데이터의 레이블(붓꽃 종류)을 target_result에 새로운 값으로 추가한다. 이때 target_result에 저장된 값이 무엇이냐에 따라 result가 증가한다. setosa라면 result의 0번값을, versicolor라면 result의 1번값을, 그 외(virginica)라면 result의 2번값을 1증가시킨다.

39행: result에 저장된 값 중 가장 큰 인덱스를 max_label에 저장한다.

40행: 붓꽃 종류에 따른 인덱스 번호를 species 딕셔너리에 저장한다.

딕셔너리(dictionary)
key와 value가 쌍을 이루어 저장되는 형태로, key에 따라 value를 관리할 수 있다.

key
value와 같은 형식으로 저장할 수 있으며, key는 고유한 값이므로 중복되는 key를 설정해 놓으면 가장 최근에 저장한 값을 제외한 값들은 무시된다. key는 연속되지 않아도 되며, 숫자, 문자 등을 사용할 수 있다. 단, 리스트는 key를 사용할 수 없다.

41행: 가장 많이 나온 레이블 값을 species_result에 저장한다.

42행: species_result 값을 반환한다.

리스트에 입력된 데이터를 작은 것부터 큰 순서대로 인덱스 값 확인하기

1	# argsort( ) 함수 알아보기
2	# 기능: 작은 값부터 순서대로 데이터의 인덱스(index)를 반환함.
3	sample = np.array([10, 2, 1, 5])
4	result = sample.argsort( )
5	print(result)
6	print('가장 작은 값은 {0}이며, 인덱스 번호는 {1}입니다.'.format(sample[result[0]], result[0]))

[2 1 3 0]
가장 작은 값은 1이며, 인덱스 번호는 2입니다.

3행: [10, 2, 1, 5] 값을 가지는 sample 리스트를 선언한다.

4행: argsort( ) 함수의 계산 결과를 result에 저장한다.

[실행 결과]에서 입력된 [10, 2, 1, 5] 값 중에서 가장 작은 값의 인덱스 번호를 순서대로 반환한다. 즉, 가장 작은 값은 1로 인덱스 번호 2이다. 그러므로 result의 첫 번째 값은 2이다.

[Step 5] 붓꽃 분류 함수를 사용하여 가상의 데이터 분류하기

Iris.csv 파일의 150개의 붓꽃 데이터 중 마지막 150번째 데이터와 150번째 데이터와 유사한 가상의 데이터를 만들어 분류 결과를 확인해 본다. 150개의 데이터로 K−NN 알고리즘을 적용하여 만든 붓꽃 분류기는 두 데이터를 'virginica'로 분류할 수 있을까?

44	# 마지막 150번째 데이터(인덱스 번호는 0부터이므로 149)
45	test_1 = features[149]
46	#150번째와 유사한 가상의 데이터
47	test_2 = np.array([6, 2.9, 5, 2])
48	# K_NN 분류 함수를 이용하여 분류하기
49	result_1 = K_NN(test_1, features, 3)
50	result_2 = K_NN(test_2, features, 3)
51	# 결과 출력
52	print('실제 데이터를 분류한 결과 : {0}'.format(result_1))
53	print('가상 데이터를 분류한 결과 : {0}'.format(result_2))
54	

실제 데이터를 분류한 결과 : virginica
가상 데이터를 분류한 결과 : virginica

45행: Iris.csv 파일의 150번째 붓꽃 데이터 특성 정보를 test_1에 저장한다.

47행: 150번째 붓꽃 데이터 특성 정보와 유사한 가상의 데이터를 만들어 test_2에 저장한다.

49, 50행: 실제 데이터와 가상 데이터를 붓꽃 분류 함수를 사용하여 분류한다. 이때 각 데이터의 분류 결과는 result_1, result_2에 저장한다.

52, 53행: 실제 데이터와 가상 데이터의 분류 결과를 출력한다.

[실행 결과]를 통해 150번째 데이터는 virginica로 문제없이 분류됨을 알 수 있다. 또한, 150번째와 유사하지만 우리가 임의로 만든 데이터인 test_2를 붓꽃 분류 함수에 입력하였더니, virginica로 분류하였음을 확인할 수 있다.

[Step 6] 고흐가 그린 붓꽃 그림의 데이터 분류하기

고흐가 그린 붓꽃 데이터의 그림의 실제 크기는 세로 71cm, 가로 93cm이다. 이를 바탕으로 우리가 보고 있는 붓꽃 그림의 특성 값을 다음과 같이 계산할 수 있다.

ID	꽃받침 길이(cm)	꽃받침 너비(cm)	꽃잎 길이(cm)	꽃잎 너비(cm)	종류
1	2.7	2.4	1.65	0.67	
2	5.84	5.48	3	2.16	
3	3.97	4.01	1.7	0.67	

이것을 앞에서 정의한 K_NN 붓꽃 분류 함수를 이용하여 분류하면 다음과 같다.

[완성 파일: 3-2-09.py]

1~42	(122~124쪽 1~42행 코드와 동일하므로 생략)
43	# 그림에서 수집한 데이터
44	ID_1 = np.array([2.7, 2.4, 1.65, 0.67])
45	ID_2 = np.array([5.84, 5.48, 3, 2.16])
46	ID_3 = np.array([3.97, 4.01, 1.7, 0.67])
47	
48	# K_NN 분류 함수를 이용하여 분류하기
49	result_1 = K_NN(ID_1, features, 5)
50	result_2 = K_NN(ID_2, features, 5)
51	result_3 = K_NN(ID_3, features, 5)
52	

53	# 분류 결과 출력하기
54	print(result_1, result_2, result_3)

실행 결과 setosa setosa setosa

[실행 결과]에 따라 고흐가 그린 그림에서 붓꽃의 종류는 'setosa'로 예측할 수 있다.

ID	꽃받침 길이(cm)	꽃받침 너비(cm)	꽃잎 길이(cm)	꽃잎 너비(cm)	종류
1	2.7	2.4	1.65	0.67	setosa
2	5.84	5.48	3	2.16	setosa
4	3.97	4.01	1.7	0.67	setosa

생각해
보기

scikit-learn 모듈을 이용하여 K-NN 모델을 적용해 보자. (www.ebssw.kr/ai4u)

1 평균

1. 평균의 뜻

전체 변량의 총합을 변량의 개수로 나눈 값을 평균이라고 한다.

$$(평균) = \frac{(변량)의\ 총합}{(변량)의\ 개수}$$

다음은 학생 7명의 줄넘기 횟수를 나타낸 자료이다.

(단위: 회)

| 28 | 10 | 26 | 16 | 14 | 21 | 109 |

학생 7명의 줄넘기 횟수의 평균은 다음과 같다.

$$\frac{28+10+26+16+14+21+109}{7} = 32(회)$$

참고 학생 7명 중에서 6명의 줄넘기 횟수는 평균보다 적고, 한 명의 줄넘기 횟수 109회는 평균보다 훨씬 많기 때문에 평균 32회는 이 자료의 특성을 잘 나타낸다고 할 수 없다. 이와 같은 경우에는 평균 이외의 다른 대푯값을 생각할 필요가 있다.

2. 도수분포표에서 평균

오른쪽 표는 학생 20명의 성장폭을 계급의 크기가 10 mm인 도수분포표로 나타낸 것이다. 여기에서 평균을 구해 보자.

도수분포표에 대한 보다 자세한 내용은 140쪽 LINK 12를 참고한다.

오른쪽 도수분포표에서 30 mm 이상이면서 40 mm 미만인 계급의 계급값은 35 mm이므로 이 계급에 속하는 성장폭을 모두 35 mm인 것으로 생각하면 이 계급에 속하는 2명의 성장폭의 합은 다음과 같이 계산한다.

$$(계급값) \times (도수) = 35 \times 2 = 70(mm)$$

계급(mm)	도수(명)
30이상~40미만	2
40~50	4
50~60	5
60~70	5
70~80	4
합계	20

이와 같은 방법으로 각 계급에 대하여 (계급값)×(도수)를 구하면 다음 표와 같다.

계급(mm)	계급값(mm)	도수(명)	(계급값)×(도수)
30이상~40미만	35	2	70
40~50	45	4	180
50~60	55	5	275
60~70	65	5	325
70~80	75	4	300
합계		20	1150

위 표에서 (계급값)×(도수)의 총합은 1150이고, 이 값을 도수의 총합인 20으로 나누어 다음과 같이 평균을 구할 수 있다.

$$(평균) = \frac{1150}{20} = 57.5(mm)$$

도수분포표에서의 평균

$$(\text{평균}) = \frac{\{(\text{계급값}) \times (\text{도수})\} \text{의 총합}}{(\text{도수})\text{의 총합}}$$

확인 문제 2

오른쪽 도수분포표는 농구 선수 20명이 슛 연습으로 공을 던진 횟수를 조사하여 나타낸 것이다. 공을 던진 횟수의 평균을 구해 보자.

계급(회)	도수(명)
400^{이상}~500^{미만}	6
500~600	7
600~700	5
700~800	2
합계	20

수학으로 풀어보기

계급값을 이용하여 평균을 구하면

$$\frac{450 \times 6 + 550 \times 7 + 650 \times 5 + 750 \times 2}{20} = 565(\text{회})$$

답 565(회)

3. 이산확률변수의 평균(기댓값)

어느 놀이공원에서는 개장 기념행사로 선착순 100명의 입장객에게 다음과 같이 할인액이 적힌 할인권을 준다고 한다.

할인액(원)	5000	10000	20000	계
할인권 수(장)	70	20	10	100

할인권 한 장에 대한 할인액의 평균은 다음과 같다.

$$\frac{5000 \times 70 + 10000 \times 20 + 20000 \times 10}{100}$$

$$= 5000 \times \frac{70}{100} + 10000 \times \frac{20}{100} + 20000 \times \frac{10}{100}$$

$$= 7500(\text{원})$$

여기서 할인액의 평균은 이산확률변수 X의 각 값과 그에 대응하는 확률을 곱하여 더한 것과 같음을 알 수 있다. 일반적으로 이산확률변수 X의 확률질량함수가

$$\mathrm{P}(X = x_i) = p_i \ (i = 1, 2, 3, \cdots, n)$$ 일 때, X의 확률분포를 표로 나타내면 다음과 같다.

X	x_1	x_2	x_3	$\cdots$	x_n	계
$\mathrm{P}(X = x_i)$	p_1	p_2	p_3	$\cdots$	p_n	1

이때 $x_1 p_1 + x_2 p_2 + x_3 p_3 + \cdots + x_n p_n$ 을 이산확률변수 X의 **기댓값** 또는 **평균**이라고 하며, 이것을 기호로 $\mathrm{E}(X)$와 같이 나타낸다.

이산확률변수 X의 평균(기댓값)

이산확률변수 X의 확률질량함수가 $\mathrm{P}(X = x_i) = p_i \ (i = 1, 2, 3, \cdots, n)$일 때,

확률변수 X의 평균(기댓값) $\mathrm{E}(X) = x_1 p_1 + x_2 p_2 + x_3 p_3 + \cdots + x_n p_n$

$\mathrm{E}(X)$의 E는 기댓값을 뜻하는 Expectation 의 첫 글자이다.

예를 들어, 한 개의 주사위를 던져서 나온 눈의 수를 이산확률변수 X라 할 때, X의 기댓값 $\mathrm{E}(X)$를 구하면 다음과 같다. 우선 이산확률변수 X의 확률분포를 표로 나타내면 다음과 같다.

X	1	2	3	4	5	6	계
$\mathrm{P}(X=x)$	$\dfrac{1}{6}$	$\dfrac{1}{6}$	$\dfrac{1}{6}$	$\dfrac{1}{6}$	$\dfrac{1}{6}$	$\dfrac{1}{6}$	1

따라서 이산확률변수 X의 기댓값 $\mathrm{E}(X)$는

$$\mathrm{E}(X)=1\times\frac{1}{6}+2\times\frac{1}{6}+3\times\frac{1}{6}+4\times\frac{1}{6}+5\times\frac{1}{6}+6\times\frac{1}{6}=\frac{7}{2}$$

확인 문제 3

이산확률변수 X의 확률분포를 표로 나타내면 다음과 같다. X의 평균 $\mathrm{E}(X)$의 값을 구해 보자.

X	2	4	6	8	계
$\mathrm{P}(X=x)$	$\dfrac{1}{10}$	$\dfrac{1}{5}$	$\dfrac{3}{10}$	$\dfrac{2}{5}$	1

수학으로 풀어보기

$$\mathrm{E}(X)=2\times\frac{1}{10}+4\times\frac{1}{5}+6\times\frac{3}{10}+8\times\frac{2}{5}=6$$

답 6

2 분산 및 표준편차

1. 분산 및 표준편차의 뜻

다음은 어느 학교의 수학 동아리의 학생 수와 편차를 나타낸 표이다.

(단위: 명)

(편차) = (변량) − (평균)

학급	1반	2반	3반	4반	5반	6반	7반	8반	합계
학생 수	5	11	2	7	6	4	2	3	40
편차	0	6	−3	2	1	−1	−3	−2	0

학급별 학생 수의 평균은 $\dfrac{(\text{학생수의 합})}{8}=\dfrac{40}{8}=5(\text{명})$이고, 편차의 합은 0임을 알 수 있다.

일반적으로 편차의 합은 항상 0이므로 편차의 평균도 0이 되어 편차의 평균으로는 변량들이 흩어진 정도를 알 수 없다. 따라서 편차의 평균 대신 편차를 제곱한 값의 평균과 그 양의 제곱근을 산포도로 이용한다. 이때 편차를 제곱한 값의 평균을 **분산**이라 하고, 분산의 양의 제곱근을 **표준편차**라고 한다. 즉 자료의 분산과 표준편차는 다음과 같다.

분산과 표준편차

❶ $(\text{분산})=\dfrac{(\text{편차})^2\text{의 총합}}{(\text{변량})\text{의 개수}}$ ❷ $(\text{표준편차})=\sqrt{(\text{분산})}$

분산 또는 표준편차의 의미는 그 값이 클수록 자료의 변량들이 평균을 중심으로 흩어져 있는 정도가 크고, 그 값이 작을수록 평균을 중심으로 흩어져 있는 정도가 작음을 의미한다. 일반적으로 분산 또는 표준편차가 작을수록 '자료가 고르다.'라고 한다.

다음은 연우네 반 학생 10명의 1학기 봉사활동 시간을 나타낸 자료이다. 이 자료의 분산과 표준편차를 구해 보자.

(단위: 시간)

| 12 | 13 | 11 | 10 | 16 | 10 | 16 | 9 | 8 | 15 |

수학으로 풀어보기

$$(평균)=\frac{1}{10}(12+13+11+10+16+10+16+9+8+15)=12(시간)$$

이므로 각 변량의 편차를 구하여 표로 나타내면 다음과 같다.

(단위: 시간)

시간	12	13	11	10	16	10	16	9	8	15
편차	0	1	−1	−2	4	−2	4	−3	−4	3

$$(분산)=\frac{1}{10}\{0^2+1^2+(-1)^2+(-2)^2+4^2+(-2)^2+4^2+(-3)^2+(-4)^2+3^2\}$$

$$=\frac{76}{10}=7.6$$

$$(표준편차)=\sqrt{7.6}(시간)$$

目 (분산)=7.6, (표준편차)=$\sqrt{7.6}$ (시간)

2. 도수분포표에서 분산과 표준편차

다음은 우리나라 16개 광역시도 고등학교의 1인당 장서 수를 조사하여 나타낸 표이다.

계급(권)	도수(개)	계급값(권)
10^{이상}~15^{미만}	5	12.5
15~20	7	17.5
20~25	3	22.5
25~30	1	27.5
합계	16	

위 표에서 (계급값)×(도수)의 총합이 280이므로 평균은 $\frac{280}{16}=17.5$(권)이다. 이를 이용하여 다음 표를 만들 수 있다.

계급(권)	도수(개)	계급값(권)	편차(권)	(편차)^2×(도수)
10^{이상}~15^{미만}	5	12.5	−5	125
15~20	7	17.5	0	0
20~25	3	22.5	5	75
25~30	1	27.5	10	100
합계	16			300

위 표에서 (편차)^2×(도수)의 총합은 300이므로 분산과 표준편차는 다음과 같다.

$$(분산)=\frac{300}{16}=18.75, \quad (표준편차)=\sqrt{18.75}(권)$$

도수분포표에서의 분산과 표준편차

❶ (분산)$=\dfrac{\{(편차)^2 \times (도수)\}의\ 총합}{(도수)의\ 총합}$　　　❷ (표준편차)$=\sqrt{(분산)}$

3. 이산확률변수의 분산과 표준편차

이산확률변수 X의 확률질량함수가 $\mathrm{P}(X=x_i)=p_i\ (i=1,\ 2,\ 3,\ \cdots,\ n)$일 때, X의 확률분포를 표로 나타내면 다음과 같다.

X	x_1	x_2	x_3	$\cdots$	x_n	계
$\mathrm{P}(X=x_i)$	p_1	p_2	p_3	$\cdots$	p_n	1

이때 확률변수 X의 기댓값 $\mathrm{E}(X)$는

$$\mathrm{E}(X)=x_1p_1+x_2p_2+x_3p_3+\cdots+x_np_n=\sum_{i=1}^{n}x_ip_i \text{이고,}$$

확률변수 X의 기댓값 $\mathrm{E}(X)$를 m이라고 할 때, 편차 $X-m$의 제곱의 평균 $\mathrm{E}((X-m)^2)$을 확률변수 X의 분산이라고 하며, 이것을 기호 $\mathrm{V}(X)$와 같이 나타낸다.

또 분산의 양의 제곱근 $\sqrt{\mathrm{V}(X)}$를 확률변수 X의 표준편차라고 하며, 이것을 기호 $\sigma(X)$와 같이 나타낸다. 즉

$$\mathrm{V}(X)=(x_1-m)^2p_1+(x_2-m)^2p_2+(x_3-m)^2p_3+\cdots+(x_n-m)^2p_n$$
$$=\sum_{i=1}^{n}(x_i-m)^2p_i$$
$$\sigma(X)=\sqrt{\mathrm{V}(X)}$$

> $\mathrm{V}(X)$의 V는 분산을 뜻하는 Variance의 첫 글자이고, $\sigma(X)$의 σ는 표준편차를 뜻하는 Standard Deviation의 첫 글자 S에 해당하는 그리스 문자이다.

이산확률변수 X의 분산, 표준편차

이산확률변수 X의 확률질량함수가 $\mathrm{P}(X=x_i)=p_i\ (i=1,\ 2,\ 3,\ \cdots,\ n)$일 때

❶ 분산 $\mathrm{V}(X)=\mathrm{E}((X-m)^2)=\sum\limits_{i=1}^{n}(x_i-m)^2p_i$ (단, $m=\mathrm{E}(X)$)

❷ 표준편차 $\sigma(X)=\sqrt{\mathrm{V}(X)}$

예를 들어, 이산확률변수 X의 확률분포가 다음 표와 같을 때,

X	2	4	6	8	계
$\mathrm{P}(X=x)$	$\dfrac{1}{10}$	$\dfrac{1}{5}$	$\dfrac{3}{10}$	$\dfrac{2}{5}$	1

X의 평균과 분산 및 표준편차는

$$\mathrm{E}(X)=2\times\frac{1}{10}+4\times\frac{1}{5}+6\times\frac{3}{10}+8\times\frac{2}{5}=6$$

$$\mathrm{V}(X)=(2-6)^2\times\frac{1}{10}+(4-6)^2\times\frac{1}{5}+(6-6)^2\times\frac{3}{10}+(8-6)^2\times\frac{2}{5}=4$$

$$\sigma(X)=\sqrt{4}=2$$

한편 확률변수 X의 기댓값이 m일 때,

$$\mathrm{V}(X)=\sum_{i=1}^{n}(x_i-m)^2p_i=\sum_{i=1}^{n}(x_i^2-2mx_i+m^2)p_i$$
$$=\sum_{i=1}^{n}x_i^2p_i-2m\sum_{i=1}^{n}x_ip_i+m^2\sum_{i=1}^{n}p_i=\sum_{i=1}^{n}x_i^2p_i-m^2=\mathrm{E}(X^2)-\{\mathrm{E}(X)\}^2$$

이므로 X의 분산을 다음과 같이 구하면 편리하다.

$$V(X) = E(X^2) - \{E(X)\}^2$$

위 이산확률변수 X의 확률분포를 나타내는 표에서 $E(X) = m = 6$이고,

$$E(X^2) = 2^2 \times \frac{1}{10} + 4^2 \times \frac{1}{5} + 6^2 \times \frac{3}{10} + 8^2 \times \frac{2}{5} = 40$$이므로

$$V(X) = E(X^2) - \{E(X)\}^2 = 40 - 6^2 = 4$$이다.

확인 문제 5

100원짜리 동전을 세 번 던질 때, 앞면이 나오는 동전의 금액의 합을 확률변수 X원이라고 하자. 확률변수 X의 평균과 분산 및 표준편차를 구해 보자.

수학으로 풀어보기

확률변수 X의 확률분포를 표로 나타내면 다음과 같다.

(단위: 원)

X	0	100	200	300	계
$P(X=x)$	$\frac{1}{8}$	$\frac{3}{8}$	$\frac{3}{8}$	$\frac{1}{8}$	1

$$E(X) = 0 \times \frac{1}{8} + 100 \times \frac{3}{8} + 200 \times \frac{3}{8} + 300 \times \frac{1}{8} = 150(\text{원})$$

$$V(X) = \left(0^2 \times \frac{1}{8} + 100^2 \times \frac{3}{8} + 200^2 \times \frac{3}{8} + 300^2 \times \frac{1}{8} \right) - 150^2 = 7500$$

$$\sigma(X) = \sqrt{V(X)} = \sqrt{7500} = 50\sqrt{3}(\text{원})$$

답 (평균) = 150(원), (분산) = 7500, (표준편차) = $50\sqrt{3}$(원)

---

3 중앙값

자료의 변량을 작은 값부터 순서대로 나열할 때, 중앙에 위치하는 것을 그 자료의 **중앙값**이라고 한다.

일반적으로 자료의 변량 중에서 매우 크거나 매우 작은 값이 있는 경우에는 평균보다 중앙값이 그 자료의 특성을 더 잘 나타낸다.

① 자료의 개수가 홀수인 경우: 가운데 위치한 자료의 값

② 자료의 개수가 짝수인 경우: 가운데 위치한 두 자료의 평균

예 ① 변량 2, 4, 4, 5, 6, 8, 9, 9, 10의 중앙값은 다섯 번째의 값인 6이다.

② 변량 5, 6, 9, 11, 13, 15의 중앙값은 세 번째와 네 번째의 값의 평균, 즉 $\frac{9+11}{2} = 10$이다.

4 최빈값

자료의 변량 중에서 가장 많이 나타나는 것을 그 자료의 **최빈값**이라고 한다. 최빈값은 변량의 개수가 많거나 변량이 중복되어 나타나는 자료, 가장 좋아하는 운동 종목이나 음식 등과 같이 숫자로 나타낼 수 없는 자료의 대푯값으로 유용하다. 또 값이 하나로 정해지는 평균이나 중앙값과는 달리 최빈값은 자료에 따라 두 개 이상일 수도 있고, 없을 수도 있다. 예를 들어,

① 자료 '사과, 배, 사과, 포도, 사과'에서 사과가 가장 많이 나타나므로, 이 자료의 최빈값은 사과이다.

② 자료 '6, 9, 7, 2, 7, 9'에서 7과 9가 가장 많이 나타나므로, 이 자료의 최빈값은 7과 9이다.

③ 자료 '2, 7, 1, 8, 5'에서 변량이 모두 한 번씩만 나타나므로, 이 자료의 최빈값은 없다.

3 냉장고가 아이스크림을 자동으로 주문해 준다면

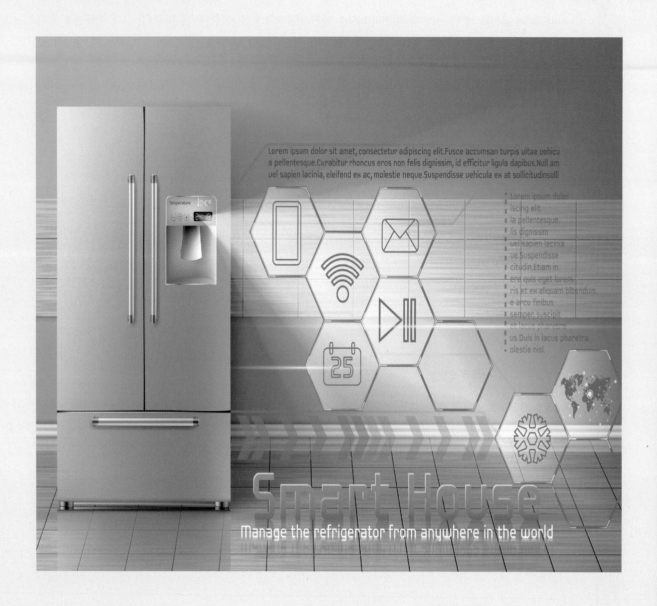

은우는 요즘 사물 인터넷에 관심이 커졌다. 마치 사람들이 의사소통하듯이, 사물들끼리 신호를 주고받으며 동작을 제어한다는 것이 무척 신기하게 느껴졌기 때문이다. 그중에서도 혼자 사는 사람의 집의 냉장고 문이 일정 시간 동안 열리지 않으면 등록된 가족이나 친구의 휴대 전화로 알림을 주어 도움이 필요한 상황을 빨리 감지할 수 있도록 돕는 역할을 했다는 것이 인상적이다. 은우는 사용자가 필요로 하는 식재료를 냉장고가 자동으로 주문해 준다면 장을 보러 가기 어려운 사람들에게 무척 유용할 것 같다는 생각이 들었다. 특히 더운 여름날 집에 들어왔을 때, 냉장고 속의 시원한 아이스크림을 먹을 수 있다면 얼마나 좋을까? 은우는 기온에 따라 아이스크림 구매 여부를 결정하는 프로그램을 만들어 보기로 한다.

01 데이터 수집하기

우리 생활에 필요한 똑똑한 냉장고를 만들기 위해 우리는 어떤 노력을 해야 하는지 알아보자.

기온에 따라 아이스크림 구매 여부를 결정하기 위해 어떤 데이터가 필요할까? 먼저 아이스크림을 구매하기 위한 기준을 정하고, 기준에 맞는 데이터 수집이 필요할 것이다. 따라서 '기온 변화' 데이터와 '아이스크림 구매 여부'를 판단할 데이터가 필요하다.

[Step 1] 기온 변화 데이터를 찾아서 저장하기

우리나라의 기온 데이터는 기상자료개방포털에서 내려받을 수 있다. 기상자료개방포털 홈페이지에 접속하여 [기후통계분석] – [기온분석] 메뉴를 클릭하여 기온 데이터를 확인해 보자.

기상자료개방포털
(https://data.kma.go.kr)
우리나라의 100년 이상 기후 통계를 검색할 수 있는 웹 사이트로 기온, 강수량 등 알고 싶은 지역의 날씨 데이터를 쉽게 찾을 수 있다.

▲ 기상자료개방포털(https://data.kma.go.kr)

원하는 기간의 기온 데이터를 검색하기 위해 기간과 지역을 선택해 보자. 이곳에서는 원하는 기간과 지역을 설정하여 필요한 데이터를 수집하는 것이 가능하지만, 지금은 2019년 전국을 기준으로 한 일별 기온 데이터를 사용하고자 한다. 따라서 자료 구분은 '일'로, 기간은 '2019년 1월 1일부터 2019년 12월 31일', 지역/지점은 전체 지역의 하위 요소인 '전국'을 선택한 후, 검색 버튼을 눌러 결과를 확인한다.

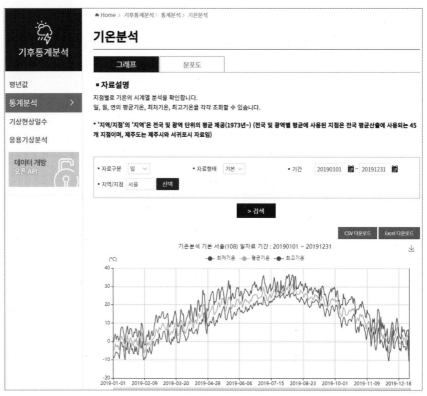

▲ 2019년 기온 분석 데이터

　원하는 지역과 특정 기간의 기온 데이터를 다루기 위하여 'CSV 다운로드' 버튼을 눌러 데이터를 컴퓨터에 저장한 후 스프레드시트를 이용하여 해당 파일을 열어 보도록 한다. 이때 기온 변화 데이터는 '기온.csv' 파일로 저장하도록 한다.

	A	B	C	D	E	F	G
1	기온분석						
2	[검색조건]						
3	자료구분 : 일						
4	자료형태 : 기본						
5	지역/지점 : 전국						
6	기간 : 20190101~20191231						
7							
8	날짜	지점	평균기온(°	최저기온(°	최고기온(℃)		
9	2019-01-01	전국	-2.1	-5.8	2.1		
10	2019-01-02	전국	-2.5	-7	3.2		
11	2019-01-03	전국	-2.1	-7.7	5		
12	2019-01-04	전국	-0.7	-7.3	5.3		
13	2019-01-05	전국	0.2	-4.6	5.3		
14	2019-01-06	전국	-1.3	-6.1	5.7		
15	2019-01-07	전국	-0.5	-6.3	5.5		
16	2019-01-08	전국	-0.7	-4.8	4.2		
17	2019-01-09	전국	-2.9	-8	2.9		
18	2019-01-10	전국	0.5	-3.4	5.1		
19	2019-01-11	전국	2.1	-3.4	8.1		
20	2019-01-12	전국	3	-0.3	7.5		
21	2019-01-13	전국	1.3	-3.2	8.2		
22	2019-01-14	전국	1	-4.1	7.5		
23	2019-01-15	전국	0.9	-3.9	6.1		
24	2019-01-16	전국	-3.2	-7.9	1.7		
25	2019-01-17	전국	0.4	-4	5.4		
26	2019-01-18	전국	0.8	-5.1	8.1		
27	2019-01-19	전국	2.0	-2.7	9.3		

▲ 스프레드시트로 열어 본 기온 분석 데이터(파일명: 기온.csv)

[Step 2] 아이스크림 구매 여부와 관련된 데이터를 찾아 저장하기

자신이 1년간 아이스크림을 언제 얼마나 구매했는지 기억하기 어려우므로 네이버에서 제공하는 데이터를 사용하고자 한다. 네이버 데이터랩에 접속하여 2019년의 아이스크림/빙수 관련 쇼핑 클릭량을 찾아보자.

네이버 데이터랩
(datalab.naver.com)
네이버의 검색 트렌드 및 급상승 검색어 이력, 쇼핑 카테고리별 검색 트렌드 등을 확인할 수 있다.

네이버 데이터랩 메뉴 중 [쇼핑인사이트]를 선택하면 분야별 통계를 확인할 수 있다. 분야에서 1분류는 '식품', 2분류는 '아이스크림/빙수'를 선택하고, 기간은 2019년 1월 1일부터 2019년 12월 31일까지의 일간 데이터를 조회할 수 있도록 설정한다. 특정 기기나 성별, 연령대별 조회가 필요하다면 해당 항목을 체크하여 조회할 수 있다.

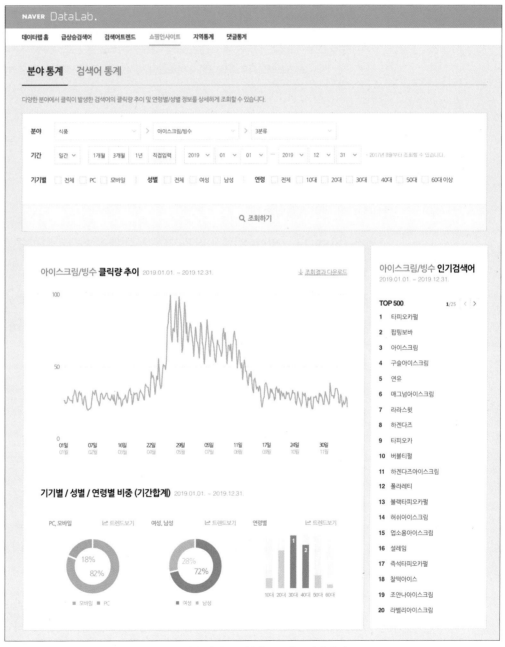

▲ 검색된 아이스크림/빙수 쇼핑 클릭량 추이

조회 결과를 통해 2019년의 '아이스크림/빙수 쇼핑 클릭량'과 관련된 데이터를 한눈에 확인할 수 있다. [조회결과 다운로드] 버튼을 클릭하여 그래프로 표현된 원본 데이터를 내려받도록 한다. 아이스크림/빙수 쇼핑 클릭량 데이터는 '아이스크림.csv'파일로 저장하도록 한다.

	A	B
1	네이버 데이터랩 쇼핑인사이트 > 분야 통계	
2	조회분야	
3	식품 > 아이스크림/빙수	
4	조회기간 : 2019.01.01. ~ 2019.12.31. 일간	
5	기기별 : 전체	
6	성별 : 전체	
7	연령별 : 전체	
8		
9	날짜	아이스크림/빙수
10	2019-01-01	27
11	2019-01-02	27
12	2019-01-03	25
13	2019-01-04	25
14	2019-01-05	26
15	2019-01-06	30
16	2019-01-07	29

▲ 스프레드시트로 열어본 아이스크림/빙수 쇼핑 클릭량 데이터(파일명: 아이스크림.csv)

[Step 3] 데이터 통합하기

먼저 [**Step 1**], [**Step 2**]에서 찾은 '기온 분석'과 '아이스크림/빙수 쇼핑 클릭량' 데이터에서 필요한 데이터들만 추출하여 새로운 파일명으로 저장하기 위해 스프레드시트에서 두 파일을 불러온다.

날짜는 기온 데이터와 아이스크림/빙수 관련 쇼핑 데이터를 행별로 구분하는 기준이 되는 값이므로 첫 번째 열에 오도록 한다. 평균 기온, 최저 기온, 최고 기온, 아이스크림/빙수 쇼핑 클릭량 데이터를 열별로 저장하는 순서를 오른쪽 그림과 다르게 저장하는 경우, 코드 작성에 유의해야 한다.

새로운 스프레드시트 파일을 연 후 '기온.csv' 파일에서는 날짜, 평균 기온, 최저 기온, 최고 기온 데이터를 복사해서 붙이고, 다시 아이스크림/빙수 쇼핑 클릭량 데이터는 '아이스크림.csv' 파일에서 복사하여 붙이도록 한다.

	A	B	C	D	E
1	날짜	평균기온(°	최저기온(°	최고기온(°	아이스크림/빙수
2	2019-01-01	-2.1	-5.8	2.1	27
3	2019-01-02	-2.5	-7	3.2	27
4	2019-01-03	-2.1	-7.7	5	25
5	2019-01-04	-0.7	-7.3	5.3	25
6	2019-01-05	0.2	-4.6	5.3	26
7	2019-01-06	-1.3	-6.1	5.7	30
8	2019-01-07	-0.5	-6.3	5.5	29
9	2019-01-08	-0.7	-4.8	4.2	28
10	2019-01-09	-2.9	-8	2.9	27
11	2019-01-10	0.5	-3.4	5.1	27
12	2019-01-11	2.1	-3.4	8.1	27
13	2019-01-12	3	-0.3	7.5	25

▲ 필요한 데이터를 추출하여 새롭게 만든 데이터

위 두 파일에서 추출하여 새롭게 만든 데이터는 파일명을 'temp_ice.csv'로 저장한 후 앞으로 이 데이터를 바탕으로 기온에 따른 아이스크림 구매 가능성을 살펴보도록 한다.

파일 이름(N): temp_ice
파일 형식(T): CSV (쉼표로 분리)

02 데이터 불러오기

통합한 데이터 파일에서 기온 변화와 아이스크림/빙수 쇼핑 클릭량 데이터를 파이선으로 분석하는 프로그램을 작성해 보자.

[완성 파일: 3-3-01.py]

여기서부터는 편의상, 기온 변화를 평균 기온, '아이스크림/빙수'를 아이스크림으로 정해 사용하도록 한다.

1	import csv
2	f = open('temp_ice.csv', encoding = 'euc-kr') # temp_ice.csv 파일 열기
3	data = csv.reader(f)　　　　　　　　　　　# temp_ice.csv 파일 속 데이터를 data로 저장하기
4	header = next(data)　　　　　　　　　　　# 헤더 처리
5	temp = [ ]　　　　　　　　　　　　　　# 평균 기온 데이터 저장을 위한 리스트 생성
6	ice = [ ]　　　　　　　　　　　　　　# 아이스크림 쇼핑 클릭량 데이터 저장을 위한 리스트 생성하기
7	# 전체 데이터를 행별로 temp 리스트, ice 리스트에 저장 및 출력하기
8	for row in data :　　　　　　　　　　　# 전체 데이터 수만큼 반복
9	temp.append(float(row[1]))　　　　　# 행별로 평균 기온 데이터 저장하기
10	ice.append(int(row[4]))　　　　　　# 행별로 아이스크림 쇼핑 클릭량 데이터 저장하기
11	
12	print(temp)　　　　　　　　　　　　# temp 데이터 출력하기
13	print(ice)　　　　　　　　　　　　　# ice 데이터 출력하기
14	

실행 결과

[-2.1, -2.5, -2.1, -0.7, 0.2, -1.3, -0.5, -0.7, -2.9, 0.5, 2.1, 3.0, 1.3, 1.0, 0.9, -3.2, 0.4, 0.8, 2.9, 1.6, 0.5, 2.6, 3.1, 0.7, -0.4, -1.8, -0.2, 2.6, 0.0, 3.5, 0.3, -1.3, 2.1, 5.6, 2.5, 2.9, 5.6, 2.1, -2.0, -1.7, -1.4, -0.8, 0.1, 0.3, 0.6, 2.0, -0.3, -0.2, 2.2, 2.9, 2.8, 2.7, 3.9, 5.0, 6.1, 6.0, 5.4, 7.1, 6.8, 6.0, 6.9, 8.7, 8.8, 8.2, 8.8, 6.5, 6.1, 7.9, 7.8, 6.4, 5.8, 3.9, 5.2, 5.8, 5.8, 6.6, 7.5, 10.7, 11.4, 9.8, 5.2, 4.2, 4.7, 7.2, 10.5, 12.8, 10.6, 10.6, 7.2, 5.4, 5.7, 6.7, 7.4, 9.9, 11.7, 11.6, 12.5, 11.8, 9.3, 7.2, 8.8, 10.7, 11.6, 10.2, 11.1, 14.2, 15.5, 15.3, 12.8, 14.7, 16.5, 17.6, 16.8, 17.3, 13.5, 9.4, 11.4, 12.1, 11.3, 14.6, 15.4, 16.0, 16.7, 17.6, 18.9, 14.0, 13.9, 15.7, 17.1, 17.6, 18.5, 18.4, 17.9, 19.8, 20.3, 21.4, 21.3, 18.8, 19.5, 17.0, 17.0, 19.2, 20.9, 22.9, 23.3, 23.2, 18.6, 17.8, 19.7, 20.5, 18.6, 18.9, 20.6, 22.0, 23.1, 22.9, 21.1, 18.6, 20.1, 19.7, 18.3, 18.8, 19.7, 21.2, 20.2, 20.4, 20.2, 21.3, 21.3, 22.2, 23.4, 22.8, 21.7, 21.6, 22.5, 23.6, 21.1, 23.8, 23.6, 21.6, 23.8, 23.2, 23.4, 23.1, 24.4, 25.1, 25.1, 23.5, 22.6, 22.6, 20.9, 22.2, 23.2, 23.3, 23.9, 23.2, 23.8, 24.4, 24.3, 25.2, 24.8, 24.8, 27.0, 27.9, 26.8, 26.6, 26.5, 27.1, 26.9, 27.8, 28.4,

27, 31, 25, 24, 28, 33, 30, 28, 29, 28, 23, 24, 27, 28, 28, 31, 28, 25, 26, 32, 34, 35, 31, 31, 24, 26, 32, 31, 32, 32, 32, 27, 27, 32, 34, 33, 32, 31, 29, 27, 37, 38, 37, 36, 36, 31, 29, 35, 47, 43, 44, 42, 35, 31, 37, 44, 41, 56, 46, 39, 35, 37, 47, 52, 51, 51, 48, 54, 77, 81, 87, 90, 100, 72, 67, 77, 76, 75, 89, 96, 75, 67, 84, 99, 91, 86, 77, 60, 63, 78, 95, 88, 73, 81, 69, 67, 75, 80, 79, 75, 71, 66, 57, 68, 78, 76, 68, 67, 63, 56, 66, 81, 79, 67, 64, 54, 52, 64, 70, 83, 75, 69, 61, 57, 68, 75, 68, 66, 63, 55, 53, 62, 69, 66, 65, 62, 61, 57, 61, 73, 77, 69, 74, 63, 52, 57, 65, 65, 61, 66, 56, 54, 64, 72, 75, 69, 69, 61, 49, 56, 62, 60, 53, 49, 53, 41, 50, 55, 53, 47, 47, 41, 37, 44, 45, 43, 47, 40, 34, 32, 41, 42, 39, 35, 36, 36, 33, 37, 35, 26, 22, 23, 28, 29, 38, 39, 38, 36, 32, 28, 29, 35, 33, 34, 32, 31, 27, 28, 35, 36, 34, 32, 35, 31, 27, 33, 32, 30, 32, 29, 28, 28, 33, 31, 32, 32, 29, 27, 28, 31, 34, 32, 32, 32, 25, 24, 30, 33, 29, 28, 25, 23, 25, 32, 31, 30, 32, 27, 22, 22, 29, 27, 28, 29, 24, 21, 21, 29, 29, 29, 30, 27, 26, 25, 32, 30, 31, 30, 28, 24, 24, 31, 33, 30, 28, 26, 24, 25, 39, 33, 30, 30, 30, 28, 30, 35, 35, 35, 33, 31, 25, 25, 31, 29, 22, 24, 26, 24, 25, 29, 28, 22]

2, 3행: 통합한 데이터 파일을 열고 해당 파일을 불러와 data에 저장한다.

5~6행: temp 리스트와 ice 리스트를 만든다.

8~10행: for문은 데이터 수(data)만큼 반복하면서 평균 기온 값은 실수형(float), 아이스크림 쇼핑 클릭량 값은 정수형(int)으로 바꾸어 저장한다. 참고로 2019년 1월 1일부터 2019년 12월 31일까지의 데이터로 두 리스트에 저장된 데이터 수는 각각 365개이다.

12, 13행: 평균 기온 데이터를 출력하고, 다시 아이스크림 쇼핑 클릭량의 데이터를 출력한다.

03 데이터 다루기

기온과 아이스크림 구매에 대한 관계를 분석하기 위해 평균 기온 값과 아이스크림 쇼핑 클릭량 데이터를 살펴보자. 평균 기온 값이 어느 정도일 때 아이스크림 쇼핑 클릭량이 가장 많았는지를 확인하기 위해 다음과 같은 정보를 알아보도록 한다.

평균 기온	평균 기온의 도수분포	해당 날짜의 아이스크림 쇼핑 클릭량 합계	평균 기온에 따른 아이스크림 쇼핑 클릭량 평균

[잠깐, 수학 LINK 12] 데이터 분류 기준을 평균 기온으로 두고, 평균 기온에 따른 아이스크림 쇼핑 클릭량 평균의 도수분포에 대해 알아보자.

관련 수학 개념 설명 _ 도수분포표

1 도수분포표의 뜻

다음은 앞에서 주어진 365개의 일평균 기온 자료(데이터)를 단순하게 30개로 축소하여 나타낸 것이다.

(단위: ℃)

−3.8	1.5	−1.7	5.0	7.0	3.3	2.9	4.7	8.5	9.2
10.1	11.8	13.6	14.7	15.9	18.0	17.6	19.5	20.6	21.1
20.0	22.5	24.7	25.2	21.9	24.4	25.0	23.0	28.8	26.9

기온이나 점수, 나이, 키 등과 같이 자료를 수량으로 나타낸 것을 **변량**이라고 하며, 변량이 많아 그 분포를 한눈에 알기 어려운 경우 다음과 같이 표를 이용하여 나타낼 수 있다.

이때, −6.0 이상 0.0 미만 등과 같이 변량을 일정한 간격으로 나눈 구간을 **계급**이라 하고, 구간의 너비를 **계급의 크기**, 각 계급에 속하는 자료의 수를 그 계급의 **도수**라고 한다. 또, 오른쪽 표와 같이 자료를 정리하여 계급과 도수로 나타낸 표를 **도수분포표**라고 한다.

한편, 도수분포표에서 각 계급의 가운데 값을 그 계급의 **계급값**이라고 한다.

$$(계급값) = \frac{(계급의\ 양\ 끝\ 값의\ 합)}{2}$$

일평균 기온(℃)	도수(일)
−6.0 이상 ~ 0.0 미만	2
0.0 ~ 6.0	5
6.0 ~ 12.0	5
12.0 ~ 18.0	4
18.0 ~ 24.0	8
24.0 ~ 30.0	6
합계	30

2 도수분포표를 작성하는 방법

많은 양의 자료를 정리할 때 유용한 도수분포표를 정확히 만들기 위해서는 먼저 계급의 개수와 계급의 크기를 정해야 한다.

⑴ 계급의 개수를 정하는 방법

① 율(Yule)의 방법: 경험적이고 주관적인 방법으로 계급의 개수를 보통 5~15개 정도로 한다.

② 스터지(Sturges) 방법: 자료 전체의 수를 N개, 계급의 개수를 K개라고 할 때

$$K \fallingdotseq 1 + \log_2 N \ (단, K는 정수)$$

log는 '로그'라고 읽는다. 자세한 설명은 185쪽을 참고한다.

이 식을 이용하여 자료(데이터)의 수에 따른 계급의 개수를 구하면 다음과 같다.

자료의 개수(N)	8	16	32	64	128
계급의 개수(K)	4	5	6	7	8

(2) 계급의 크기를 정하는 방법

계급의 크기는 자료의 최댓값과 최솟값을 구한 후, 그 차를 계급의 개수로 나누어 구한다. 이때 반올림하여 계급의 크기를 자연수가 되도록 한다.

(3) 계급의 시작 값과 끝 값을 정하는 방법

① 자료의 분석과 활용이 편리하도록 계급의 시작 값을 다루기 쉬운 수로 정한다.

② 한 계급의 끝 값이 인접한 계급의 시작 값과 중복되지 않도록 한다.

도수분포를 파악하기 위해서는 평균 기온 값을 7개의 계급으로 나눈다. 계급을 나누기 위해 평균 기온 값의 최솟값과 최댓값을 확인해 보자.

[Step 1] 평균 기온 값의 최솟값과 최댓값을 찾아 출력하기

[완성 파일: 3-3-02.py]

1~10	(139쪽 1~10행 코드와 동일하므로 생략)
11	
12	print(min(temp), max(temp))

실행 결과

```
-3.8 28.8
```

12행에서 최솟값을 구하는 내장 함수 min( )과 최댓값을 구하는 내장 함수 max( )를 사용하여 평균 기온 변화 값의 최솟값은 -3.8, 최댓값은 28.8임을 쉽게 확인할 수 있다. 따라서 첫 번째 계급은 -3.8이 포함될 수 있도록 하고, 마지막 계급은 28.8이 포함될 수 있도록 범위를 정할 수 있다.

[Step 2] 도수분포 구간을 설정하여 출력하기

[완성 파일: 3-3-03.py]

1~10	(139쪽 1~10행 코드와 동일하므로 생략)
11	# 평균 기온 값을 기준으로 도수분포 구간 설정하기
12	import numpy as np # numpy 불러오기
13	
14	bins = np.arange(min(temp), max(temp), 5)
15	print(bins)

실행 결과

```
[-3.8  1.2  6.2  11.2  16.2  21.2  26.2]
```

12행: 도수분포 구간을 설정하기 위해 numpy 모듈을 불러온다.

14행: 도수분포 구간을 나누는 기준이 되는 값을 하나의 리스트로 저장하기 위해 bins라는 이름의 배열을

만들었다. numpy 모듈에서 가져온 arange( ) 함수는 range( ) 함수와 같이 특정 범위에 해당하는 연속된 값을 생성하는 역할을 하며, 하나의 배열로 저장한다는 의미에서 명령어의 맨 앞에 a를 붙인다. 따라서 min(temp) 값부터 시작하여 max(temp) 값보다 1 작은 수까지의 범위에서 5만큼의 간격을 갖는 숫자들이 bins 배열에 저장한다.

15행: bins 배열에 저장한 도수분포 구간을 출력한다.

[실행 결과]를 보면 −3.8부터 5씩 더해진 숫자들이 나열되어 있으며, temp의 최댓값인 28.8보다 작은 수까지 생성된 것을 확인할 수 있다. 이를 바탕으로 도수분포를 확인한다면 다음과 같이 6개의 계급으로 나눌 수 있다.

계급	범위
1	−3.8 이상 1.2 미만
2	1.2 이상 6.2 미만
3	6.2 이상 11.2 미만
4	11.2 이상 16.2 미만
5	16.2 이상 21.2 미만
6	21.2 이상 26.2 미만

하지만 위와 같이 계급을 구분하면 26.2와 같거나 큰 숫자에 해당하는 값들은 누락되므로 그 해결 방법을 찾아야 한다.

[Step 3] 도수분포 구간을 재설정하여 출력하기

[Step 2] 프로그램에서 14행을 다음과 같이 수정하여 도수분포 구간을 다시 구하도록 한다.

[완성 파일: 3-3-04.py]

1~12	(141쪽, [Step 2]에서 1~12행 코드와 동일하므로 생략)
13	
14	bins = np.arange(min(temp), max(temp)+5, 5) # 끝나는 값에 계급 간격만큼 더하기
15	print(bins)

실행 결과

```
[-3.8  1.2  6.2  11.2  16.2  21.2  26.2  31.2]
```

재설정한 데이터 결과를 가지고 분포 구간을 정리하면 계급의 수는 7개이며, 다음과 같이 계급별 범위를 알 수 있다.

숫자 간격은 임의로 5로 설정한 것이다. arange( ) 함수로 숫자를 생성할 때 설정한 숫자 간격이 계급 간격이 된다는 점에 유의하여 다른 값을 넣어볼 수도 있다.

계급	범위
1	−3.8 이상 1.2 미만
2	1.2 이상 6.2 미만
3	6.2 이상 11.2 미만
4	11.2 이상 16.2 미만
5	16.2 이상 21.2 미만
6	21.2 이상 26.2 미만
7	26.2 이상 31.2 미만

[Step 4] 각 계급에 해당하는 도수값 확인 후 출력하기

numpy 모듈의 histogram( ) 함수를 사용하여 평균 기온 값의 분포를 확인해 보자. 분포를 확인할 수 있다. histogram( ) 함수는 데이터의 히스토그램에 해당하는 값을 계산하여 배열 형태로 저장한다.

| 히스토 그램 | 다음 순서에 따라 도수분포표를 그래프로 나타낼 수 있다.
① 가로축에 각 계급의 양 끝 값을 차례로 표시한다.
② 세로축에 도수를 차례로 표시한다.
③ 각 계급의 크기를 가로로 하고, 도수를 세로로 하는 직사각형을 차례로 그린다.
이와 같은 방법으로 그린 그래프를 히스토그램이라고 한다. └ 히스토그램(histogram)은 '역사(history)'와 '그림(diagram)'의 합성어이다.
예를 들어, 아래는 일평균 기온에 대한 도수분포표를 히스토그램으로 나타낸 것이다. |

일평균 기온(℃)	도수(일)
−6.0 이상 ~ 0.0 미만	2
0.0 ~ 6.0	5
6.0 ~12.0	5
12.0 ~18.0	4
18.0 ~24.0	8
24.0 ~30.0	6
합계	30

➡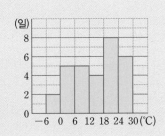

먼저, 히스토그램 값을 계산하기 위해서는 평균 기온 전체 데이터와 계급에 대한 정보가 필요하다.

[완성 파일: 3-3-05.py]

1~14	(142쪽 1~14행 코드와 동일하므로 생략)
15	hist, bins = np.histogram(temp, bins)　　# 히스토그램 값 계산하기
16	print(hist)
17	print(bins)

```
[40 63 50 49 57 80 26]
[-3.8  1.2  6.2  11.2  16.2  21.2  26.2  31.2]
```

15행: histogram( ) 함수의 첫 번째 매개 변수로 temp 배열을, 두 번째 매개 변수로 bins를 넣어 히스토그램을 계산한다. histogram( ) 함수는 히스토그램을 그릴 수 있는 도수값과 도수 구간을 반환하므로 배열 hist를 만들어 도수값을 저장하고, 배열 bins에 도수분포 구간 값을 저장한다.

16, 17행: 도수값과 도수분포 구간 값을 출력한다.

[실행 결과]를 바탕으로 다음과 같이 평균 기온, 평균 기온의 도수분포를 채울 수 있다.

평균 기온	평균 기온의 도수분포	해당 날짜의 아이스크림 쇼핑 클릭량 합계	평균 기온에 따른 아이스크림 쇼핑 클릭량 평균
−3.8 이상 1.2 미만	40	?	?
1.2 이상 6.2 미만	63		
6.2 이상 11.2 미만	50		
11.2 이상 16.2 미만	49		
16.2 이상 21.2 미만	57		
21.2 이상 26.2 미만	80		
26.2 이상 31.2 미만	26		

[Step 5] 계급별 아이스크림 쇼핑 클릭량 합계 구하기

평균 기온 값과 아이스크림 쇼핑 클릭량은 각각 temp 리스트와 ice 리스트에 일자별로 저장되어 있다. 따라서 같은 인덱스 번호에 저장되어 있는 값이 같은 날짜에 해당하는 값이라는 의미이다. 이러한 특성을 활용하여 평균 기온 값을 확인하고, 평균 기온 값이 속하는 구간에 따라 해당 날짜의 아이스크림 쇼핑 클릭량을 구분하여 저장해 보도록 한다.

[완성 파일: 3-3-06.py]

1~15	(143쪽의 1~15행 코드와 동일하므로 생략)
16	# 평균 기온 값을 기준으로 아이스크림 쇼핑 클릭량을 구분하여 저장하기
17	ice_buy = np.zeros(7) # 아이스크림 쇼핑 클릭량의 합을 저장할 배열 생성하기
18	
19	for i in range(0, len(temp)) : # 평균 기온 데이터 전체 탐색하기
20	if bins[0] <= temp[i] and temp[i] < bins[1] : # 첫 번째 계급에 해당한다면
21	ice_buy[0] = ice_buy[0] + ice[i] # 첫 번째 배열 값에 해당 날짜 아이스크림 쇼핑 클릭량 저장
22	elif bins[1] <= temp[i] and temp[i] < bins[2] : # 두 번째 계급에 해당한다면
23	ice_buy[1] = ice_buy[1] + ice[i] # 두 번째 배열 값에 해당 날짜 아이스크림 쇼핑 클릭량 저장
24	elif bins[2] <= temp[i] and temp[i] < bins[3] : # 세 번째 계급에 해당한다면
25	ice_buy[2] = ice_buy[2] + ice[i] # 세 번째 배열 값에 해당 날짜 아이스크림 쇼핑 클릭량 저장
26	elif bins[3] <= temp[i] and temp[i] < bins[4] : # 네 번째 계급에 해당한다면
27	ice_buy[3] = ice_buy[3] + ice[i] # 네 번째 배열 값에 해당 날짜 아이스크림 쇼핑 클릭량 저장
28	elif bins[4] <= temp[i] and temp[i] < bins[5] : # 다섯 번째 계급에 해당한다면
29	ice_buy[4] = ice_buy[4] + ice[i] # 다섯 번째 배열 값에 해당 날짜 아이스크림 쇼핑 클릭량 저장
30	elif bins[5] <= temp[i] and temp[i] < bins[6] : # 여섯 번째 계급에 해당한다면
31	ice_buy[5] = ice_buy[5] + ice[i] # 여섯 번째 배열 값에 해당 날짜 아이스크림 쇼핑 클릭량 저장
32	else : # 일곱 번째 계급에 해당한다면(이외의 값에 해당한다면)
33	ice_buy[6] = ice_buy[6] + ice[i] # 일곱 번째 배열 값에 해당 날짜 아이스크림 쇼핑 클릭량 저장
34	
35	print(ice_buy)

실행 결과

[1098. 1782. 1469. 1632. 3198. 4337. 1616.]

type( ) 함수를 사용하여 ice_buy의 자료형을 확인해 보면 〈class 'numpy.ndarray'〉임을 알 수 있다. 이는 ice_buy가 numpy 모듈의 배열에 해당함을 의미하며, 리스트는 쉼표로 요소를 구분하는 것과 달리 numpy의 배열은 공백으로 요소를 구분한다. 또한 ice_buy[0] 의 자료형을 확인해 보면 〈class 'numpy.float64'〉임을 알 수 있다. 이는 numpy의 배열에 저장되는 요소들은 실수형임을 의미하며, 소수점을 표시하여 출력됨을 확인할 수 있다.

17행: ice_buy 배열은 아이스크림 쇼핑 클릭량의 합을 저장하기 위해 선언하고, 처음 값은 0으로 초기화해야 하므로 numpy 모듈의 zeros( ) 함수를 사용하여 0으로 초기화한다.

19~33행: 평균 기온 날짜 수만큼 반복 수행한다.

20~33행: if문으로 평균 기온 값이 어느 계급에 해당하는지 확인하여 ice_buy 배열에 해당 날짜의 아이스크림 쇼핑 클릭량을 더한다. 예를 들어, 평균 기온 값이 첫 번째 계급에 해당한다면 ice_buy 배열의 첫 번째 배열 값에 저장된 해당 날짜의 아이스크림 쇼핑 클릭량을 더한다.

35행: '해당 날짜의 아이스크림 쇼핑 클릭량'을 출력한다.

17행의 내용을 ice_buy=[0, 0, 0, 0, 0, 0, 0]과 같이 리스트의 형태로 선언해도 된다.

위 프로그램의 19~35행의 코드를 더 간단하게 줄이기

어느 계급에 속하는지 확인하는 과정과 해당 날짜의 아이스크림 쇼핑 클릭량을 더하는 코드가 반복하므로 19~33행의 if문과 for문을 사용하여 다음과 같이 변경할 수 있다.

19	for i in range(0, len(temp)) :	# 평균 기온 데이터 전체 탐색
20	for j in range(0, len(bins)) :	# 평균 기온이 어느 계급에 해당하는지 확인
21	if j == len(bins) :	# 인덱스가 가장 끝 번호일 경우
22	ice_buy[j] = ice_buy[j] + ice[i]	# 배열 값에 해당 날짜 아이스크림 쇼핑 클릭량 저장
23	else :	# 인덱스가 가장 끝 번호가 아닐 경우
24	if bins[j] <= temp[i] and temp[i] < bins[j+1] :	
25	ice_buy[j] = ice_buy[j] + ice[i]	# 배열 값에 해당 날짜 아이스크림 쇼핑 클릭량 저장
26		
27	print(ice_buy)	

실행 결과

[1098, 1782, 1469, 1632, 3198, 4337, 1616.]

[Step 6] 계급별 아이스크림 쇼핑 클릭량의 평균 구하기

ice_buy 배열을 통해 평균 기온의 계급별 해당 날짜의 아이스크림 쇼핑 클릭량의 합계를 알 수 있으므로 합계와 개수를 이용하여 평균을 구하도록 한다.

[완성 파일: 3-3-07.py]

1~33	(144쪽 1~33행 코드와 동일하므로 생략)	
34	# 평균 기온 값 계급별 아이스크림 쇼핑 클릭량의 평균 구하기	
35	ice_buy_a = np.zeros(7)	# 아이스크림 쇼핑 클릭량의 평균을 저장할 배열 생성
36		
37	for i in range(0, len(ice_buy)) :	
38	ice_buy_a[i] = ice_buy[i] / hist[i]	# 계급별 아이스크림 쇼핑 클릭량 평균 구하기
39		
40	for i in range(0, len(ice_buy)) :	
41	print('%0.2f' % ice_buy_a[i])	# 아이스크림 쇼핑 클릭량의 평균을 소수점 둘째 자리까지 출력

실행 결과

27.45
28.29
29.38
33.31
56.11
54.21
62.15

[Step 5]와 [Step 6]의 프로그램 [실행 결과]를 바탕으로 143쪽의 표를 다음과 같이 완성할 수 있다.

저장 공간	배열 bins	배열 hist	배열 ice_buy	배열 ice_buy_a
저장 내용	평균 기온	평균 기온의 도수분포	해당 날짜의 아이스 크림 쇼핑 클릭량 합계	평균 기온에 따른 아이스크림 쇼핑 클릭량 평균
	−3.8 이상 1.2 미만	40	1098	27.45
	1.2 이상 6.2 미만	63	1782	28.29
	6.2 이상 11.2 미만	50	1469	29.38
	11.2 이상 16.2 미만	49	1632	33.31
	16.2 이상 21.2 미만	57	3198	56.11
	21.2 이상 26.2 미만	80	4337	54.21
	26.2 이상 31.2 미만	26	1616	62.15

04 데이터 시각화하기

앞에서 평균 기온에 따라 아이스크림 쇼핑 클릭량이 어떻게 되는지 표로 나타내 보았다. 이번에는 bins, hist, ice_buy, ice_buy_a 배열에 저장한 데이터를 이용하여 그래프로 표현해 보자.

[Step 1] 평균 기온에 따른 아이스크림 쇼핑 클릭량의 평균을 막대그래프로 표현하기

[완성 파일: 3-3-08.py]

1~38	(145쪽 1~38행 코드와 동일하므로 생략)	
39		
40	# 평균 기온 값 계급별 아이스크림 쇼핑 클릭량의 평균을 막대그래프로 나타내기	
41	import matplotlib.pyplot as plt	
42	plt.xlabel('Average temperature')	# x축 제목 이름 정하기
43	plt.ylabel('Number of ice cream shopping')	# y축 제목 이름 정하기
44	plt.bar(bins[0:7], ice_buy_a, width = 2, align = 'edge')	# 막대그래프 그리기
45	plt.xticks(bins[0:7])	# x축 눈금 이름 설정하기
46	plt.show( )	

실행 결과

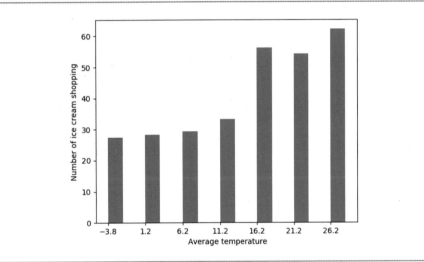

44행: matplotlib 모듈을 불러온 후 막대그래프를 그리기 위해 bar( ) 함수를 사용한다. bar( ) 함수의 첫 번째 매개 변수는 막대그래프의 x축에 해당하는 값인 배열 bins를, 두 번째 매개 변수는 막대그래프의 높이에 해당하는 값인 ice_buy_a를 입력한다. 막대그래프를 그리기 위해 x축의 값과 높이 값은 짝을 이루어야 한다. 평균 기온 값의 계급은 7개이므로, 평균 기온 값의 계급별 구분은 배열 bins에 해 두었으며, 첫 번째 값부터 일곱 번째 값까지 슬라이싱하였다. bar( ) 함수의 세부적인 특성들을 정의하여 막대그래프의 두께나 막대의 위치를 원하는 대로 설정할 수 있다. 먼저, width 특성 값을 2로 두어 막대그래프의 두께를 조금 더 두껍게 만들었다. 계급 구간에 해당하는 높이를 표현하기 위해 align 특성 값을 'edge'로 두어 막대의 왼쪽 가장자리를 x값 위치에 맞추었다.

45행: matplotlib 모듈의 xticks( ) 함수를 사용하여 x축의 눈금 위치에 해당하는 값을 표시한다. 그리고 이 값은 배열 bins의 첫 번째 값부터 일곱 번째 값까지 슬라이싱하여 평균 기온 값의 계급을 나타내었다.

[실행 결과]를 살펴보면 평균 기온 값을 기준으로 만든 7개의 구간에 해당하는 아이스크림 쇼핑 클릭량의 평균을 한눈에 확인할 수 있다. -3.8도 이상 1.2도 미만의 온도일 때 아이스크림 쇼핑 클릭량이 가장 낮고, 26.2도 이상의 온도일 때 아이스크림 쇼핑 클릭량이 가장 높다. 그런데 온도가 높아질수록 아이스크림 쇼핑 클릭량이 높아지는 것은 아니다. 21.2도 이상 26.2도 미만의 온도일 때는 16.2도 이상 21.2도 미만의 온도일 때보다 아이스크림 쇼핑 클릭량이 낮음을 알 수 있다.

[Step 2] 평균 기온과 아이스크림 쇼핑 클릭량에 대한 분산형 그래프 그리기

평균 기온에 따른 아이스크림 쇼핑 클릭량 간의 관계를 바탕으로 아이스크림의 클릭량을 예측할 수 있는 더 좋은 방법은 없을까? 이번에는 분산형 그래프를 그려 다른 방법은 없는지 확인해 보자.

[완성 파일: 3-3-09.py]

1~43	(147쪽 1~43행 코드와 동일하므로 생략)
44	# 평균 기온 값 계급별 아이스크림 쇼핑 클릭량의 평균을 분산형 그래프로 나타내기
45	plt.scatter(temp, ice)
46	plt.show( )

실행 결과

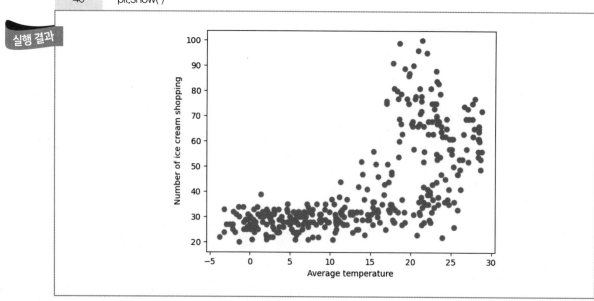

[실행 결과]를 살펴보면 평균 기온과 아이스크림 쇼핑 클릭량의 평균이 어떠한 상관관계를 가지고 있음을 추측할 수 있다.

[잠깐, 수학 LINK 13] 다음 내용의 학습을 통해 평균 기온과 아이스크림 쇼핑 클릭량의 평균이 갖는 상관관계를 찾아보자.

관련 수학 개념 설명 _ 상관관계

1 상관관계

상관관계는 일정한 수치로 계산되어 두 대상이 서로 관련성이 있다고 추측되는 관계를 말한다. '상관연구'는 연구 대상 간의 상호 관련성을 알아보는 데 사용된다. 관계성의 정도는 상관계수(correlation coefficient)라고 불리는 수치로 표시된다. 상관계수가 양(＋)의 값을 가질 때는 양의 상관관계, 음(－)의 값을 가질 때는 음의 상관관계이라고 하며, 상관계수가 0일 때는 대상 간에 아무 관련성이 없음을 의미한다.

1. 상관도

두 변량 x, y의 값을 좌표평면 위의 (x, y)에 점으로 나타낸 그림을 상관도라고 한다. 상관도에는 양 혹은 음의 상관관계가 나타나고, 상관관계의 강약도 파악할 수 있다.

2. 상관계수

상관계수는 두 개의 변수 사이의 직선적인 관련 정도를 측정하기 위한 통계량이라고 볼 수 있다. 즉, 산점도에서 나타난 선형관계의 정도 다시 말해서, 직선과 점들이 어느 정도 흩어져 있느냐에 따라 선형 관계에 대한 강도를 측정하는 수치적 측도가 상관계수이다.

3. 상관계수의 특성

(1) 상관계수 r는 항상 -1과 1 사이의 값을 갖는다.

(2) 관계의 방향

· $r > 0$인 경우: x와 y는 양의 상관관계에 있다고 말한다.

→ 한쪽 변수가 증가할 때 다른 쪽 변수도 증가하는 경향이 있는 경우이다.

· $r < 0$인 경우: x와 y는 음의 상관관계에 있다고 말한다.

→ 한쪽 변수가 증가할 때 다른 쪽 변수는 감소하는 경향이 있는 경우이다.

· $r = 0$인 경우: x와 y는 무상관이라고 한다.

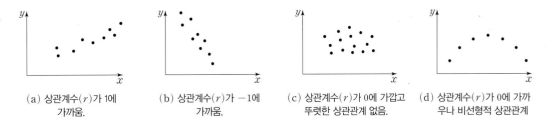

(a) 상관계수(r)가 1에 가까움.

(b) 상관계수(r)가 -1에 가까움.

(c) 상관계수(r)가 0에 가깝고 뚜렷한 상관관계 없음.

(d) 상관계수(r)가 0에 가까우나 비선형적 상관관계

(3) 사례

[사례 1] 오른쪽 그림은 100명의 고등학생이 정보 과목을 수강 하면서 치른 1차 시험과 2차 시험의 성적분포를 보여 주는 산점 도이다. 1차 시험 성적이 좋은 학생이 2차 시험 성적도 좋은 경 향이 있지만, 완전 비례의 관계에 있지는 않음을 볼 수 있다.

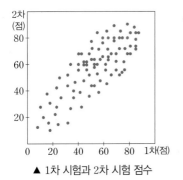

▲ 1차 시험과 2차 시험 점수

[사례 2] 오른쪽 그림은 60종의 자동차에 대하여 차의 중 량과 연료 효율을 보여 주는 산점도이다. 차의 중량이 클 수록 연료 효율이 하락하는 경향을 볼 수 있다.

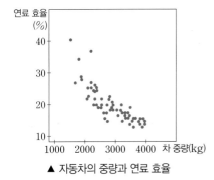

▲ 자동차의 중량과 연료 효율

학습하기

데이터 분석과 시각화를 통해 아이스크림 쇼핑 클릭량과 평균 기온 간의 관계를 살펴보았다. 이번에는 평균 기온을 바탕으로 아이스크림의 쇼핑 클릭량을 예측하는 인공지능 프로그램을 만들어 보자.

학습하기 단계에서 진행할 전체 과정을 나타낸 것이다. 모델을 만드는 과정과 만든 모델을 평가하는 단계로 나누어 생각할 수 있다.

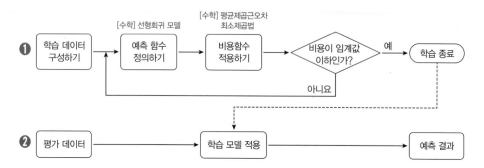

❶ 학습 단계로 예측 함수, 비용함수 2가지로 구분할 수 있다. 먼저 아이스크림 쇼핑 클릭량이 어떻게 변할지 예측하는 문제이므로 회귀(regression) 모델을 만들어야 한다. 이때 선형회귀의 수학 개념을 이용해 예측함수를 정의한다. 이때, 우리가 만든 예측함수가 좋은지 아닌지를 판단해 주는 것을 비용함수라고 한다. 비용함수를 평균제곱근오차로 정의하고 최적의 값을 찾기 위해 최소제곱법 알고리즘을 사용한다. 여기에 수학의 미분 개념이 사용된다.

❷ 만들어진 학습 모델을 이용해 우리의 문제를 해결하게 된다.

5-1. 선형회귀 모델 이해

평균 기온 값과 아이스크림 쇼핑 클릭량 간의 관계가 아래 표와 같다고 가정해 보자.

▼ 평균 기온과 아이스크림 쇼핑 클릭량에 대한 가상의 데이터

구분	평균 기온	아이스크림 쇼핑 클릭량
수집된 데이터	5	15
	10	25
	15	35
예측하려는 데이터	20	?

평균 기온이 20℃일 때 아이스크림 쇼핑 클릭량을 어떻게 예측할 수 있을까? 평균 기온 변화 값을 입력 변수 X, 아이스크림 쇼핑 클릭량을 출력 변수 Y라 하면, 위 표의 데이터를 다음과 같이 표현할 수 있다.

$X=[5, 10, 15]$, $Y=[15, 25, 35]$

좌표평면에 순서쌍 (X, Y)를 점으로 표현하고, 모든 점을 지나는 직선을 오른쪽과 같이 그을 수 있다.

빨간색으로 표현된 직선은 y절편이 5, 기울기가 2이므로 일차함수 $Y=2X+5$로 나타낼 수 있다. 이렇게 발견한 일차함수는 평균 기온과 아이스크림 쇼핑의 클릭량 간의 관계

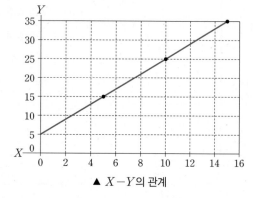

▲ $X-Y$의 관계

를 나타낼 수 있는 수식으로 볼 수 있다. 따라서 평균 기온이 20℃일 때, 아이스크림 쇼핑 클릭량이 45가 될 것으로 예측하는 데 사용할 수 있다.

위 데이터처럼 직선을 찾기 쉬운 경우도 있지만, 데이터의 개수가 많아지면 모든 점을 동시에 지나는 직선을 하나로 정하기는 어려워진다. 이 경우, 좌표평면 위에 표현된 데이터를 바탕으로 데이터 간의 관계를 가장 잘 대표할 수 있는 직선의 함수식을 찾는데, 이것이 바로 **선형회귀**이다. 선형회귀 과정은 입력 변수와 출력 변수 사이의 관계를 직선으로 나타낼 수 있는 함수의 y절편과 기울기를 찾아가는 과정이라고 볼 수 있다. 선형회귀를 통해 얻게 되는 일차식의 꼴을 갖는 함수 f를 **선형회귀 모델**이라고 한다.

우리가 가진 실제 데이터의 평균 기온 값을 바탕으로 아이스크림 쇼핑 클릭량을 예측하는 선형회귀 모델을 만들기 위해 입력 변수 X를 평균 기온으로, 출력 변수 Y를 아이스크림 쇼핑 클릭량으로 둘 수 있다.

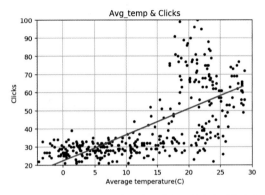

▲ 평균 기온과 아이스크림 쇼핑 클릭량 데이터의 선형회귀

우리가 가진 데이터는 좌표평면 위에 365개의 순서쌍 (X, Y)로 표현할 수 있다. 365개의 점을 모두 지나는 직선 f가 존재한다면 가장 이상적인 선형회귀 모델이 될 것이다. 그러나 이는 현실적으로 불가능하므로, 우리는 가장 좋은 직선을 찾아야 한다.

5-2. 좋은 직선을 찾는 기준, 평균제곱근오차(RMSE)

여러 데이터에서 입력 변수 X와 출력 변수 Y의 관계를 가장 잘 표현하는 직선의 기울기와 Y절편을 찾는 기준은 무엇일까?

좋은 직선, 즉 좋은 선형회귀 모델 f는 입력 변수에 따른 출력 변수의 예측값 $f(X)$가 실제 출력값 Y에 가장 가까운 값이 되도록 하는 모델이라고 할 수 있다. 따라서 입력 변수에 따른 출력 변수의 예측값 $f(X)$와 실제 출력값 Y의 차이를 가장 작게 만드는 직선을 찾는 것이 중요하다.

예측값 $f(X)$와 실제 출력값 y의 차이를 오차라고 정의해 보자. 만약 오차들의 합이 0이 되는 직선을 찾으면 가장 좋은 직선을 찾을 수 있지 않을까?

예를 들어, 오른쪽 표와 같은 데이터가 주어졌다고 가정하자. 150쪽 표의 데이터와 비슷해 보이지만, 모든 순서쌍(X, Y)를 지나는 직선을 찾는 것이 쉽지 않아 보인다. 따라서 표의 데이터를 바탕으로 만든 선형회귀 모델 $f_1(X)=2X+5$가 오른쪽 표의 데이터를 잘 나타내는지 평가해 보자.

평균 기온이 5일 때, f_1이 예측하는 아이스크림 쇼핑 클릭량은 15인데 오른쪽 표에서는 16이다. 이때 오차는 다음과 같이 구할 수 있다.

▼ 평균 기온과 아이스크림/빙수 클릭량에 대한 가상의 데이터

평균 기온(X)	아이스크림 쇼핑 클릭량(Y)
5	16
10	23
15	31
20	50

$$오차 = 실제값(Y) - 예측값(f_1(X)) = 16 - (2 \times 5 + 5) = 1$$

같은 방법으로 평균 기온이 10, 15, 20일 때의 오차를 각각 구하여 152쪽 표와 그래프로 나타낼 수 있다.

RMSE는 Root Mean Square Error의 약자이다.

▼ 오차 계산

입력 변수 (X)	출력 변수 실제값(Y)	모델의 예측값 $f_1(X)=2X+5$	오차(error) $Y-f_1(X)$
5	16	15	1
10	23	25	−2
15	31	35	−4
20	50	45	5

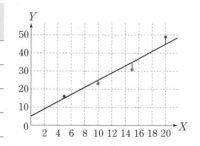

위 그림에 나타난 직선을 보면 네 점을 동시에 지나지는 않지만 네 점과 근접하게 지나가고 있다. 이때, 오차들의 합을 살펴보면 $1+(-2)+(-4)+5=0$이 되므로, 가장 좋은 직선을 찾아내는 기준을 오차들의 합이 0이 되는 것으로 두어도 될까? 하지만 선형회귀 모델을 $f_3(X)=-2X+55$로 두어도 오차들의 합은 0이 되는 것을 볼 수 있다.

입력 변수 (X)	출력 변수 실제값(Y)	f_2의 예측값 $f_2(X)=30$	f_3의 예측값 $f_3(X)=-2X+55$	f_2의 오차 $Y-f_2(X)$	f_3의 오차 $Y-f_3(X)$
5	16	30	45	−14	−29
10	23	30	35	−7	−12
15	31	30	25	1	6
20	50	30	15	20	35
오차들의 합				0	0

위의 표를 보면 $f_2(X)=30$과 $f_3(X)=-2X+55$ 모두 151쪽 표의 데이터를 바탕으로 오차의 합을 구한 결과 모두 0으로 나타난다.

하지만 오른쪽 그래프에서 보듯이 두 선형회귀 모델 f_2, f_3은 151쪽 표의 데이터를 잘 표현한다고 보기 어렵다. 단순히 오차의 합을 구하게 되면 부호가 반대인 오차들끼리 서로 상쇄될 수 있다는 문제점을 방지하기 위해 평균제곱근오차를 사용한다.

평균제곱근오차는 오차들의 제곱들의 평균을 구한 후, 이 값의 제곱근을 계산한 것이다.

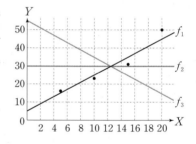

$$\text{평균제곱근오차}=\sqrt{\frac{1}{n}\sum_{i=1}^{n}\{Y_i-f(X_i)\}^2}$$

〈파이선〉
```
def RMSE(a, b, X, y):
    RMSE = np.sqrt(((y−(a*X+b))**2).mean( ))
    return RMSE
```

평균제곱근오차와 같이 좋은 직선을 찾기 위해 크기를 최소화해야 하는 값에 대한 함수를 선형회귀 모델의 비용함수(Cost Function)라고 한다.

$$\text{비용함수: } Cost(\beta_0, \beta_1)=\sqrt{\frac{1}{n}\sum_{i=1}^{n}\{Y_i-f(X_i)\}^2}$$

(이때, β_0는 선형회귀 모델 f의 y절편, β_1은 선형회귀 모델 f의 기울기를 의미한다.)

따라서 좋은 직선을 찾는다는 것은 선형회귀 모델 f에 따른 예측값($f(X)$)과 실제 출력 값(Y)의 평균제곱근오차가 최소가 되도록 하는 두 수 β_0, β_1을 구하는 것이다.

5-3. 최소의 평균제곱근오차를 찾는 방법, 최소제곱법(LSM)

최소제곱법(LSM: Least Squared Method)의 원리를 이해하기 위해서는 미분(편미분)의 개념을 먼저 이해할 필요가 있다.
158쪽에 고등학교 교육과정에서 중요하게 다루어지는 미분 개념과 함께 편미분에 대한 간단한 설명을 정리해 두었으니 필요에 따라 먼저 학습한 후 학습을 이어가길 권한다.

평균제곱근오차가 가장 작은 선형회귀 모델은 어떻게 찾을 수 있을까?

증가함수의 성질에 의해 평균제곱근오차가 최소이려면 ((오차)^{2}들의 합)이 최소가 되어야 한다.

참고 증가함수의 성질

(1) 임의의 두 실수 x_1, x_2에 대하여 $x_1 < x_2$일 때, $f(x_1) < f(x_2)$이면 $f(x)$는 **증가함수**라고 한다.

(2) 따라서 $f(x)$가 증가함수일 때, $m \le x \le M$이면 $f(m) \le f(x) \le f(M)$이다. 즉, 오른쪽 그림과 같이 증가함수 f에 대하여 정의역과 치역은 최솟값끼리, 최댓값끼리 각각 서로 대응한다.

(3) 함수 $y = \sqrt{\dfrac{1}{4}x}$는 증가함수이므로 y가 최소이려면 x가 최소이어야 한다.

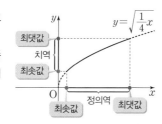

따라서 ((오차)^{2}들의 합)이 최소가 되는 선형회귀 모델을 찾으면 된다. 선형회귀 모델 f를 찾는다는 것은 $f(X) = \beta_1 X + \beta_0$의 기울기 β_1와 y절편 β_0를 구하는 것과 같다. 이렇게 실제 데이터 선형회귀 모델식에 의한 데이터 사이의 ((오차)^{2}들의 합)을 최소화하여 평균제곱근오차를 최소화하고, 실제 데이터의 분포를 가장 잘 나타내는 선형회귀 모델을 구하는 방법을 최소제곱법이라고 한다.

예시로 살펴 보는 최소 제곱법

앞서 살펴보았던 151쪽 표를 가장 잘 나타내는 선형회귀 모델을 찾기 위해 최소제곱법을 사용해 보자. 이 표의 데이터는 4쌍이므로 평균제곱근오차가 최소가 되려면

((오차)^{2}들의 합)인 $\sum_{i=1}^{4}\{Y_i - f(X_i)\}^2$이 최소가 되어야 한다. $f(X_i) = \beta_1 X_i + \beta_0$이므로 다음과 같이 식을 정리할 수 있다.

$$\sum_{i=1}^{4}\{Y_i - f(X_i)\}^2$$
$$= \{16 - (5\beta_1 + \beta_0)^2\} + \{23 - (10\beta_1 + \beta_0)^2\} + \{31 - (15\beta_1 + \beta_0)^2\} + \{50 - (20\beta_1 + \beta_0)^2\}$$
$$\vdots$$
$$= 750\beta_1^2 + 4\beta_0^2 + 100\beta_1\beta_0 - 3550\beta_1 - 240\beta_0 + 4246$$

위 식은 두 변수 β_1, β_0에 대한 이변수함수이므로 $g(\beta_1, \beta_0)$로 표현할 수 있다.

$$g(\beta_1, \beta_0) = 750\beta_1^2 + 4\beta_0^2 + 100\beta_1\beta_0 - 3550\beta_1 - 240\beta_0 + 4246$$

이변수함수 $g(\beta_1, \beta_0)$가 최소가 되려면 $\dfrac{\partial g}{\partial \beta_1} = \dfrac{\partial g}{\partial \beta_0} = 0$일 때, 즉 이변수함수 $g(\beta_1, \beta_0)$를 두 변수 β_1, β_0으로 각각 편미분한 값이 모두 0이 되도록 하는 β_1, β_0의 값을 구해야 한다.

$g(\beta_1, \beta_0)$를 β_1에 대하여 편미분하면 $\dfrac{\partial g}{\partial \beta_1} = 1500\beta_1 + 100\beta_0 - 3550$,

$g(\beta_1, \beta_0)$를 β_0에 대하여 편미분하면 $\dfrac{\partial g}{\partial \beta_0} = 8\beta_0 + 100\beta_1 - 240$

$\dfrac{\partial g}{\partial \beta_1} = \dfrac{\partial g}{\partial \beta_0} = 0$에서 $\begin{cases} 1500\beta_1 + 100\beta_0 - 3550 = 0 \\ 8\beta_0 + 100\beta_1 - 240 = 0 \end{cases}$

위의 연립방정식을 풀면 $\beta_1 = 2.2$, $\beta_0 = 2.5$이다.

이변수함수 $g(\beta_1, \beta_0)$의 그래프
좌표공간에 이변수함수

$$g(\beta_1, \beta_0)$$
$$= 750\beta_1^2 + 4\beta_0^2 + 100\beta_1\beta_0 - 3550\beta_1 - 240\beta_0 + 4246$$

의 그래프를 나타내면 오른쪽 그림과 같다. 따라서 이변수함수 $g(\beta_1, \beta_0)$는

$$\dfrac{\partial g}{\partial \beta_1} = \dfrac{\partial g}{\partial \beta_0} = 0$$일 때 최소임을 직관적으로 알 수 있다.

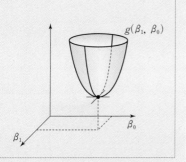

따라서 최소제곱법으로 구한 선형회귀 모델은 $f(X) = 2.2X + 2.5$와 같다.

151쪽 표의 데이터를 잘 나타내는 선형회귀 모델을 찾기 위해 사용했던 $f_1(x)=2x+5$와 최소제곱법으로 구한 $f(X)=2.2X+2.5$ 중 어떤 것이 더 작은 평균제곱근오차를 갖는지 다음과 같이 확인해 볼 수 있다.

입력 변수 (X)	출력 변수 실제값(Y)	f_1의 예측값 $f_1(X)=2X+5$	f의 예측값 $f(X)=2.2X+2.5$	f_1의 오차 $Y-f_1(X)$	f의 오차 $Y-f(X)$
5	16	15	13.5	1	2.5
10	23	25	24.5	−2	−1.5
15	31	35	35.5	−4	−4.5
20	50	45	46.5	5	3.5
오차들의 단순합				0	0
평균제곱근오차				3.39xxx	3.20xxx

선형회귀 모델 f의 평균제곱근오차가 최솟값인 만큼 f_1의 평균제곱근오차보다 작음을 알 수 있다.

5-4. 프로그래밍으로 해결하기

5-4-1. 모델 학습(train)하기

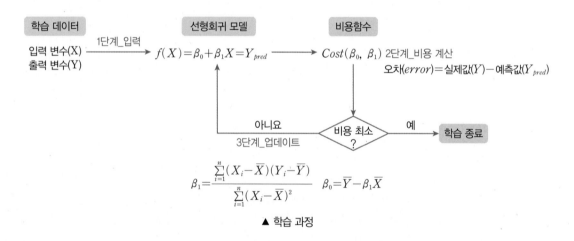

▲ 학습 과정

[Step 1] 데이터를 학습(train), 평가(test) 데이터로 분리하기

[완성 파일: 3-3-10.py]

1	# 데이터 준비하기
2	import pandas as pd # 모듈 추가하기
3	df = pd.read_csv('temp_ice.csv', encoding = 'euc-kr')
4	print(df.head(5))

실행 결과

```
        날짜     평균기온(℃)  최저기온(℃)  최고기온(℃)  아이스크림/빙수
0  2019-01-01     -2.1      -5.8       2.1         27
1  2019-01-02     -2.5      -7.0       3.2         27
2  2019-01-03     -2.1      -7.7       5.0         25
3  2019-01-04     -0.7      -7.3       5.3         25
4  2019-01-05      0.2      -4.6       5.3         26
```

[완성 파일: 3-3-11.py]

1~3	(154쪽 1~3행 코드와 동일하므로 생략)
4	# 데이터를 입력 변수와 출력 변수로 나누기
5	import numpy as np
6	data = np.array(df)
7	X = data[:, 1] # 평균 기온 열의 데이터를 출력 변수로 지정하기
8	Y = data[:, -1] # 아이스크림 쇼핑 클릭량 열의 데이터를 출력 변수로 지정하기

[Step 2] 비용을 계산하고 업데이트하기

① 기울기 β_1을 최소 제곱법으로 구한다.

최소제곱법 구하는 식 $\beta_1 = \dfrac{\sum_{i=1}^{n}(X_i - \overline{X})(Y_i - \overline{Y})}{\sum_{i=1}^{n}(X_i - \overline{X})^2}$

② y절편인 β_0을 다음과 같은 계산식으로 구한다.

$$\beta_0 = \overline{Y} - \beta_1 \overline{X}$$

9	# 입력 변수와 출력 변수 각각의 평균(mean) 구하기
10	mean_x = np.mean(X)
11	mean_y = np.mean(Y)
12	# X변수의 개수 구하기
13	n = len(X)
14	# 최소제곱법을 이용하여 beta0과 beta1 구하기
15	temp1 = 0
16	temp2 = 0
17	for i in range(n) :
18	temp1 += (X[i] − mean_x) * (Y[i] − mean_y)
19	temp2 += (X[i] − mean_x) ** 2
20	beta1 = temp1 / temp2
21	beta0 = mean_y − (beta1 * mean_x)
22	# 계산 결과 출력하기
23	print('기울기(beta1): {0}, 절편(beta0): {1}'.format(beta1, beta0))

실행 결과   기울기(beta1): 1.3695501118896156, 절편(beta0): 22.845160616391098

[Step 3] 학습 결과 시각화하기

앞에서 배운 내용을 수정하여 분산형 그래프로 나타내어 보자.

[완성 파일: 3-3-12.py]

1~21	(155쪽 1~21행 코드와 동일하므로 생략)
22	# 학습 결과 시각화하기
23	import matplotlib.pyplot as plt
24	Y_pred = beta0 + beta1 * X
25	
26	plt.title('Avg_temp & Clicks')
27	plt.xlabel('Average temperature(C)')
28	plt.ylabel('Clicks')
29	plt.plot(X, Y, 'k.')
30	plt.plot(X,Y_pred, color = 'red')
31	plt.axis([-4, 30, 20, 100])
32	plt.grid( )
33	plt.show( )

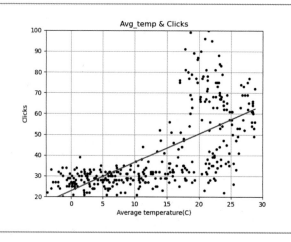

[Step 4] 평가하기

앞서 정의한 RMSE를 이용하여 결과를 평가한다.

$$평균 \ 제곱근 \ 오차 = \sqrt{(오차)^2들의 \ 평균} = \sqrt{\frac{1}{n}\sum_{i=1}^{n}\{Y_i - f(X_i)\}^2}$$

[완성 파일: 3-3-13.py]

1~21	(155쪽 1~21행 코드와 동일하므로 생략)
22	# 평가하기
23	def RMSE(beta0, beta1, x, y) :
24	RMSE = np.sqrt(((y - (beta0 + beta1 * x)) ** 2).mean( ))
25	return RMSE
26	
27	results = RMSE(beta0, beta1, X, Y)
28	print('손실값 결과는? {0}'.format(results))

실행 결과   손실값 결과는? 13.932934996027768

우리가 찾은 파라미터 β_0, β_1을 이용하여 데이터를 예측해 보니 손실값이 13 정도가 계산되었다. 우리가 사용한 데이터가 실생활 데이터이므로 RMSE값이 0에 가까이 나오지는 못하였다.

5-4-2. 문제 해결하기

앞에서 학습을 통해 파라미터 β_0, β_1을 찾았다. 이번에는 찾은 파라미터를 이용해 평균 온도가 주어졌을 때, 아이스크림 쇼핑 클릭량을 예측하는 함수를 선언하고, 입력한 오늘의 평균 기온에 따라 아이스크림 쇼핑 클릭량을 예측해 주는 프로그램을 만들어 보자.

[완성 파일: 3-3-14.py]

1~21	(155쪽 1~21행 코드와 동일하므로 생략)
22	def Regression(beta0, beta1, X) :
23	y_pred = beta0 + beta1 * X
24	return y_pred
25	
26	my_temp = float(input('안녕하세요. 오늘의 평균 기온을 입력해 주세요. : '))
27	predicted_value = Regression(beta0, beta1, my_temp)
28	print('아이스크림 쇼핑 클릭량은 100점을 기준으로 {0} 만큼 예상됩니다.'.format(predicted_value))
29	

실행 결과

안녕하세요. 오늘의 평균 기온을 입력해 주세요. : 30 ↵
아이스크림 쇼핑 클릭량은 100점을 기준으로 63.931663973079566 만큼 예상됩니다.

22~24행: 앞서 찾은 파라미터를 이용하여 입력 데이터 X와 계산한 결과를 y_pred라는 변수에 저장하여 반환해 주는 함수이다.

26~28행: 오늘의 기온을 묻고, 평균 기온에 따라 아이스크림 구매 정도를 출력한다.

[잠깐, 수학 LINK 14, 15] 좋은 선형회귀 모델을 찾기 위해서는 최소제곱법 알고리즘을 이용하였다. 여기서 편미분이란 수학 개념이 사용되었는데, 대학 수학에서 다루어지는 개념이라 이해하는 데 쉽지 않을 것이다. 그러나 편미분은 기계 학습에서 자주 나오는 개념이므로, 이번 기회에 편미분의 바탕이 되는 미분을 고등학교 수학 개념으로 이해해 보자.

생각해 보기   **scikit-learn 모듈을 이용하여 선형회귀 모델을 적용해 보자. (www.ebssw.kr/ai4u)**

■ 함수의 극한

(1) 함수의 극한

함수 $f(x)$에서 x의 값이 a와 다른 값을 가지면서 a에 한없이 가까워질 때, $f(x)$의 값이 일정한 값 L에 한없이 가까워지면 함수 $f(x)$는 L에 **수렴**한다고 하고, 기호로 다음과 같이 나타낸다.

$$\lim_{x \to a} f(x) = L \ (\text{또는 } x \longrightarrow a\text{일 때 } f(x) \longrightarrow L)$$

이때, L을 함수 $f(x)$의 $x=a$에서의 **극한값** 또는 **극한**이라고 한다.

(2) 함수의 발산

함수 $f(x)$에서 x의 값이 a와 다른 값을 가지면서 a에 한없이 가까워질 때, $f(x)$의 값이 한없이 커지면 함수 $f(x)$는 양의 무한대로 **발산**한다고 하고, 기호로 다음과 같이 나타낸다.

$$\lim_{x \to a} f(x) = \infty \ (\text{또는 } x \longrightarrow a\text{일 때 } f(x) \longrightarrow \infty)$$

> ∞는 한없이 커지는 상태를 나타내는 기호로 무한대라고 읽는다. 반대로 한없이 작아지는 상태를 기호로 $-\infty$로 나타낸다. ∞와 $-\infty$ 는 '수'가 아님에 유의한다.

② 함수의 연속

1. $x=a$에서의 함수의 연속

함수 $f(x)$가 다음 세 조건을 모두 만족시킬 때, 함수 $f(x)$는 $x=a$에서 **연속**이라고 한다.

① $f(a)$가 존재한다.

② 극한값 $\lim_{x \to a} f(x)$가 존재한다.

③ $\lim_{x \to a} f(x) = f(a)$

2. 구간에서의 함수의 연속

(1) 구간의 뜻

두 실수 a, b에 대하여 $a<b$일 때,

(i) 집합 $\{x \,|\, a<x<b\}$를 기호로 (a, b)와 같이 나타내고, **열린구간**이라고 한다.

(ii) 집합 $\{x \,|\, a \leq x \leq b\}$를 기호로 $[a, b]$와 같이 나타내고, **닫힌구간**이라고 한다.

> 참고 다음과 같은 집합도 ∞를 이용하여 구간의 표현으로 나타낼 수 있으므로 참고하도록 한다.
>
> (i) $\{x \,|\, x>a\} \Rightarrow (a, \infty)$ (ii) $\{x \,|\, x \geq a\} \Rightarrow [a, \infty)$
>
> (iii) $\{x \,|\, x<b\} \Rightarrow (-\infty, b)$ (iv) $\{x \,|\, x \leq b\} \Rightarrow (-\infty, b]$

(2) 구간에서의 함수의 연속

함수 $f(x)$가 어떤 구간에 속하는 모든 점에서 연속일 때, 함수 $f(x)$는 그 구간에서 연속 또는 **연속함수**라고 한다. 예를 들어, 오른쪽 그림과 같이 두 함수

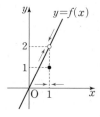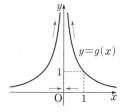

$f(x) = \begin{cases} 2x & (x \neq 1) \\ 1 & (x=1) \end{cases}$, $g(x) = \dfrac{1}{|x|}$에 대하여

① $x \longrightarrow 1$일 때, $f(x)$는 2로 수렴 $\Rightarrow \lim_{x \to 1} f(x) = 2$

② $x \longrightarrow 0$일 때, $g(x)$는 양의 무한대로 발산 $\Rightarrow \lim_{x \to 1} g(x) = \infty$

③ 함수 $g(x)$는 $x=1$에서 연속이다. ($g(1) = \lim_{x \to 1} g(x) = 1$)

함수 $f(x)$는 $x=1$에서 불연속이다. ($1 = f(1) \neq \lim_{x \to 1} f(x) = 2$)

④ 함수 $f(x)$는 열린 구간 $(0, 1)$에서 연속이지만, 열린 구간 $(0, 2)$에서는 연속이 아니다.

❸ 미분계수와 도함수

1. 평균변화율

함수 $y=f(x)$에서 x의 값이 a에서 b까지 변할 때, y의 값은 $f(a)$에서 $f(b)$까지 변한다. 이때 x의 값의 변화량 $b-a$를 x의 **증분**, y의 값의 변화량 $f(b)-f(a)$를 y의 증분이라고 하고, 이것을 기호로 각각 $\varDelta x$, $\varDelta y$와 같이 나타낸다. 즉,

$$\begin{cases} \varDelta x = b-a \\ \varDelta y = f(b)-f(a)=f(a+\varDelta x)-f(a) \end{cases}$$

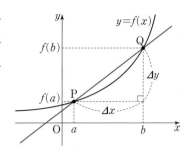

기호 $\varDelta$는 Difference(차)의 머리글자에 해당하는 그리스 문자로, 'delta'라고 읽는다.

또 x의 증분 $\varDelta x$에 대한 y의 증분 $\varDelta y$의 비율

$$\frac{\varDelta y}{\varDelta x} = \frac{f(b)-f(a)}{b-a} = \frac{f(a+\varDelta x)-f(a)}{\varDelta x}$$

를 x의 값이 a에서 b까지 변할 때, 함수 $y=f(x)$의 **평균변화율**이라고 한다.

2. 순간변화율(미분계수)

함수 $y=f(x)$에서 x의 값이 a에서 $a+\varDelta x$까지 변할 때, 평균변화율은 다음과 같다.

$$\frac{\varDelta y}{\varDelta x} = \frac{f(a+\varDelta x)-f(a)}{\varDelta x}$$

여기서 $\varDelta x \longrightarrow 0$일 때, 평균변화율의 극한값

$$\lim_{\varDelta x \to 0} \frac{\varDelta y}{\varDelta x} = \lim_{\varDelta x \to 0} \frac{f(a+\varDelta x)-f(a)}{\varDelta x}$$

가 존재하면 함수 $y=f(x)$는 $x=a$에서 **미분가능**하다고 한다.

이때 이 극한값을 함수 $y=f(x)$의 $x=a$에서 **순간변화율** 또는 **미분계수**라고 하고, 이것을 기호로 $f'(a)$와 같이 나타낸다.

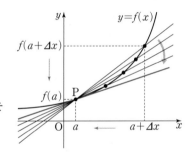

기호 $f'(a)$에서 '$'$'은 'prime'이라고 읽는다.

참고 열린 구간에서의 함수의 미분가능

함수 $f(x)$가 어떤 열린 구간에 속하는 모든 점에서 미분가능할 때, 함수 $f(x)$는 그 구간에서 미분가능한 함수라고 한다.

이상을 정리하면 다음과 같다.

> **❶ 평균변화율**
>
> 함수 $y=f(x)$에서 x의 값이 a에서 $a+\varDelta x$까지 변할 때, 함수 $y=f(x)$의 평균변화율은
>
> $$\frac{\varDelta y}{\varDelta x} = \frac{f(a+\varDelta x)-f(a)}{\varDelta x}$$
>
> **❷ 순간변화율(미분계수)**
>
> 미분가능한 함수 $y=f(x)$에 대하여
>
> $$f'(a) = \lim_{\varDelta x \to 0} \frac{\varDelta y}{\varDelta x} = \lim_{\varDelta x \to 0} \frac{f(a+\varDelta x)-f(a)}{\varDelta x}$$
>
> 이때, $f'(a)$를 함수 $y=f(x)$의 $x=a$에서의 미분계수라고 한다.

3. 평균변화율과 순간변화율의 기하적 의미

① 함수 $f(x)$에서 x의 값이 a에서 b까지 변할 때의 평균변화율은 곡선 $y=f(x)$ 위의 두 점 $P(a, f(a))$, $Q(b, f(b))$를 지나는 직선의 기울기와 같다.

② 순간변화율의 기하적 의미: 미분가능한 함수 $f(x)$의 $x=a$에서의 순간변화율 $f'(a)$는 곡선 $y=f(x)$ 위의 점 $(a, f(a))$에서의 접선의 기울기와 같다.

4. 미분가능성과 연속성의 관계

함수 $f(x)$가 $x=a$에서 미분가능하면 함수 $f(x)$는 $x=a$에서 연속이다.

하지만, 이 명제의 역은 성립하지 않는다. 즉 $x=a$에서 연속인 함수 $f(x)$가 $x=a$에서 반드시 미분가능한 것은 아니다.

예를 들어, 함수 $f(x)=|x|$는 $x=0$에서 연속이지만

$$\lim_{\Delta x \to 0} \frac{f(0+\Delta x)-f(0)}{\Delta x} = \lim_{\Delta x \to 0} \frac{|\Delta x|}{\Delta x} = \begin{cases} 1 & (\Delta x > 0) \\ -1 & (\Delta x < 0) \end{cases}$$

이므로 어느 하나의 값에만 한없이 가까워져야 하는 수렴의 조건을 만족하지 않는다. 따라서 함수 $f(x)$는 $x=0$에서 미분가능하지 않다.

참고 함수 $f(x)$가 연속인 경우와 미분가능한 경우의 기하적 의미는 직관적으로 다음과 같이 생각할 수 있다.

① 어떤 구간에서 연속인 함수 $f(x)$ ➡ 함수 $y=f(x)$의 그래프는 그 구간에서 끊어지지 않고 이어진 선의 형태를 갖는다.

② 어떤 구간에서 미분가능한 함수 $f(x)$ ➡ 함수 $y=f(x)$의 그래프는 그 구간에서 끊어지지 않고, 부드럽게 이어진 곡선(또는 꺾이지 않은 직선)의 형태를 갖는다.

확인 문제 6

함수 $f(x)=x^2$의 그래프 위의 세 점 $(0,0),(1,1),(2,4)$에서의 접선이 오른쪽 그림과 같을 때, 세 미분계수 $f'(0), f'(1), f'(2)$의 대소를 비교해 보자.

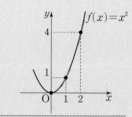

수학으로 풀어보기

세 미분계수 $f'(0), f'(1), f'(2)$는 각각 함수 $f(x)=x^2$의 그래프의 세 점 $(0,0), (1,1), (2,4)$에서의 접선의 기울기와 같다.

따라서 그림에서 접선의 기울기가 가장 큰 것부터 차례로 나열하면 $f'(2)>f'(1)>f'(0)$임을 알 수 있다.

으로 풀어보기

```
1    # 미분(derivate)
2    def Derivate(f,a,h = 0.000001) :
3        return (f(a+h) − f(a)) / h
4    # 함수 f(x) = x∧2
5    def f(x) :
6        return x*x
7    result = [round(Derivate(f, i)) for i in range(3)]
8    print('f'(0):{0}f'(1):{1} f'(2):{2}'.format(result[0], result[1], result[2]))
```

실행 결과
```
f'(0):0 f'(1):2 f'(2):4
```

目 $f'(2)>f'(1)>f'(0)$

---

5. 도함수

함수 $f(x)=x^2$에 대하여 실수 a의 값에 따라 미분계수 $f'(a)$는 하나씩 정해지므로 실수 a에 미분계수 $f'(a)$를 대응시키면 그 대응은 함수이다.

a	$\cdots$	-1	$\cdots$	0	$\cdots$	1	$\cdots$	2	$\cdots$
$f'(a)$	$\cdots$	-2	$\cdots$	0	$\cdots$	2	$\cdots$	4	$\cdots$

일반적으로 함수 $f(x)$가 정의역 X에서 미분가능할 때, 정의역의 각 원소 x에 미분계수 $f'(x)$를 대응시키는 새로운 함수 $f': X \longrightarrow R$

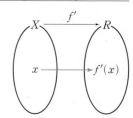

$$f'(x) = \lim_{\Delta x \to 0} \frac{f(x+\Delta x)-f(x)}{\Delta x}$$

를 얻을 수 있다. 이때 이 함수 $f'(x)$를 함수 $f(x)$의 **도함수**라 하고, 이것을 기호로

$$f'(x), \; y', \; \frac{dy}{dx}, \; \frac{d}{dx}f(x)$$와 같이 나타낸다.

이상을 정리하면 다음과 같다.

기호 $\frac{dy}{dx}$는 y를 x에 대하여 미분한다는 뜻이다.

도함수

미분가능한 함수 $f(x)$에 대하여

$$f'(x) = \lim_{\Delta x \to 0} \frac{f(x+\Delta x)-f(x)}{\Delta x}$$

참고 함수 $f(x)$에서 도함수 $f'(x)$를 구하는 것을 "함수 $f(x)$를 x에 대하여 미분한다."라고 한다. 함수 $f(x)$의 $x=a$에서의 미분계수 $f'(a)$는 도함수 $f'(x)$의 식에 $x=a$를 대입한 값과 같다.

④ 미분법(도함수를 구하는 방법)

(1) 함수 $f(x)=c$ (c는 상수)와 $f(x)=x^n$ (n은 자연수)의 도함수

  ❶ $y=c$ (c는 상수)이면 $y'=0$

  ❷ $y=x$이면 $y'=1$

  ❸ $y=x^n$ ($n \geq 2$인 정수)이면 $y'=nx^{n-1}$

(2) 함수의 실수배, 합, 차, 곱의 미분법

두 함수 $f(x)$, $g(x)$가 미분가능할 때,

  ❶ $y=kf(x)$이면 $y'=kf'(x)$ (단, k는 상수)

  ❷ $y=f(x)+g(x)$이면 $y'=f'(x)+g'(x)$

  ❸ $y=f(x)-g(x)$이면 $y'=f'(x)-g'(x)$

  ❹ $y=f(x)g(x)$이면 $y'=f'(x)g(x)+f(x)g'(x)$

예를 들어, 함수 $f(x)=2x^2-5x+3$에 대하여 $x=2$에서의 미분계수 $f'(2)$를 구해 보자.
먼저 함수 $f(x)$의 도함수를 구하면 $(x^2)'=2x$, $x'=1$, $3'=0$이므로
$f'(x)=2\times(x^2)'-5\times x'+3'=2\times(2x)-5\times1+0=4x-5$이다.
미분계수 $f'(2)$는 도함수 $f'(x)$에 $x=2$를 대입한 값과 같으므로 $f'(2)=4\times2-5=3$이다.

⑤ 미분의 활용

(1) 함수의 증가와 감소

함수 $f(x)$가 어떤 구간에 속하는 임의의 두 실수 x_1, x_2에 대하여

  ① $x_1<x_2$일 때, $f(x_1)<f(x_2)$이면 함수 $f(x)$는 그 구간에서 **증가**한다고 한다.

  ② $x_1<x_2$일 때, $f(x_1)>f(x_2)$이면 함수 $f(x)$는 그 구간에서 **감소**한다고 한다.

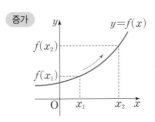
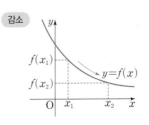

(2) 미분을 활용한 함수의 증가와 감소의 판정

$x=a$에서의 미분계수 $f'(a)$는 함수 $y=f(x)$의 그래프 위의 점 $(a, f(a))$에서의 접선의 기울기와 같다. 이를 바탕으로 $a<x<b$인 모든 x에서 $f'(x)>0$이면 구간 $a<x<b$의 임의의 점에서 곡선 $y=f(x)$의 접선이 항상 양의 기울기를 가지므로 함수 $y=f(x)$가 그 구간에서 증가하고 있음을 직관적으로 알 수 있다. 마찬가지로 $a<x<b$인 모든 x에서 $f'(x)<0$이면 함수 $y=f(x)$가 그 구간에서 감소하고 있음을 역시 알 수 있다. 이상을 정리하면 다음과 같다.

도함수의 부호에 따른 함수의 증가와 감소의 판정

함수 $f(x)$가 어떤 열린구간에서 미분가능하고, 이 구간의 모든 x에 대하여

❶ $f'(x)>0$이면 함수 $f(x)$는 이 구간에서 증가한다.

❷ $f'(x)<0$이면 함수 $f(x)$는 이 구간에서 감소한다.

(3) 함수의 극대와 극소

함수 $f(x)$에서 $x=a$를 포함하는 어떤 열린구간에 속하는 모든 x에 대하여

① $f(x) \leq f(a)$이면 함수 $f(x)$는 $x=a$에서 **극대**가 된다고 하고, 그때의 함숫값 $f(a)$를 **극댓값**이라고 한다.

② $f(x) \geq f(a)$이면 함수 $f(x)$는 $x=a$에서 **극소**가 된다고 하고, 그때의 함숫값 $f(a)$를 **극솟값**이라고 한다.

또한, 극댓값과 극솟값을 통틀어 **극값**이라고 한다.

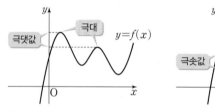

(4) 미분을 활용한 함수의 극대와 극소의 판정

미분가능한 함수 $y=f(x)$에 대하여 $f'(a)=0$이고 $x=a$의 좌우에서 $f'(x)$의 부호가 양에서 음으로 바뀌면 $f(x)$는 $x=a$의 좌우에서 증가하다가 감소하므로 $x=a$에서 극댓값을 갖는다고 직관적으로 판단할 수 있다. 마찬가지로 $f'(a)=0$이고 $x=a$의 좌우에서 $f'(x)$의 부호가 음에서 양으로 바뀌면 $f(x)$는 $x=a$의 좌우에서 감소하다가 증가하므로 $x=a$에서 극솟값을 갖는다고 판단할 수 있다.

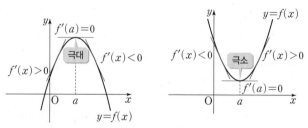

이상을 정리하면 다음과 같다.

미분가능한 함수의 극대와 극소의 판정

❶ 미분가능한 함수 $f(x)$가 $x=a$에서 극값을 가지면 $f'(a)=0$이다.

❷ 미분가능한 함수 $f(x)$에 대하여 $f'(a)=0$일 때, $x=a$의 좌우에서

(i) $f'(x)$의 부호가 양에서 음으로 바뀌면 $f(x)$는 $x=a$에서 극대이고, 극댓값 $f(a)$를 갖는다.

(ii) $f'(x)$의 부호가 음에서 양으로 바뀌면 $f(x)$는 $x=a$에서 극소이고, 극솟값 $f(a)$를 갖는다.

(5) 함수의 최대와 최소

닫힌구간 $[a, b]$에서 연속인 함수 $f(x)$의

① 최댓값은 $f(a)$, $f(b)$ 및 이 구간에서의 극댓값 중에서 가장 큰 값이다.

② 최솟값은 $f(a)$, $f(b)$ 및 이 구간에서의 극솟값 중에서 가장 작은 값이다.

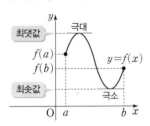 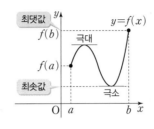 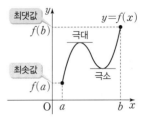

확인 문제 7

미분을 이용하여 이차함수 $f(x)=2.5x^2-9x+7.1$의 최솟값을 구해 보자.

(수학)으로 풀어보기

이차함수 $f(x)=2.5x^2-9x+7.1$을 x에 대하여 미분하면

$f'(x)=5x-9$

$f'(1.8)=0$이고, $x=1.8$의 좌우에서 $f'(x)$의 부호가 음에서 양으로 바뀌므로 이차함수 $y=f(x)$의 증가와 감소를 표로 나타내면 다음과 같다.

x	$\cdots$	1.8	$\cdots$
$f'(x)$	$-$	0	$+$
$f(x)$	$\searrow$	-1	$\nearrow$

따라서 이차함수 $f(x)$는 $x=1.8$에서 극소이면서 동시에 최소이므로 구하는 최솟값은 $f(1.8)=-1$ 이다.

(파이선)으로 풀어보기

```
1    # 미분(derivate)
2    def Derivate(f, a, h = 0.000001) :
3        return (f(a+h)-f(a)) / h
4    # 함수 f(x)
5    def f(x) :
6        return 2.5*x*x − 9*x + 7.1
7    from sympy import Symbol, solve
8    x = Symbol('x')
9    equation = Derivate(f, x)
10   temp = solve(equation)
11   print('f'(x) = 0이 되는 x 값은 {0}이다.'.format(temp))
12   print('최솟값은 {0}이다.'.format(round(f(temp[0]))))
```

> f'(x) = 0이 되는 x 값은 [1.79999950000000]이다.
> 최솟값은 −1이다.

답 −1

참고 컴퓨터에서는 숫자를 비트로 표현하는데 실수는 유한 개의 비트로 정확하게 표현할 수가 없다. 따라서 실수는 유한 개의 비트를 사용하여 근삿값으로 표현한다. 그래서 정확히 1.8이 아닌 1.799999500000000이 나온다. 예를 들어, 1부터 10까지 정수는 10개지만 실수는 무한히 많다. 이것을 예방하기 위해 아래와 같이 decimal 모듈을 사용한다. 숫자를 10진수로 처리 정확한 소수점 자릿수를 표현한다.

```
1    from decimal import Decimal
2    def f_1(x):
3        return Decimal('2.5')*x*x − 9*x + Decimal('7.1')
4    f_1(Decimal('1.8'))
```

실행 결과

Decimal('−1')

◼1 다변수함수의 뜻

(1) 일변수함수: $y=f(x)$와 같이 함숫값 y가 한 개의 변수 x에 의해서 결정되는 함수

(2) 다(多)변수함수: $y=f(x_1, x_2, \cdots, x_n)$과 같이 함숫값 y가 n $(n \geq 2)$개의 변수들 $x_i(i=1, 2, \cdots, n)$에 의해서 결정되는 함수

> 다변수함수 중에서 가장 기본이라 할 수 있는 이변수함수가 그림으로 나타내어 관찰하기 용이하므로 우선 주목해 보자.

◼2 이변수함수의 뜻과 그래프

(1) 이변수함수의 뜻

두 실수 x, y의 순서쌍 (x, y) 각각에 대하여 f가 유일한 실숫값 z로 대응시킬 때, 그 값을 $f(x, y)$라 쓰고, f를 **이변수함수**라고 한다.

(2) 이변수함수의 그래프

f가 $D=\{(x, y)\,|\,x, y$는 실수$\}$를 정의역으로 하는 이변수함수이면, 함수 f의 그래프는 집합

$$S=\{(x, y, z)\,|\,z=f(x, y), (x, y) \in D\}$$

이다. 이를 그림으로 나타내면 일반적으로 일변수함수 f의 그래프가 좌표평면 위에 곡선 C의 형태를 갖는 것과 마찬가지로 이변수함수 f의 그래프는 좌표공간 위에 곡면 S의 형태로 표현할 수 있다.

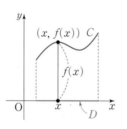

일변수함수

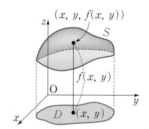

이변수함수

일변수함수의 그래프

이변수함수의 그래프

◼3 이변수함수의 미분(편미분)

1. 편미분계수

앞에서 일변수함수에서 미분계수의 기하적 의미를 살펴본 바 있다. 이와 마찬가지로 다변수함수의 미분계수를 다소 직관에 의존하여 살펴보고자 한다. 예를 들어, $z=x^2+y^2$으로 정의된 이변수함수 $z=f(x, y)$에 대하여 $(x, y)=(0, 1)$에서의 미분계수를 생각할 때, 두 변수 x, y 중에서 하나를 $x=0$ 또는 $y=1$로 일정하게 고정하여 각각의 경우를 따져보자.

> $y=1$인 평면에서 새롭게 정의된 x축과 z축은 각각 공간에서의 x축과 z축을 y축의 방향으로만 1만큼 평행 이동한 것으로 가정한다.

① y의 값을 $y=1$로 고정하면 함수 $z=f(x, y)$의 그래프는 아래 그림과 같이 공간 위의 곡면이 아닌 $y=1$인 평면 위의 곡선 $z=g(x)$로 생각할 수 있다. 이때, $x=0$에서의 접선의 기울기 즉, $g'(0)$의 값을 $(0, 1)$에서 **x에 관한 f의 편미분계수**라고 하고 기호로 $f_x(0, 1)$과 같이 나타낸다.

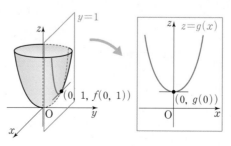

이를 식으로 표현하면 다음과 같다.

$y=1$일 때, 함수 $f(x, y)$를 $g(x)$라 하면 $g(x)=f(x, 1)=x^2+1$,

$g'(0)=2\times 0=0$이므로

$g'(x)=2x$에서 $f_x(0, 1)=g'(0)=0$이다.

② x의 값을 $x=0$으로 고정하면 함수 $z=f(x, y)$의 그래프는 아래 그림과 같이 공간 위의 곡면이 아닌 $x=0$인 평면 위의 곡선 $z=h(y)$로 생각할 수 있다. 이때, $y=1$에서의 접선의 기울기 즉, $h'(1)$의 값을 $(0, 1)$에서 **y에 관한 f의 편미분계수**라고 하고 기호로 $f_y(0, 1)$과 같이 나타낸다.

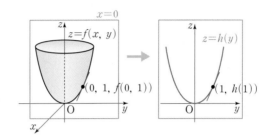

이를 식으로 표현하면 다음과 같다.

$x=0$일 때, 함수 $f(x, y)$를 $h(y)$라 하면

$$h(y)=f(0, y)=0+y^2=y^2, \ h'(y)=2y$$

에서 $h'(1)=2\times 1=2$이므로 $f_y(0, 1)=h'(1)=2$이다.

이상을 정리하면 다음과 같다.

편미분계수

이변수함수 $f(x, y)$에 대하여

❶ y가 $y=b$로 일정할 때,

함수 $g(x)=f(x, b)$의 $x=a$에서의 미분계수 $g'(a)$를 **(a, b)에서 x에 대한 f의 편미분계수**라고 하고 기호로 $f_x(a, b)$와 같이 나타낸다.

❷ x가 $x=a$로 일정할 때,

함수 $h(y)=f(a, y)$의 $y=b$에서의 미분계수 $h'(b)$를 **(a, b)에서 y에 대한 f의 편미분계수**라고 하고 기호로 $f_y(a, b)$와 같이 나타낸다.

2. 편미분계수의 기하적 의미

아래 그림과 같이 좌표공간에서 이변수함수 $f(x, y)$의 그래프(곡면)와 두 평면 $y=b$, $x=a$이 만나서 생긴 곡선을 각각 C_1, C_2라 하고, 평면 $y=b$에서 곡선 C_1 위의 점 $P(a, b, f(a, b))$에서의 접선을 T_1, 평면 $x=a$에서 곡선 C_2 위의 점 $P(a, b, f(a, b))$에서의 접선을 T_2라 하자.

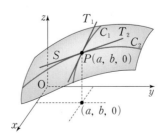

① 편미분계수 $f_x(a, b)$는 접선 T_1의 기울기와 같다.

② 편미분계수 $f_y(a, b)$는 접선 T_2의 기울기와 같다.

3. 편도함수의 뜻

이변수함수 $z=f(x, y)$에 대하여 두 실수 a, b의 값이 각각 정해지면 편미분계수 $f_x(a, b)$의 값 역시 유일하게 정해지므로 (x, y)에서 x에 대한 f의 편미분계수로의 대응은 두 실수 x, y에 대한 이변수함수라 할 수 있다. 이를 함수 **f의 x에 대한 편도함수**라고 하고 기호로 f_x, $f_x(x, y)$, $\dfrac{\partial f}{\partial x}$, $\dfrac{\partial z}{\partial x}$와 같이 나타낸다.

마찬가지로 (x, y)에 f의 y에 대한 편미분계수를 대응시킨 이변수함수를 **f의 y에 대한 편도함수**라고 하고 기호로 f_y, $f_y(x, y)$, $\dfrac{\partial f}{\partial y}$, $\dfrac{\partial z}{\partial y}$와 같이 나타낸다.

편미분 기호 ∂는 'del'이라고 읽거나 'round d'라고 읽는다. 보통 일변수함수의 미분에서는 $\dfrac{df}{dx}$와 같이 미분 기호로 d를, 다변수함수의 미분(편미분)에서는 $\dfrac{\partial f}{\partial x}$와 같이 미분 기호로 ∂를 각각 구별하여 사용한다.

4. 편도함수를 구하는 방법

① f_x를 구할 때에는 주어진 이변수함수에서 y를 상수로 보고 x에 대하여 미분한다.

② f_y를 구할 때에는 주어진 이변수함수에서 x를 상수로 보고 y에 대하여 미분한다.

참고 편도함수와 편미분계수의 관계

이변수함수 $f(x, y)$의 (a, b)에서의 편미분계수 $f_x(a, b)$, $f_y(a, b)$는 각각 편도함수 $f_x(x, y)$, $f_y(x, y)$의 식에 $(x, y)=(a, b)$를 대입한 값과 같다.

예를 들어, $f(x, y)=x^2+xy$에 대하여 $f_x(1, 2)$, $f_y(1, 2)$의 값을 각각 구해 보자.

① $f(x, y)=x^2+xy$에서 y를 상수로 보고

　　x에 대하여 미분하면 $f_x(x, y)=2x+y$,

　　x에 대한 편도함수 f_x에 $(x, y)=(1, 2)$를 대입하면

　　　　$f_x(1, 2)=2\times1+2=4$

② $f(x, y)=x^2+xy$에서 x를 상수로 보고

　　y에 대하여 미분하면 $f_y(x, y)=0+x=x$,

　　y에 대한 편도함수 f_y에 $(x, y)=(1, 2)$를 대입하면

　　　　$f_y(1, 2)=1$

④ 다변수함수의 미분(편미분)

$n(n>2)$변수함수는 직관적으로 이해하기 쉽도록 그림으로 나타내는 데에는 어려움이 있다. 하지만 일변수함수의 미분에서 이변수함수의 미분(편미분)으로 일반화되어 가는 규칙성의 연장선상에서 다변수함수와 그 편미분에 대하여 이해할 수 있다.

만약, f가 세 독립변수로 이루어진 삼변수함수일 때, x에 대한 편도함수를 구할 때에는 x를 제외한 나머지 변수 y, z를 상수로 보고 x에 대하여 미분한다.

예를 들어, $f(x, y, z)=x^2+yz+zx$일 때, x에 대한 편도함수는 $\dfrac{\partial f}{\partial x}=2x+z$, y에 대한 편도함수는 $\dfrac{\partial f}{\partial y}=z$, z에 대한 편도함수는 $\dfrac{\partial f}{\partial z}=y+x$이다.

마찬가지로 $n\ (n>3)$변수함수 $f(x_1, x_2, \cdots, x_n)$의 경우에도 $x_i(1\leq i\leq n)$에 대한 편도함수를 구할 때에는 x_i를 제외한 나머지 모든 변수들을 상수로 보고 x_i에 대하여 미분한다.

예를 들어, $f(x_1, x_2, \cdots, x_{10})=x_1+2x_2+3x_3+\cdots+10x_{10}$의 x_3에 대한 편도함수는 $\dfrac{\partial f}{\partial x_3}=3$이다.

이변수함수 $f(x, y) = x^2 + 4xy + 3y^2 + 2y$에 대하여 다음 물음에 답해 보자.

① x에 대하여 미분한 편도함수 $\dfrac{\partial f}{\partial x}$를 구해 보자.

② y에 대하여 미분한 편도함수 $\dfrac{\partial f}{\partial y}$를 구해 보자.

③ $\dfrac{\partial f}{\partial x} = \dfrac{\partial f}{\partial y} = 0$을 만족시키는 x, y의 값을 구해 보자.

수학으로 풀어보기

① $f(x, y)$에서 y를 상수로 보고 x에 대하여 미분하면 $\dfrac{\partial f}{\partial x} = 2x + 4y + 0 + 0 = 2x + 4y$

② $f(x, y)$에서 x를 상수로 보고 y에 대하여 미분하면 $\dfrac{\partial f}{\partial y} = 0 + 4x + 6y + 2 = 4x + 6y + 2$

③ $\dfrac{\partial f}{\partial x} = \dfrac{\partial f}{\partial y} = 0$이면 위의 ①, ②에서 $2x + 4y = 0$, $4x + 6y + 2 = 0$이므로 두 방정식을 연립하여 풀면
$x = -2$, $y = 1$이다.

답 ① $2x + 4y$, ② $4x + 6y + 2$, ③ $x = -2$, $y = 1$

삼변수함수 $f(x, y, z) = x^2 + xz + yz - 2x$에 대하여 다음 물음에 답을 구해 보자.

① x에 대하여 미분한 편도함수 $\dfrac{\partial f}{\partial x}$를 구해 보자.

② y에 대하여 미분한 편도함수 $\dfrac{\partial f}{\partial y}$를 구해 보자.

② z에 대하여 미분한 편도함수 $\dfrac{\partial f}{\partial z}$를 구해 보자.

④ $\dfrac{\partial f}{\partial x} = \dfrac{\partial f}{\partial y} = \dfrac{\partial f}{\partial z} = 0$을 만족시키는 x, y, z의 값을 구해 보자.

수학으로 풀어보기

① $f(x, y, z)$에서 y와 z를 상수로 보고 x에 대하여 미분하면 $\dfrac{\partial f}{\partial x} = 2x + z + 0 - 2 = 2x + z - 2$

② $f(x, y, z)$에서 z와 x를 상수로 보고 y에 대하여 미분하면 $\dfrac{\partial f}{\partial y} = 0 + 0 + z - 0 = z$

③ $f(x, y, z)$에서 x와 y를 상수로 보고 z에 대하여 미분하면 $\dfrac{\partial f}{\partial z} = 0 + x + y - 0 = x + y$

④ $\dfrac{\partial f}{\partial x} = \dfrac{\partial f}{\partial y} = \dfrac{\partial f}{\partial z} = 0$이면 위의 ①, ②, ③에서 $2x + z - 2 = 0$, $z = 0$, $x + y = 0$이므로
세 방정식을 연립하여 풀면 $x = 1$, $y = -1$, $z = 0$이다.

답 ① $\dfrac{\partial f}{\partial x} = 2x + z - 2$, ② $\dfrac{\partial f}{\partial y} = z$, ③ $\dfrac{\partial f}{\partial z} = x + y$, ④ $x = 1$, $y = -1$, $z = 0$

4 아기가 내는 소리로
마음을 알 수 있다면

요즘 도아는 태어난 지 100일 정도 된 사촌 동생에게 푹 빠져 있다. 작은 몸집의 아기가 웃고, 옹알이를 하는 모습을 보면 무척 신기하다. 어느 날 뉴스를 보던 도아는 아기의 울음소리만으로 아기가 무엇을 원하는 상태인지를 알 수 있다는 인공지능 기술에 대해 알게 되었다. 아기들이 내는 소리들은 모두 비슷한 소리인 것 같은데 차이를 분석해서 어떤 상태인지를 알려 주는 인공지능 기술의 원리가 궁금하다. 도아는 아기들이 내는 소리들을 분석해서 어떤 차이가 있는지 직접 확인해 보고 싶어졌다.

01 데이터 수집하기

아기들이 내는 소리를 4가지 상황으로 분리하여 짧게 저장한 여러 개의 소리 파일을 데이터로 사용한다. 불편함은 discomfort, 배고픔은 hungry, 웃음은 laugh, 피곤함은 tired라는 이름으로 폴더를 각각 설정하였으며 각 폴더 내의 파일은 폴더 이름과 번호를 매겨 저장해 두었다.

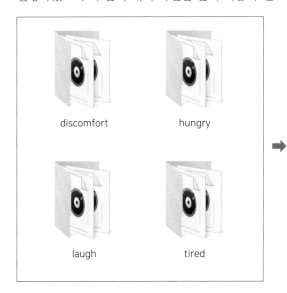

[discomfort] 폴더 내 저장된 소리 파일	[hungry] 폴더 내 저장된 소리 파일
discomfort_1	hungry_1
discomfort_2	hungry_2
discomfort_3	hungry_3
discomfort_4	hungry_4
discomfort_5	hungry_5
discomfort_6	hungry_6
discomfort_7	hungry_7
discomfort_8	hungry_8
discomfort_9	hungry_9
discomfort_10	hungry_10

소리 파일은 wav 확장자를 가진 파일들로 변환하였으며, 평균적으로 5초 내외의 길이로 되어 있다. 하나의 소리 파일 당 주변 소음은 거의 없으며, 소리 파일 당 한 명의 아기 소리가 녹음되어 있다.

생각해 보기

자연에서 들을 수 있는 소리, 예를 들어 다양한 새소리, 물소리, 바람소리, 돌끼리 부딪치는 소리 등을 녹음기나 휴대폰으로 녹음한 후 wav 또는 mp3 파일로 저장해 보자.

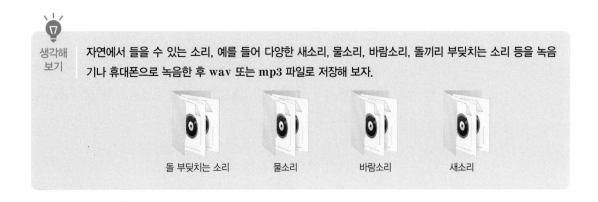

돌 부딪치는 소리 / 물소리 / 바람소리 / 새소리

파이선에서 분석 가능한 소리 파일 및 관련 소프트웨어

실제 녹음한 소리를 분석 가능한 확장자 wav, mp3, AAC 등의 다양한 소리 파일로 변환하면 파이선으로 분석할 수 있다. 그중 wav는 wave form audio format의 줄임말로 개인용 컴퓨터에서 소리를 재생하는 마이크로소프트와 IBM 소리 파일 형식이며 주로 윈도 기반 PC에서 사용한다. 직접 녹음한 소리를 파이선에서 다루기 위해 사용할 수 있는 소프트웨어는 Audacity, Gold Wave 등이 있다. 이 중 Audacity는 프리웨어로 조건이나 기간, 기능 등에 제한 없이 무료로 사용하는 것이 허가되어 있는 공개 소프트웨어이다.

02 데이터 불러오기

아기 소리 데이터를 파이선으로 분석하기 위해 데이터를 불러와 출력해 보자.

[완성 파일: 3-4-01.py]

1	import librosa
2	import librosa.display
3	
4	audio = 'discomfort/discomfort_1.wav'　　　# 소리 파일 경로 지정하기
5	y, sr = librosa.load(audio)　　　　　　# 소리 파일 불러오기
6	print(y)
7	print(sr)
8	

파이선으로 소리 파일을 다루기 위해 소리 파일이 저장된 경로를 알아야 한다. 파이선 소스 파일과 소리 파일이 같은 폴더에 저장되어 있다면 파일 제목만 입력해도 불러올 수 있다.

 실행 결과

```
[−0.00059498 −0.00078233 −0.00097827 ...  0.07309957  0.05529897
   0.02827073]
22050
```

샘플링 레이트가 크면 음질은 원음과 가까워지나 용량이 커진다. librosa의 load 16비트를 기반으로 하며 샘플링 레이트의 기본 값은 22,050이다. load 함수 내 sr 특성으로 값을 별도로 지정하여 샘플링 레이트 값을 바꿀 수 있다.

1, 2행: 음성 데이터를 다루기 위해 librosa 모듈을 불러온다.

4행: 여러 개의 소리 파일 중 [discomfort] 폴더의 첫 번째 소리 파일을 불러오기 위해 경로를 지정한다.

5행: librosa 모듈의 load 함수는 소리 파일에 저장된 아날로그 소리 정보를 컴퓨터가 인식할 수 있는 디지털 정보로 바꾸어 준다. 아날로그 소리 정보의 샘플링 결과를 리스트의 형태로 반환하며, 이때 샘플링 레이트도 함께 반환한다. 이 행에서 load 함수로 반환된 값을 y와 sr에 각각 저장한다.

 팁

4, 5행 코드를 다음과 같이 한 줄로 작성할 수도 있다.

> y, sr = librosa.load('discomfort/discomfort_1.wav')

6, 7행: 저장된 값을 확인하기 위하여 y, sr 값을 각각 출력한다.

[실행 결과]를 살펴보면 y에는 소리 정보의 샘플링 결과가 리스트의 형태로 저장되어 있고, sr값은 22,050으로 저장된 것을 알 수 있다. sr값은 샘플링 레이트를 의미하므로, 소리 정보를 1초 동안 22,050번 세분화하여 샘플링했음을 의미한다.

03 데이터 다루기

앞에서 librosa 모듈의 load 함수를 사용하여 아날로그 소리 파일을 파이선으로 다룰 수 있는 형태의 디지털 정보로 저장할 수 있음을 확인하였다. 이번에는 여러 개의 소리 데이터를 다루기 위해 먼저 폴더에 저장할 소리 데이터의 파일명들을 출력해 보자.

[Step 1] 특정 폴더에 저장한 소리 파일의 제목 출력하기

[완성 파일: 3-4-02.py]

```
1   # 첫 번째 폴더 내의 여러 개의 소리 데이터 제목 출력
2   folder = ['discomfort', 'hungry', 'laugh', 'tired']
3   for i in range(1, 11) :
4       a = folder[0] + '/' + folder[0] + '_' + str(i) + '.wav'
5       print(a)
6
```

실행 결과
```
discomfort/discomfort_1.wav
discomfort/discomfort_2.wav
discomfort/discomfort_3.wav
discomfort/discomfort_4.wav
discomfort/discomfort_5.wav
discomfort/discomfort_6.wav
discomfort/discomfort_7.wav
discomfort/discomfort_8.wav
discomfort/discomfort_9.wav
discomfort/discomfort_10.wav
```

2행: 폴더 이름을 영문자의 순서가 빠른 단어순으로 리스트 folder에 저장한다.

3~5행: 소리 파일은 폴더 이름과 동일한 단어로 시작하고, 숫자만 다른 점을 활용하여 반복문으로 여러 개의 소리 파일 제목을 쉽게 출력한다.

[Step 2] 여러 폴더에 저장된 소리 파일 가져오기

[완성 파일: 3-4-03.py]

```
1   folder = ['discomfort', 'hungry', 'laugh', 'tired']
2   # 4개 폴더의 첫 번째 소리 데이터 제목 출력
3   for i in range(0, 4) :
4       a = folder[i] + '/' + folder[i] + '_1.wav'
5       print(a)
6
```

> 소리 파일 제목은 폴더의 제목에 해당하는 단어로 시작하므로, 반복문을 사용하여 네 개 폴더 내의 첫 번째 소리 파일 제목을 출력한다.

실행 결과
```
discomfort/discomfort_1.wav
hungry/hungry_1.wav
laugh/laugh_1.wav
tired/tired_1.wav
```

데이터 시각화하기

다양한 방법으로 소리 데이터를 시각화해 보자.

[Step 1] 한 개의 소리 데이터를 불러와 그래프로 표현하기

불편함을 표현하는 소리 중 하나를 선택하여 그래프로 나타내 보자.

[완성 파일: 3-4-04.py]

1	import librosa	
2	import librosa.display	
3	import matplotlib.pyplot as plt	# 그래프를 출력하기 위한 모듈
4		
5	audio = 'discomfort/discomfort_1.wav'	# 소리 파일 경로 지정하기
6	y, sr = librosa.load(audio)	# 소리 파일 불러오기
7		
8	librosa.display.waveplot(y, sr = sr)	# 소리 데이터를 그래프로 표현하기
9	plt.title('Waveplot')	# 그래프 제목 설정하기
10	plt.show( )	# 그래프 출력하기

실행 결과

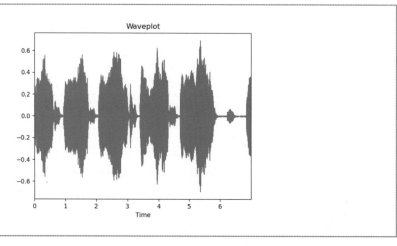

8~10행: waveplot( ) 함수는 소리 데이터의 진폭을 그래프로 나타낸다. [실행 결과]를 통해 불편함을 표현하는 아이의 소리 중 하나를 그래프로 확인할 수 있다.

librosa의 specshow 함수를 사용하여 소리의 강도나 주파수의 분포를 스펙트럼도로 표현할 수도 있다.

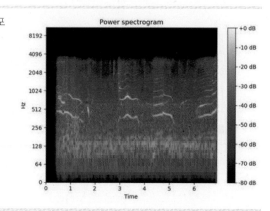

[Step 2] 여러 개의 소리 데이터를 불러와 하나의 그래프로 표현하기

[완성 파일: 3-4-05.py]

1~3	(172쪽 1~3행 코드와 동일하므로 생략)
4	# 하나의 그래프에 여러 개의 소리 데이터 표현 – discomfort
5	folder = ['discomfort', 'hungry', 'laugh', 'tired']　　# 폴더 이름을 folder 리스트에 저장하기
6	set_label = [ ]　　# 소리 파일의 개별 그래프 이름 저장하기
7	
8	for i in range(1, 11) :
9	a = folder[0] + '/' + folder[0] + '_' + str(i) + '.wav'
10	y, sr = librosa.load(a)
11	librosa.display.waveplot(y, sr = sr, alpha = 0.5)　　# 그래프로 표현하기
12	set_label.append(i)　　# 소리 파일의 개별 그래프 이름 저장하기
13	plt.legend(set_label)　　# 그래프 범례 생성하기
14	plt.title(folder[0])　　# 그래프 제목 설정하기
15	plt.xlabel('Time(ms)')　　# 그래프 x축 제목 설정하기
16	plt.ylabel('Sound(dB)')　　# 그래프 y축 제목 설정하기
17	plt.show( )　　# 그래프 출력하기

alpha값은 불투명도를 의미한다. 0.0(완전 투명)부터 1.0(완전 불투명)까지 범위 값을 갖는다.

실행 결과

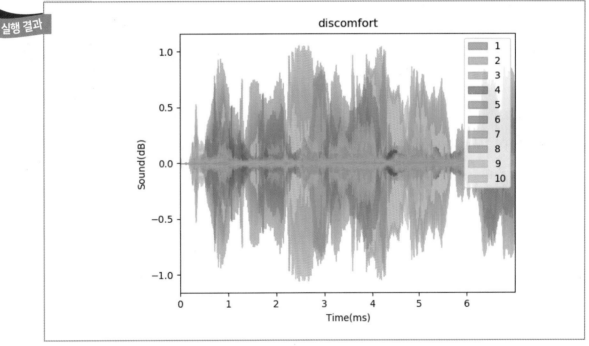

11행: 각 그래프가 겹치면 먼저 그려진 그래프가 보이지 않을 수 있으므로 alpha 값으로 불투명도를 0.5로 설정하여 겹쳐진 그래프들도 구분이 가능하게 한다.

12, 13행: 각 소리 데이터가 다른 색으로 표현되기 때문에 그래프에 해당하는 소리 데이터가 무엇인지 표현할 범례가 필요하다. set_label 리스트를 만들어 소리 데이터를 그래프로 표현할 때마다 해당 데이터가 몇 번째 파일인지 숫자를 함께 저장하고, legend( ) 함수를 사용하여 범례로 나타낸다.

[실행 결과]를 보면 불편함을 표현하는 아이 소리 10개를 하나의 그래프로 확인할 수 있다. 이 그래프를 통해 불편함을 표현하는 아이 소리들도 조금씩 차이가 있음을 직관적으로 확인할 수 있다.

[Step 3] 여러 개의 소리 그래프를 하나의 화면에 나누어 표현하기

불편함을 나타내는 소리가 저장된 [discomfort] 폴더의 소리 데이터들을 그래프로 표현해 보자.

[완성 파일: 3-4-06.py]

1~6	(173쪽 1~6행 코드와 동일하므로 생략)
7	# 하나의 그래프에 여러 개의 소리 데이터 표현-discomfort-화면 분할
8	for i in range(1, 10) :
9	plt.subplot(3, 3, i)
10	a = folder[0] + '/' + folder[0] + '_' + str(i) + '.wav'
11	y, sr = librosa.load(a)
12	librosa.display.waveplot(y, sr = sr) # 그래프 표현하기
13	plt.title(folder[0] + str(i)) # 개별 그래프 제목 설정하기
14	plt.tight_layout( )
15	plt.show( )

실행 결과

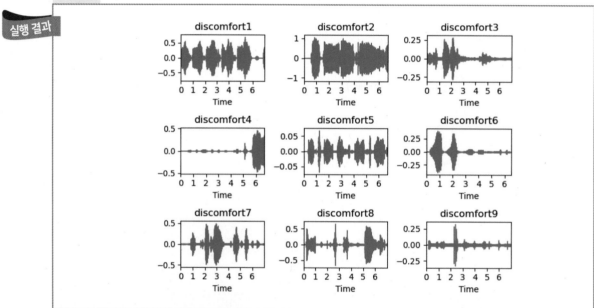

9행: subplot( ) 함수를 활용하여 여러 개의 그래프를 하나의 화면에 표현한다.

13행: 반복문 for에 포함되어 있기 때문에 각 그래프별로 제목이 표현된다. 만약 들여쓰기가 이루어지지 않는다면 맨 마지막 그래프에만 제목이 표현된다.

14행: tight_layout( ) 함수는 부분 그래프들이 서로 겹쳐지지 않도록 여백을 조정해 주는 역할을 한다. 이 함수는 여러 개의 부분 그래프를 표현할 때 유용하다.

[Step 4] 서로 다른 상황의 아기 소리 비교하기

[Step 3]에서 특정 폴더에 소리 데이터들을 그래프로 나타내었다면, 이번에는 4개 폴더의 첫 번째 소리 데이터들을 그래프로 표현해 보자. 이때 하나의 화면을 4행, 1열로 나누어 불편함, 배고픔, 웃음, 피곤함을 의미하는 소리 데이터를 그래프로 표현한다.

[완성 파일: 3-4-07.py]

1~6	(173쪽 1~6행 코드와 동일하므로 생략)
7	# 하나의 그래프에 여러 개의 소리 데이터 표현-4가지 상황

8	for i in range(0, 4) :
9	plt.subplot(4, 1, i+1)
10	a = folder[i] + '/' + folder[i] + '_1.wav'
11	y, sr = librosa.load(a)
12	librosa.display.waveplot(y, sr = sr)　　# 그래프로 표현하기
13	plt.title(folder[i])　　　　　　　# 개별 그래프 제목 설정하기
14	plt.tight_layout( )
15	plt.show( )

실행 결과

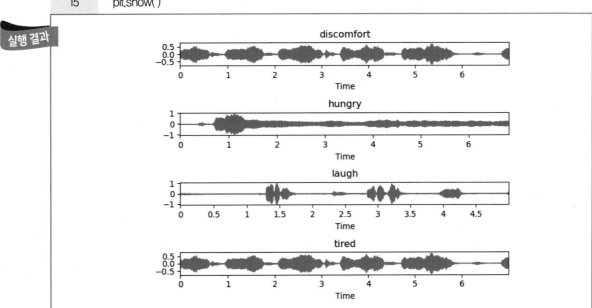

[실행 화면]을 살펴보면 불편함을 의미하는 소리 데이터는 6초가 넘지만, 웃음소리 데이터는 5초가 채 되지 않는다. 즉 데이터에 따라 차이가 있음을 확인할 수 있다.

[Step 5] 각 소리 데이터를 일정 시간만큼 그래프로 표현하기

소리를 보다 정교하게 확인하기 위하여 모든 데이터를 약 4.5초 정도까지만 그래프로 표현해 보자.
[Step 4]의 12행 코드를 다음 코드의 12행처럼 변경할 수 있다.

[완성 파일: 3-4-08.py]

1~6	(173쪽 1~6행 코드와 동일하므로 생략)
7	# 하나의 그래프에 여러 개의 소리 데이터 표현-4가지 상황, 동일 시간
8	for i in range(0, 4) :
9	plt.subplot(4, 1, i+1)
10	a = folder[i] + '/' + folder[i] + '_1.wav'
11	y, sr = librosa.load(a)
12	librosa.display.waveplot(y[:100000], sr = sr)　　# 그래프로 표현하기
13	plt.title(folder[i])　　　　　　　　　# 개별 그래프 제목 설정하기
14	plt.tight_layout( )
15	plt.show( )

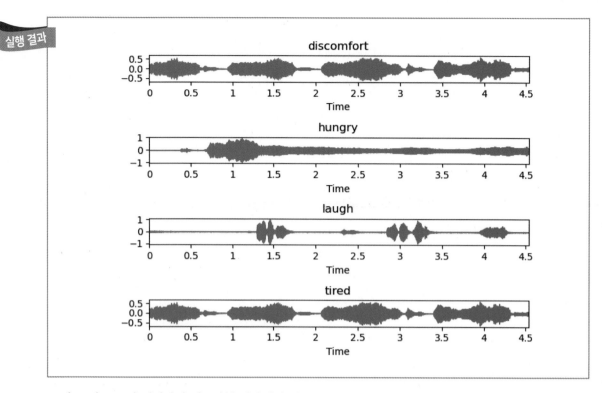

12행: y에는 소리 데이터의 진폭값이 저장되어 있으므로 해당 데이터를 같은 범위만큼 불러오도록 코드를 수정하여 그래프로 표현하면 동일한 시간 단위로 소리 데이터를 비교할 수 있다. y값을 불러올 때 첫 번째 데이터부터 100000번째 소리 데이터까지만 그래프로 표현한다.

[Step 6] 각 소리 데이터 그래프를 다른 색으로 표현하기

여러 개의 소리를 그래프로 함께 표현할 때 각 그래프를 다른 색으로 표현하면 각각의 소리 파일들을 보다 효과적으로 표현할 수 있다. 이번에는 첫 번째 소리 파일이 아닌 각 폴더의 일곱 번째 소리 파일을 시각화해 보자. 이때 [Step 5]의 10, 12행 코드 일부를 다음 10, 12행 코드와 같이 변경하면 간단히 해결할 수 있다.

[완성 파일: 3-4-09.py]

1~6	(173쪽 1~6행 코드와 동일하므로 생략)
7	# 하나의 그래프에 여러 개의 소리 데이터 표현-4가지 상황, 동일 시간, 다른 색
8	for i in range(0, 4) :
9	plt.subplot(4, 1, i+1)
10	a = folder[i] + '/' + folder[i] + '_7.wav'
11	y, sr = librosa.load(a)
12	librosa.display.waveplot(y[:100000], sr = sr, color = plt.cm.Spectral(i * 55))
13	plt.title(folder[i])　　　　　　　　　　　# 개별 그래프 제목 설정하기
14	
15	plt.tight_layout( )
16	plt.show( )
17	

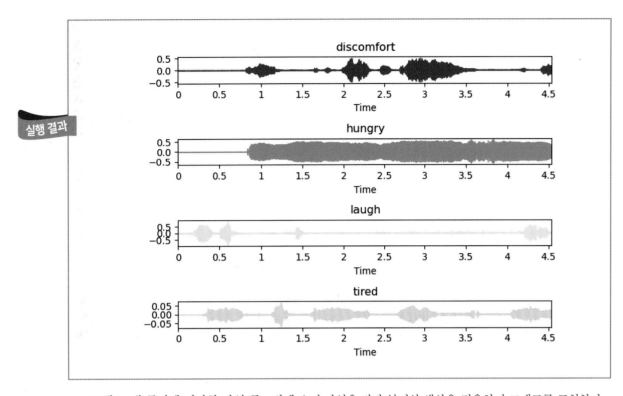

실행 결과

8～13행: 4개 폴더에 저장한 파일 중 7번째 소리 파일을 각각 불러와 색상을 적용하여 그래프를 표현한다.

12행: waveplot( ) 함수의 color 특성으로 그래프의 색상을 지정한다. 이때 반복문 안에서 그래프 색상을 표현할 경우에는 리스트나 컬러맵을 활용할 수 있다. 그중 matplotlib 모듈의 컬러맵(colormap)을 사용하는 경우에는 "plt.cm.Spectral(i*55)"로 작성한다. 이것은 컬러맵 종류 중 Spectral을 사용한 것이며, 컬러맵 내의 색이 숫자로 지정되기 때문에 반복문에 사용되는 변수 i값을 활용하여 서로 다른 색으로 표현 가능하다.

이렇게 소리 파일을 그래프로 표현하여 같은 상황의 여러 소리를 비교해 보기도 하고, 다른 상황의 소리를 비교해 보기도 하였다. 소리 데이터를 시각화해 봄으로써 소리 간 공통점과 차이점을 눈으로 확인해 볼 수 있다. 하지만 우리는 이미 구분되어진 소리들을 바탕으로 특성을 살펴보았다.

소리 데이터를 바탕으로 특정한 상황을 구분할 수 있는 특성을 찾기 위해서는 추가적인 작업이 더 필요하므로 좀 더 학습해 보기로 한다.

반복문 안에서 리스트로 색상을 변경하는 경우에는 먼저 다양한 색을 리스트에 저장하고 반복문에서 인덱스를 활용하여 표현할 수 있다.

컬러맵(colormap) 관련 설명 자료
https://matplotlib.org/api/pyplot_summary.html#matplotlib.pyplot.colormaps

학습하기

데이터 시각화를 통해 불편함, 배고픔, 웃음, 피곤함을 표현하는 아기의 소리 데이터를 살펴보았다. 이번에는 배고픔과 웃음을 의미하는 아기 소리 데이터를 바탕으로 아기의 배고픔 소리를 판단하는 인공지능 프로그램을 만들어 보자.

학습하기의 전체 동작 과정이다. [3-3]절의 학습하기와의 차이점은 아기 울음소리를 구분해야 하기 때문에 분류(classification) 문제이고, 분류 함수를 로지스틱 모델로 정의하며, 비용함수를 최대우도추정법과 경사하강법을 사용한다.

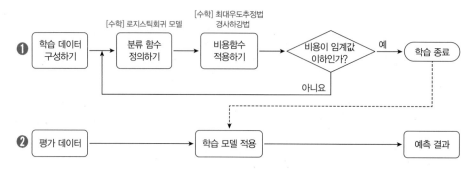

5-1. 학습 데이터 추출하기

librosa 모듈을 이용하여 소리 데이터의 특성을 추출해 보도록 한다.

[Step 1] 입력 변수와 출력 변수 생성하기

[완성 파일: 3-4-10.py]

```
1    import librosa
2    import librosa.display
3    import numpy as np
4
5    X_train = np.zeros((40, 20))       # 입력 변수 생성
6    y_train = np.zeros(40)             # 출력 변수 생성
7    # 인덱스 번호 0~19번까지는 레이블 1(배고픔), 21~40번까지는 레이블 0(웃음)
8    y_train[0:20] = 1
```

5행: 소리 파일 1개에서 추출되는 특성은 20개 열 값으로, 이와 같은 소리 파일이 hungry 20개, laugh 20개 총 40개이다. 그러므로 입력 변수의 크기는 40행 20열의 배열로 만든다. 배열을 선언하기 위한 것이므로, np.zeros는 0으로 초기화되는 40×20 공간을 만든다.

6행: 출력 변수는 배고픔이면 1, 웃음이면 0이라는 레이블만 가지므로, 40행 1열의 배열로 만들고 그 초깃값은 0으로 한다.

8행: np.zeros로 0으로 선언하고는 y_train[0:20] = 1과 같이 인덱스 번호 0~19번까지 레이블을 1로 지정한다.

[Step 2] 소리 데이터의 특성 추출하기

9	# hungry_특성 추출 for문
10	for i in range(20) :
11	audio_path = 'hungry/hungry_' + str(i+1) + '.wav'
12	y, sr = librosa.load(audio_path)
13	mfcc = librosa.feature.mfcc(y = y, sr = sr)
14	temp = mfcc.mean(axis = 1)
15	X_train[i] = temp # 인덱스 번호는 0~19번까지
16	
17	# laugh_특성 추출 for문
18	for i in range(20) :
19	audio_path = 'laugh/laugh_' + str(i+1) + '.wav'
20	y, sr = librosa.load(audio_path)
21	mfcc = librosa.feature.mfcc(y = y, sr = sr)
22	temp = mfcc.mean(axis = 1)
23	X_train[i+20] = temp # 인덱스 번호 20~39번까지 지정

10행: 20개 데이터의 특성을 추출해야 하므로 11~16행을 20번 반복한다.

11행: 파일 경로를 설정한다. [hungry]란 폴더의 'hungry_1.wav'부터 'hungry_20.wav'까지 총 20 개 파일이므로, 인덱스 변수 i로 지정한다.

12행: 소리 정보를 디지털로 변환한다.

13행: mfcc는 특성 값을 추출하여 저장한다. mfcc 함수는 음성 인식 분야에서 자주 사용되는 방법으로 샘플링된 소리 데이터를 2차원 배열 형태로 반환한다.

14, 15행: mfcc 특성 값의 평균을 각 데이터의 대푯값으로 지정한다.

18~23행: laugh 파일들에서 특성 값을 추출하여 X_train 인덱스 번호 20~39번 위치에 저장한다.

[Step 3] 데이터 셋으로 묶기

추출한 특성 값들을 csv로 추출하기 위해 입력 변수와 출력 변수를 data_sets으로 묶는다.

24	# 데이터 셋
25	data_sets = np.zeros((40, 21))
26	data_sets[:, 0:20] = X_train
27	data_sets[:, 20] = y_train

[Step 4] csv 모듈을 이용하여 파일로 추출하기

생성된 'baby_cry.csv' 파일은 파이선 소스 파일과 같은 폴더에 생성되므로 해당 폴더에서 데이터를 직접 확인해 볼 수 있다.

28	# 데이터 셋 csv로 추출
29	import csv
30	with open('baby_cry.csv', 'w') as f :
31	writer = csv.writer(f)
32	for i in range(40) :
33	writer.writerow(data_sets[i, :])
34	

30행: 파이선 소스 파일과 같은 저장 공간에 파일명 'baby_cry.csv'를 'w' 쓰기 모드로 새롭게 만든다.

33행: 반복문에 writerow를 이용해 데이터 셋의 행을 하나씩 파일에 저장한다.

만들어진 csv 파일을 열어 보면 다음의 표와 같다. 먼저 hungry 20개, laugh 20개로 모두 40개이기 때문에, 관측치가 총 40개이다. 다음으로 librosa 모듈은 기본 설정상 입력된 소리 파일을 20개 간격으로 나누어 소리의 높낮이를 숫자로 저장한다. 따라서 하나의 관측치별로 20개의 특성 열이 생긴다. 마지막으로 해당 관측치가 어떤 종류인지를 0과 1로 구분하여 표기하였다. 여기서 1은 배고픔을, 0은 웃음소리를 의미한다. 예를 들어, 37번 관측치는 웃음소리 데이터이다. 이때, 출력 변수의 1과 0을 관측치마다의 레이블(label)이라고 한다.

▼ 데이터에서 추출한 학습 데이터 레이블

관측치	입력 변수(X)			출력 변수(Y)
	소리 특성1	$\cdots$	소리 특성20	종류 1−배고픔 0−웃음
1	-7.430031129	$\cdots$	-3.835664393	1
2	0.817232176	$\cdots$	-4.720763488	1
3	-1.599991531	$\cdots$	-2.601515101	1
4	-18.47422247	$\cdots$	-13.60286722	1
$\vdots$	$\vdots$	$\cdots$	$\vdots$	$\vdots$
37	-6.655835383	$\cdots$	-5.369147225	0
38	-6.221003459	$\cdots$	-5.804556568	0
39	-4.682859538	$\cdots$	-4.882715627	0
40	-16.03122123	$\cdots$	1.309940354	0

[잠깐, 수학 LINK 16] 컴퓨터는 우리 인간과 같이 아기가 '배가 고프다.'와 '배가 고프지 않다.'의 개념으로 인식하지 못하고 '0'(배가 고프지 않다.), '1'(배가 고프다.)과 같이 수치화시켜서 그 값을 인식하거나 (확률적으로) 판단하게 된다. 이러한 분류에 이용되는 확률분포에 대해 알아보자.

LINK 16 관련 수학 개념 설명 _ 베르누이 확률분포

1 베르누이 시행

어떤 사건이 '일어난다.'와 '일어나지 않는다.'의 두 가지 결과만을 가지는 시행을 **베르누이 시행**이라고 한다. 예를 들어, 제비뽑기에서 '당첨'과 '꽝', 아기가 '배가 고프다.'와 '고프지 않다.'와 같은 경우 등이 있다.

2 베르누이 확률변수

아기가 우는 시행에서 배가 고픈 사건의 확률을 p라 하면, 배가 고프지 않은 사건의 확률은 $1-p$일 것이다. 이때, 배가 고픈 사건을 1, 배가 고프지 않은 사건을 0에 각각 대응시킨 확률변수를 **베르누이 확률변수**라고 한다.

3 베르누이 확률분포

베르누이 확률변수가 따르는 확률분포를 **베르누이 확률분포**라 하고, 표로 나타내면 오른쪽과 같다. 여기서 베르누이 확률분포의 확률질량함수는 다음과 같이 나타낼 수 있다.

Y	0	1
$P(Y=y)$	$1-p$	p

$$P(Y=y)=\begin{cases} 1-p & (y=0) \\ p & (y=1) \end{cases}$$

참고 위 함수는 다음과 같이 하나의 식으로 나타낼 수도 있다.

$$\mathrm{P}(Y=y)=p^y(1-p)^{1-y} \text{ (단, } y=0 \text{ 또는 } y=1)$$

예를 들어, y의 값에 0과 1을 각각 대입해 보면

$$\mathrm{P}(Y=0)=p^0(1-p)^{1-0}=p^0(1-p)^1=1-p, \ \mathrm{P}(Y=1)=p^1(1-p)^{1-1}=p^1(1-p)^0=p$$

이므로 두 함수가 서로 같음을 알 수 있다. 이번 장에서는 식으로써 조작하기가 더욱 용이한 이 표현을 이용하고자 한다.

5-2. 학습 데이터의 특성 시각화하기

배고픔을 의미하는 아기 소리 데이터 20개와 웃음을 의미하는 아기 소리 데이터 20개를 20개 간격으로 나누어 추출한 특성 중 하나를 골라 시각화해 보자.

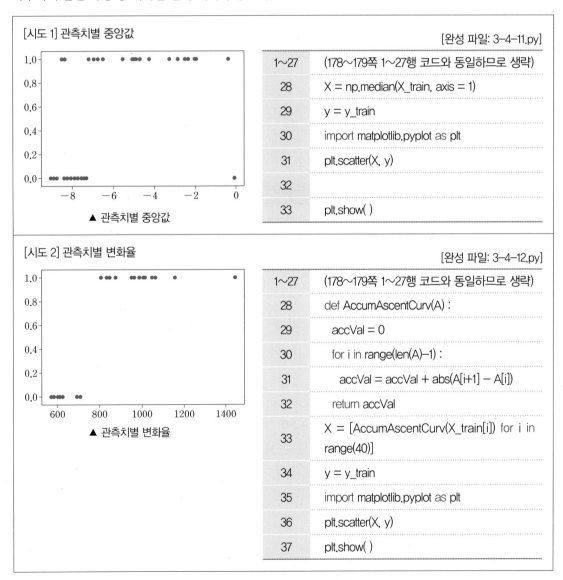

위 그래프에서 파란 점들은 각각 40개의 아기 소리의 관측치를 표현한 것이다. 2단원의 소리 데이터에서 학습했듯이, 특성의 평균, 최대, 최소, 변화율 등 여러 값 중 하나로 대표 특성을 추출할 수 있다. [시도 1]은 관측치별 중앙값을, [시도 2]는 관측치별 특성 간의 변화율을 대푯값으로 선택한 것이다. 두 그래프를 살펴보면 배고픔(1)과 웃음(0)이 잘 분류되었음을 알 수 있다.

이제 우리는 새로운 소리가 입력되었을 때 배고픔을 의미하는지 웃음을 의미하는지를 분류하기 위해 파란 점들의 분포를 잘 나타낼 수 있는 선을 찾아야 한다.

오른쪽 그림에서 볼 수 있듯이, 앞 장에서 살펴보았던 선형회귀 모델 $(f(X)=\beta_1 X+\beta_0)$로는 입력 변수 X와 출력 변수 Y 사이의 관계를 설명하기에 다소 무리가 있다. 만약 기울기가 0인 직선으로 모델 f를 만들더라도 새로운 소리 데이터가 어떤 특성인지에 관계없이 매번 똑같은 예측값을 출력할 것이므로 쓸모없는 모델이 된다.

따라서 출력 변수가 0 또는 1만으로 나타나는 데이터들을 잘 표현하기 위해 직선이 아닌 곡선의 형태를 갖는 회귀 모델을 찾아야 할 것이다.

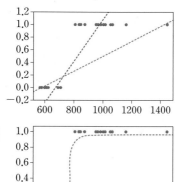

본문의 오른쪽 그림과 같이 곡선의 형태를 갖는 회귀 모델은 직선이 아니므로 '비선형회귀 모델'이라고도 한다.

[**잠깐, 수학 LINK 17**] 우리가 찾고 있는 S 모양의 곡선, 로지스틱함수를 학습하기 위하여 먼저 지수함수를 알아야 한다. 이를 위하여 우선 우리가 알고 있던 거듭제곱 a^n에서 '지수'의 자리에 있는 n이 취할 수 있는 값을 기존의 자연수에서 실수의 범위까지 확장하는 정의의 과정부터 알아보자.

관련 수학 개념 설명 _ 지수함수

LINK 17

1 지수함수

(1) 지수의 확장

① 자연수인 지수: n이 자연수일 때, $a^n = \underbrace{a \times a \times \cdots \times a}_{n개}$로 정의한다.

이때, n을 지수, a를 밑이라고 한다. 예 $(-2)^4 = (-2) \times (-2) \times (-2) \times (-2) = 16$

② 0 또는 음의 정수인 지수: $a \neq 0$, n이 양의 정수일 때, $a^0 = 1$, $a^{-n} = \dfrac{1}{a^n}$로 정의한다.

예 $2^0 = (-5)^0 = 1$, $2^{-3} = \dfrac{1}{2^3} = \dfrac{1}{8}$

③ 유리수인 지수: $a > 0$, m, n $(n \geq 2)$이 정수일 때, $a^{\frac{1}{n}} = \sqrt[n]{a}$, $a^{\frac{m}{n}} = \sqrt[n]{a^m}$으로 정의한다.

예 $8^{\frac{2}{3}} = \sqrt[3]{8^2} = \sqrt[3]{64} = \sqrt[3]{4^3} = 4$

④ 실수인 지수: $a > 0$, x는 임의의 실수일 때, 항상 a^x을 정의할 수 있음이 밝혀져 있다.

예 $2^{\sqrt{2}} = 2.66514 \times \times \times$

$\sqrt[n]{a}$은 'n제곱을 해서 a가 되는 수(실수)'를 의미하며, 'n 제곱근 a'라 읽는다. (보다 자세한 내용은 고등학교 수학 I 과목의 '지수와 로그' 단원에서 학습할 수 있다.)

(2) 지수법칙

$a > 0$, $b > 0$, x, y가 실수일 때, 다음이 성립한다.

① $a^x a^y = a^{x+y}$ ② $a^x \div a^y = a^{x-y}$ ③ $(a^x)^y = a^{xy}$

④ $(ab)^x = a^x b^x$ ⑤ $\left(\dfrac{a}{b}\right)^x = \dfrac{a^x}{b^x}$

실수인 지수의 경우 그 값이 존재함을 확인할 뿐, 일반적으로 그 값을 구하는 계산을 다루지는 않는다. 구해야 한다면 컴퓨터나 계산기를 이용한다.

(3) 지수함수의 뜻

$a > 0$, $a \neq 1$일 때, $y = a^x$을 a를 밑으로 하는 **지수함수**라고 한다.

(4) 지수함수 $y=a^x(a>0,\ a\neq1)$의 성질

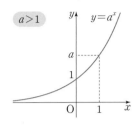
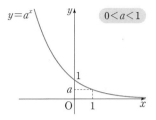

① 정의역은 실수 전체의 집합이고, 치역은 양의 실수 전체의 집합이다.

② $a>1$일 때, x의 값이 증가하면 y의 값도 증가한다.

　　$0<a<1$일 때, x의 값이 증가하면 y의 값은 감소한다.

③ 그래프는 a의 값에 관계없이 항상 두 점 $(0,\ 1)$, $(1,\ a)$을 지나고, x축$(y=0)$을 점근선으로 한다.

④ 함수 $y=a^x$의 그래프와 함수 $y=\left(\dfrac{1}{a}\right)^x$의 그래프는 y축에 대하여 서로 대칭이다.

확인 문제 10

두 수 $\sqrt{2\sqrt{2}}$, $(\sqrt{2})^{\sqrt{2}}$의 대소를 비교해 보자. (단, $\sqrt{2}=1.41\text{xxx}$이다.)

수학으로 풀어보기

두 수를 2를 밑으로 하는 지수의 표현으로 나타낸 후 지수법칙을 이용하여 정리하면 다음과 같다.

$\sqrt{2\sqrt{2}}=(2\times2^{\frac{1}{2}})^{\frac{1}{2}}=(2^{1+\frac{1}{2}})^{\frac{1}{2}}=(2^{\frac{3}{2}})^{\frac{1}{2}}=2^{\frac{3}{2}\times\frac{1}{2}}=2^{\frac{3}{4}}$,

$(\sqrt{2})^{\sqrt{2}}=(2^{\frac{1}{2}})^{\sqrt{2}}=2^{\frac{1}{2}\times\sqrt{2}}=2^{\frac{\sqrt{2}}{2}}=2^{\frac{1.41\text{xxx}}{2}}=2^{\frac{2.82\text{xxx}}{4}}$

$\dfrac{3}{4}>\dfrac{2.82\text{xxx}}{4}$이므로 지수함수의 성질에 의하여

$2^{\frac{3}{4}}>2^{\frac{2.82\text{xxx}}{4}}$, 즉 $\sqrt{2\sqrt{2}}>(\sqrt{2})^{\sqrt{2}}$이다.

파이선으로 풀어보기

```
1  import numpy as np
2  num1 = np.sqrt(2 * np.sqrt(2))
3  num2 = np.sqrt(2) ** np.sqrt(2)
4  print(num1, num2)
5  print(num1 > num2)
```

실행 결과
```
1.6817928305074292 1.632526919438153
True
```

답 $\sqrt{2\sqrt{2}}>(\sqrt{2})^{\sqrt{2}}$

2 로지스틱함수

(1) 로지스틱함수의 뜻

무리수 e

무리수 e는 2.71828×
××인 상수이며 자연로
그의 밑이라는 의미로
'자연상수'라고 부른다.
(처음 사용한 사람의 이
름을 빌려 '오일러상수'
혹은 '네이피어상수'라
부르기도 한다.)
우리에게 친숙한 원주율
$\pi\,(=3.14159\times\times\times)$
와 같이 무리수(상수)
에 해당한다.

① 로지스틱함수: 무리수 e에 대하여 $y=\dfrac{1}{1+e^{-ax}}$ (단, a는 상수)을 **로지스틱함수**라고 한다.

② 표준로지스틱함수: 로지스틱함수에서 $a=1$일 때, 즉 $y=\dfrac{1}{1+e^{-x}}$ 을 **표준로지스틱함수**라고 한다.

(2) 로지스틱함수의 성질

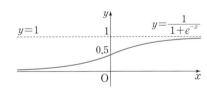

① 정의역은 실수 전체의 집합이고, 치역은 1보다 작은 양의 실수 전체의 집합이다.

② x의 값이 증가하면 y의 값도 증가한다.

③ 그래프는 점 $(0,\ 0.5)$를 지난다.

④ 그래프는 두 직선 $y=0\,(x$축$)$, $y=1$을 점근선으로 한다.

5-3. S 모양의 곡선, 로지스틱함수

곡선의 형태를 갖는 회귀 모델을 찾기 위해 S자 형태를 갖는 로지스틱함수를 살펴보자.

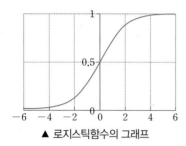

▲ 로지스틱함수의 그래프

로지스틱함수식

$$f(x) = \frac{1}{1 + e^{-x}}$$

코드로 표현한 로지스틱함수

```
def sigmoid(X):
    return 1 / (1 + np.exp(-X))
```

로지스틱함수는 출력 변수가 항상 0과 1 사이의 값만을 가지므로 아기 소리가 배고픔을 의미하는지(1) 아닌지(0)를 구분하는 것과 같이 두 개 중 하나로 분류하는 회귀 모델에 중요한 열쇠가 된다.

로지스틱함수를 사용하여 만든 회귀 모델 f의 출력값 $f(x)$를 '분류의 기준을 충족시킬 확률'로 두고 회귀 분석을 진행한다고 가정해 보자.

| 입력 변수 | 로지스틱 회귀 모델 | 출력 변수 판정 | 배가 고프다(1)/고프지 않다(0)를 확률적으로 판정 |

$$x \longrightarrow f \begin{cases} f(x) > 0.5 \longrightarrow y = 1\text{이라고 예측} \\ f(x) < 0.5 \longrightarrow y = 0\text{이라고 예측} \end{cases}$$

만약 아기 소리가 배고픔을 의미하는지 아닌지를 분류하는 기준값을 0.5라고 두었다면, 새로운 데이터의 입력 변수 x에 따른 회귀 모델 값 $f(x)$가 0.5보다 크다면 $y = 1$이라고 예측하여 '아기는 배가 고프다.'라고 판정한다. 반대로 회귀 모델 값 $f(x)$가 0.5보다 작다면 $y = 0$이라고 예측하여 '아기는 배가 고프지 않다.'라고 판정한다. 로지스틱함수를 활용하여 곡선의 형태를 갖는 회귀 모델을 찾는다는 것은 로지스틱함수에 사용되는 적절한 β_0, β_1 값을 찾는 것과 같다. 이렇게 찾아낸 모델을 로지스틱회귀 분석 모델이라고 한다.

$$f(x) = \frac{1}{1 + e^{-(\beta_1 x + \beta_0)}}$$

이때, β_1은 모양에, β_0는 위치에 주로 관여한다. 예를 들어, β_1값이 커질수록 로지스틱함수 그래프는 점점 y축에 가까워지고 가파른 경사를 갖는다.

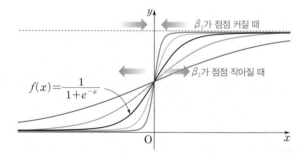

또한 β_0값이 0이 아니라면 표준로지스틱함수 $f(x) = \frac{1}{1 + e^{-x}}$의 그래프를 x축의 방향으로 $-\beta_0$만큼 평행이동한 것과 같다.

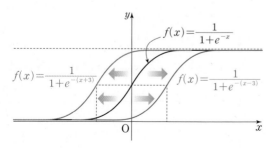

[잠깐, 수학 Link 18] 로지스틱함수의 형태가 왜 변하는지 좀더 알기 위해 로그함수에 대해 알아보자.

관련 수학 개념 설명 _ 로그함수

LINK 18

$\log_a N$으로 쓸 때, 특별한 언급이 없으면 $a>0$, $a\neq1$, $N>0$임을 의미한다.

1 로그의 뜻

$a>0$, $a\neq1$일 때, 양수 N에 대하여 $a^x=N$을 만족시키는 실수 x를 **a를 밑으로 하는 N의 로그**라고 하고, 기호로 $x=\log_a N$과 같이 나타낸다. 이때, N을 $\log_a N$의 **진수**라고 한다.

$$a^x=N \Longleftrightarrow x=\log_a N$$

예를 들어, $2^3=8 \Longleftrightarrow \log_2 8=3$이고, $9^{\frac{1}{2}}=3 \Longleftrightarrow \log_9 3=\frac{1}{2}$이다.

2 로그의 성질

$a>0$, $a\neq1$이고, $M>0$, $N>0$일 때, 다음이 성립한다.

① $\log_a 1=0$, $\log_a a=1$

② $\log_a MN=\log_a M+\log_a N$

③ $\log_a \dfrac{M}{N}=\log_a M-\log_a N$

④ $\log_a M^k=k\log_a M$ (단, k는 실수)

3 특별한 로그

(1) **상용로그**: 밑이 10인 로그를 **상용로그**라고 한다. 상용로그 $\log_{10} N$은 보통 밑 10을 생략하여 $\log N$으로 나타낸다. 예를 들어, $\log 10=1$, $\log 100=2$, $\log 1000=3$이다.

(2) **자연로그**: 밑이 무리수 e인 로그를 **자연로그**라고 한다. 자연로그 $\log_e N$은 보통 줄여서 $\ln N$으로 나타낸다.

4 로그함수의 뜻

$a>0$, $a\neq1$일 때, $y=\log_a x$를 **a를 밑으로 하는 로그함수**라고 한다.

5 지수함수와 로그함수의 관계

지수함수 $y=a^x (a>0, a\neq1)$은 실수 전체의 집합에서 양의 실수 전체의 집합으로의 일대일대응이므로 그 역함수가 존재한다.

$$y=a^x \xrightarrow{\text{로그의 정의}} x=\log_a y \xrightarrow{x와 y를 바꾸면} y=\log_a x$$

따라서 로그함수 $y=\log_a x$는 지수함수 $y=a^x$의 역함수이고, 두 함수의 그래프는 직선 $y=x$에 대하여 서로 대칭이다.

6 로그함수 $y=\log_a x (a>0, a\neq1)$의 성질

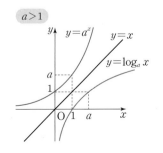
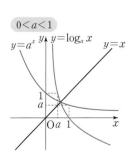

① 정의역은 양의 실수 전체의 집합이고, 치역은 실수 전체의 집합이다.

② $a>1$일 때, x의 값이 증가하면 y의 값도 증가한다.

　0<a<1일 때, x의 값이 증가하면 y의 값은 감소한다.

③ 그래프는 a의 값에 관계없이 항상 두 점 $(1, 0)$, $(a, 1)$을 지나고, y축($x=0$)을 점근선으로 한다.

④ 함수 $y=\log_a x$의 그래프와 함수 $y=\log_{\frac{1}{a}} x$의 그래프는 x축에 대하여 서로 대칭이다.

확인 문제 11

$-e<x<e$일 때, 함수 $y=\ln(e^2-x^2)$의 최댓값을 구해 보자. (단, e는 자연상수이다.)

수학으로 풀어보기

함수 $y=\ln(e^2-x^2)$에서 로그의 밑 e는 1보다 크므로 e^2-x^2의 값이 최대일 때, $\ln(e^2-x^2)$의 값도 최대이다.

이차함수 $f(x)=e^2-x^2$는 $x=0$에서 최댓값 e^2을 가지므로 함수 $y=\ln(e^2-x^2)$의 최댓값은 $\ln e^2=2\ln e=2$이다.

답 2

5-4. 최소의 비용함수를 찾는 방법, 최대우도추정법 (Maximum Likelihood Estimation)

데이터를 잘 분류할 수 있는 좋은 곡선을 찾기 위해 우리는 입력 변수 x에 따른 출력 변수의 예측값 $f(x)$가 실제 출력값 y에 가까운 값이 되도록 하는 모델 f를 찾아야 한다. 좋은 곡선을 찾는 로지스틱회귀에서는 보통 우도함수를 사용한다.

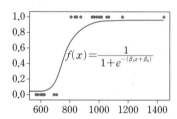

> 우도(尤度)는 '닮은 정도'를 뜻하는 한자어로, '우도함수'란 함수 로지스틱회귀 모델 f가 실제의 분포와 얼마나 닮아 있는지의 정도를 나타내어 주는 함수를 의미한다.

앞 절에서 우리가 예측하고자 하는 출력 변수와 같이 0과 1의 두 값만을 취하는 Y를 베르누이 확률변수라고 칭한 바 있으며 $y=1$일 확률이 p일 때, 확률질량함수를 다음과 같이 살펴보았다.

$$\mathrm{P}(Y=y)=p^y(1-p)^{1-y} \text{(단, } y=0 \text{ 또는 } y=1)$$

로지스틱회귀 모델 $f(X)=\dfrac{1}{1+e^{-(\beta_1 X+\beta_0)}}$에 대하여 입력 변수가 $X=x_i$라 가정할 때의 출력 변수를 Y_i라 하면, Y_i 또한 0과 1의 두 값만을 취하는 베르누이 확률변수에 해당한다.

> $\mathrm{P}(Y_i=1)=f(x_i)$,
> $\mathrm{P}(Y_i=0)=1-f(x_i)$
> 와 같은 의미를 담은 식이다.

이때 로지스틱회귀 모델에 의한 함숫값 $f(x_i)$가 $Y_i=1$일 확률이므로 Y_i의 확률질량함수를 다음과 같이 나타낼 수 있다.

$$\mathrm{P}(Y_i=y_i)=\{f(x_i)\}^{y_i}\{1-f(x_i)\}^{1-y_i} \text{(단, } y_i=0 \text{ 또는 } y_i=1)$$

이제 입력 변수 X가 취하는 각각의 값 x_i $(i=1, 2, \cdots, n)$에 따라 Y_i가 0 또는 1의 값을 가지는 사건은 서로 독립이므로 모든 경우를 함께 고려하여 곱으로 나타낸 것을 우도함수(Likelihood Function)라고 한다.

로지스틱회귀 모델 $f(X)=\dfrac{1}{1+e^{-(\beta_1 X+\beta_0)}}$에 대한 우도함수

$$L(\beta_0, \beta_1)=\prod_{i=1}^{n}\{f(x_i)\}^{y_i}\{1-f(x_i)\}^{1-y_i}$$

[잠깐, 수학 **LINK 19**] 우도함수에 사용된 곱의 기호($\prod$, 파이)에 대해 자세히 알아보자.

관련 수학 개념 설명 _ 사건의 독립, 곱의 기호 Ⅱ

1 사건의 독립의 뜻과 성질

(1) 두 사건 A, B에 대하여 사건 A가 일어나는 것이 사건 B가 일어나는(또는 사건 B가 일어나는 것이 사건 A가 일어나는) 확률에 영향을 미치지 않을 때, 두 사건 A와 B는 서로 독립이라고 한다.

(2) 두 사건 A와 B가 서로 독립일 때, 다음이 성립한다.

$$P(A \cap B) = P(A) \times P(B)$$

(단, $P(A \cap B)$는 두 사건 A, B가 동시에 일어날 확률)

2 곱의 기호 Ⅱ

Π는 곱을 뜻하는 영어 Product의 첫 글자 P에 해당하는 그리스 문자로, '파이'라고 읽는다.

$a_1 \times a_2 \times a_3 \times \cdots \times a_n$을 곱의 기호 Π를 이용하여 다음과 같이 간단히 나타낼 수 있다.

$$a_1 \times a_2 \times a_3 \times \cdots \times a_n = \prod_{i=1}^{n} a_i$$

우도함수를 이용하여 로지스틱회귀 모델의 비용함수를 만들 수 있다. 입력 변수 X의 종류가 한 가지인 로지스틱회귀 모델 $f(x) = \dfrac{1}{1 + e^{-(\beta_1 x + \beta_0)}}$에 따른 우도함수를 $L(\beta_0, \beta_1)$이라 하자.

우도함수는 값이 클수록 로지스틱회귀 모델 f가 실제의 분포와 많이 닮아 있음을 의미하므로 우도함수 $L(\beta_0, \beta_1)$이 최대가 되도록 만들어 비용함수로 둘 수 있다. 증가함수의 성질에 따라 우도함수 $L(\beta_0, \beta_1)$이 최대가 되려면 자연로그를 취한 $\ln L(\beta_0, \beta_1)$이 최대이면 된다.

우도함수 $L(\beta_0, \beta_1) = \prod\limits_{i=1}^{n} \{f(x_i)\}^{y_i} \{1 - f(x_i)\}^{1 - y_i}$의 양변에 자연로그를 취하여 정리하면

$$\ln L(\beta_0, \beta_1) = \ln \left[\prod_{i=1}^{n} \{f(x_i)\}^{y_i} \{1 - f(x_i)\}^{1 - y_i} \right]$$

$$= \sum_{i=1}^{n} [\ln \{f(x_i)\}^{y_i} + \ln \{1 - f(x_i)\}^{1 - y_i}]$$

$$= \sum_{i=1}^{n} [y_i \ln f(x_i) + (1 - y_i) \ln \{1 - f(x_i)\}]$$

이렇게 정리한 로그를 취한 우도함수가 최대일 때를 찾아야 한다. 다만 회귀 모델의 최적화 과정에서 사용하는 비용함수는 최소일 때를 찾도록 하는 것이 일반적이므로 로그를 취한 우도함수에 -1을 곱한 $-\ln L(\beta_0, \beta_1)$을 비용함수로 정의한다. 이렇게 정의한 비용함수는 감소함수이므로, 감소함수의 성질에 따라 우도함수가 최대일 때 비용함수가 최소임을 알 수 있다.

$$Cost(\beta_0, \beta_1) = -\ln L(\beta_0, \beta_1)$$

$$= -\ln \sum_{i=1}^{n} [y_i \ln f(x_i) + (1 - y_i) \ln \{1 - f(x_i)\}]$$

[잠깐, 수학 LINK 20] 이제 우리는 최대우도함수를 이끌어내기 위하여 비용함수가 최소가 되도록 하는 두 수 β_0, β_1을 찾아야 한다. 이 과정에서 다음 절에 소개할 경사하강법을 사용하게 되는데 정확한 이해를 위해 수열의 귀납적 정의에 대한 수학적 개념을 자세히 알아보자.

관련 수학 개념 설명 _ 수열의 귀납적 정의

LINK 20

1 수열의 귀납적 정의의 뜻

수열 $\{a_n\}$을 첫째항 a_1과 두 항 a_n, a_{n+1} 사이의 관계식으로 정의하는 것을 **수열의 귀납적 정의**라 하고, 이웃하는 항들 사이의 관계식을 **점화식**이라고 한다.

예를 들어, 다음 표현들은 모두 짝수를 작은 것부터 차례대로 나열한 수열 $\{a_n\}$을 나타낸 것이다.

① 직접적인 수의 나열 $\{a_n\}$: 2, 4, 6, 8, 10, ⋯

② 일반항으로 표현: $a_n=2n\ (n=1, 2, 3, \cdots)$

③ 수열의 귀납적 정의: $\begin{cases} a_1=2 \\ a_{n+1}=a_n+2\ (n=1, 2, 3, \cdots) \end{cases}$

2 수열의 귀납적 정의의 활용

수열의 귀납적 정의는 점화식을 통해 연속한 두 항 사이의 관계를 쉽게 알 수 있는 장점이 있어 순서대로 특정한 규칙성을 갖는 수열을 표현할 때 자주 쓰인다. 예를 들어, $a_1=0$이고, 점화식이 $a_{n+1}=a_n+f(n)$ 의 꼴인 경우 몇 가지를 살펴보자.

① $f(n)=3$이면, 이 수열은 계속하여 3씩 일정하게 증가한다.

$$+3\ +3\ +3\ +3\ \cdots$$
$\{a_n\}$: 0, 3, 6, 9, 12, ⋯

② $f(n)=2n$이면 이 수열은 차례로 2, 4, 6, ⋯만큼씩 규칙적으로 증가한다.

$$+2\ +4\ +6\ +8\ \cdots$$
$\{a_n\}$: 0, 2, 6, 12, 20, ⋯

확인 문제 12

함수 $f(x)=x^2$에 대하여 수열 $\{a_n\}$이 $a_1=100$, $a_{n+1}=a_n-0.1\times f'(a_n)$으로 정의될 때, a_3의 값을 구해 보자.

① 64　　　　② 68　　　　③ 72　　　　④ 76　　　　⑤ 80

수학으로 풀어보기

$f(x)=x^2$에서 $f'(x)=2x$이므로 $a_1=100$에서 $a_2=a_1-0.1\times f'(a_1)=100-0.1\times(2\times100)=80$,
$a_2=80$에서 $a_3=a_2-0.1\times f'(a_2)=80-0.1\times(2\times80)=64$ 따라서 구하는 값은 $a_3=64$이다.

답 ①

5-5. 최대의 우도함수를 찾는 방법, 경사하강법(Gradient descent)

선형회귀 모델에서는 평균제곱근오차를 바탕으로 비용함수를 정의하였다. 따라서 평균제곱근오차가 최소일 때를 구할 최소제곱법을 사용하여 정확한 해 β_0, β_1을 구할 수 있었다. 하지만, 로지스틱회귀 모델과 같은 비용함수에서는 한 번에 명시적인 해를 찾을 수 없는 경우가 많다. 이 경우, 비용함수가 점점 최소가 되도록 하는 β_0(또는 β_1)을 귀납적으로 찾아갈 수 있다. 경사하강법은 미분계수인 접선의 기울기(경사)를 사용하여 비용함수의 최소인 점을 찾아나가는 방법이다.

⑴ 경사하강법에 대한 이해

만약, 오른쪽 그림과 같이 이차 함수 $y=f(x)$의 그래프 위를 움직이는 점 P가 $P_1(x_1, y_1)$의 위치에 놓여 있고, 우리는 점 P의 x좌표를 조절하는 방식으로 이 점을 움직일 수 있다고 가정하자.

이때 함수식 또는 그래프를 전체적으로 모두 알고 있다면 단번에 x좌표를 $x=a$로 정하여 함수 $y=f(x)$가 최소인 지점 A에 도달할 수 있을 것이다.

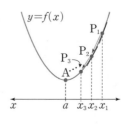

여기서 최소인 점 A를 조금 더 살펴보면 $f(x)$는 $x=a$에서 최소이면서 동시에 극소이므로 $f'(x)=0$을 만족시킨다. 하지만, 우리가 알 수 있는 정보는 $f(x_1)$이나 $f'(x_1)$, 즉 $x=x_1$인 점에서의 정보뿐이라면 어떨까? 다시 말해 함수 $y=f(x)$가 최소일 때의 x좌표 $x=a$가 현재의 위치 $x=x_1$를 기준으로 좌우 두 방향 중에서 어느 방향인지 얼마나 멀리 떨어져 있는지 알지 못하는 상황에서 최소인 지점 $x=a$를 찾아가야 하는 것이다. 예를 들어, 미분가능한 함수 $y=f(x)$에 대하여

(ⅰ) $x=x_1$에서의 경사(미분계수)가 $f'(x_1)=200$이라 가정해 보자.

미분계수가 양수이므로 함수 $f(x)$는 $x=x_1$에서 증가하는 중이라 판단할 수 있다. 따라서 최소인 지점 $x=a$에 이르기 위해서는 x좌표를 작게(방향) 조절할 필요가 있다고 판단한다. 또한, 미분계수의 절댓값이 비교적 큰 것으로 미루어 아직은 최소인 지점과 거리가 있음을 짐작하고 x좌표를 비교적 많이(변화량) 조절할 필요가 있다고 판단한다. 이에 따라 점 P의 x좌표를 $x=x_2$로 비교적 많이 줄여서 점 P_2의 위치로 이동한다.

(ⅱ) $x=x_2$에서의 경사(미분계수)가 $f'(x_2)=160$이라 가정해 보자.

미분계수가 여전히 양수이므로 이전 단계에서와 마찬가지로 x좌표를 작게(방향) 조절할 필요가 있다고 판단한다. 하지만, 미분계수의 절댓값이 이전 단계와 비교하면 작아졌으므로 최소인 지점에 조금 더 가까이 다가왔음을 짐작하고 x좌표를 이전 단계보다는 적게(변화량) 조절할 필요가 있다고 판단한다. 이에 따라 점 P의 x좌표를 $x=x_3$로 비교적 적게 줄여서 점 P_3의 위치로 이동한다.

이와 같은 규칙을 따라 계속 이동하다 보면 곡선 $y=f(x)$ 위를 움직이는 점 P는 점점 최소인 점 A를 향해 움직일 것이라고 기대할 수 있다. 여기서 점 P가 움직이는 위의 규칙을 표로 나타내면 다음과 같다.

> 위의 수열의 귀납적 정의에서 만난 문제와 같은 상황이다. 말로 길게 설명된 규칙을 식으로 나타내면 문제의 풀이와 같으니 참고하자.

x축의 양의 방향을 $+$, y축의 음의 방향을 $-$로 각각 생각한다.

최초의 시작 위치	$x=x_n$일 때 다음 단계($x=x_{n+1}$)로 이동	
	방향	변화량
$x=x_1$	$f'(x_n)$의 부호와 반대	$f'(x_n)$의 절댓값에 비례

따라서 함수 $y=f(x)$의 최소인 점에 점점 가까워지는 점 P_n의 x좌표 x_n은 다음과 같이 수열의 귀납적 정의를 이용하여 식으로 나타낼 수 있다.

$$\begin{cases} x_1 = (\text{최초 } x \text{의 값}) \\ x_{n+1} = x_n - af'(x_n) \ (\text{단, } a\text{는 양수}) \end{cases}$$

⑵ **경사하강법의 디테일, 학습률(learning rate)**

위의 경사하강법을 나타내는 점화식에서 양의 상수 a를 학습률(learning rate)이라 한다. 이는 파라미터를 조절하는 비례상수로서 비용함수 위에서 최소인 지점을 찾아 움직이는 점의 보폭(발걸음의 폭)을 결정하는 역할을 한다. 다시 말해, 학습률 a의 크기에 비례하여 업데이트 때마다 파라미터가 조절되는 변화량이 결정되는 것이다. 다음 그림과 같이 학습률이 지나치게 작으면 파라미터가 너무 적게 조정되어 최솟값을 찾아가기까지 많은 시간과 계산량(업데이트의 횟수)을 필요로 한다. 반면에, 학습률이 지나치게 크면 오히려 최소로부터 점점 멀어지는 현상이 발생할 수도 있다.

▲ 학습률의 크기가 지나치게 작은 경우　　▲ 학습률의 크기가 적당한 경우　　▲ 학습률의 크기가 지나치게 큰 경우

주어지는 데이터의 상황마다 차이는 있겠지만 보통 학습률은 0.001 정도로 정하는 것이 일반적이다.

5-6. 프로그래밍으로 해결하기

5-6-1. 모델 학습(train)하기

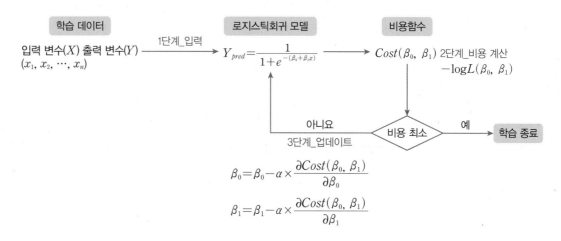

[Step 1] 데이터 준비하기

[완성 파일: 3-4-13.py]

1~34	(181쪽, [시도 2]의 1~34행 코드와 동일하므로 생략)
35	# 데이터 준비하기
36	X = np.array(X).reshape(40, 1)
37	y = y.reshape(40, 1)
38	print(X[:5])
39	print(y[:5])

실행 결과

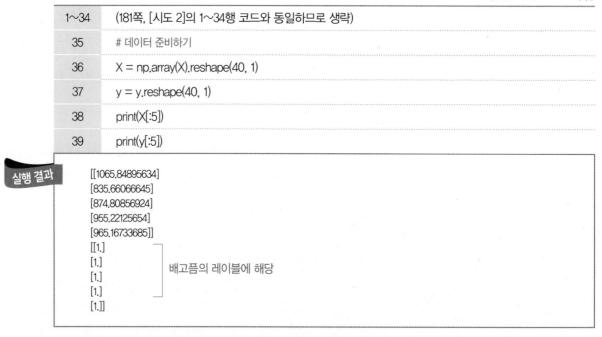

36, 37행: X는 리스트 형태이므로 먼저 numpy 배열로 변경한 후에, 40×1의 배열 크기로 변경한다.

38, 39행: 먼저 X의 0~4번까지 출력한 결과는 배고픔 소리의 특성들의 기울기 변화량만을 다시 계산한 값이다. 다음으로 y의 0~4번까지는 배고픔의 레이블에 해당하므로 모두 1로 출력됨을 확인할 수 있다.

[Step 2] 비용 계산하기

① 최종 출력은 $Y\_pred = \text{sigmoid}(beta0 + beta1 \times X)$이며, 손실함수는 likelihood로 나타낸다.

[완성 파일: 3-4-14.py]

1~37	(190쪽, [Step 1]에서 1~37행 코드와 동일하므로 생략)
38	def sigmoid(X) :
39	return 1 / (1+np.exp(−X))
40	def cost_func(X, a) :
41	delta = 1e−7 # log 무한대 발산 방지
42	temp = beta0 + np.dot(X, beta1)
43	Y_pred = sigmoid(temp)
44	# likelihood
45	return −np.sum(a * np.log(Y_pred + delta) + (1−a) * np.log((1 − Y_pred) + delta))

38, 39행: sigmoid식을 함수로 정의한다.

40~45행: 비용함수를 선언한 것으로, 이때 0.0000001=1e−7 정도의 아주 작은 값을 delta라는 변수에 저장하고 likelihood식에 추가하였다. 이것은 log가 0에 가까워져서 무한대로 발산하는 것을 방지하기 위한 장치이다.

에포크에 대한 자세한 내용은 192쪽을 참고한다.

② 에포크(epoch)마다 손실(비용)값을 계산하는 Error 함수를 정의한다.

46	def Error(X, a) :
47	delta = 1e−7 # log 무한대 발산 방지
48	temp = beta0 + np.dot(X, beta1)
49	Y_pred = sigmoid(temp)
50	# likelihood
51	return −np.sum(a * np.log(Y_pred + delta) + (1−a) * np.log((1 − Y_pred) + delta))

46~51행: 손실함수를 정의한다. 학습이 1회 마칠 때마다 학습을 마친 파라미터 beta0, beta1를 이용해 예측 값 Y_pred를 계산하고, 해당 값의 likelihood 값을 계산하여 반환한다.

③ 에포크(epoch)마다 손실(비용)값을 계산하는 함수를 정의한다.

52	# 학습을 마친 후, 임의의 데이터에 대해 미래 값 예측 함수
53	def predict(X) :
54	temp = np.dot(X,beta1) + beta0
55	Y_pred = sigmoid(temp)
56	if Y_pred >= 0.79 :
57	result = 1 # hungry
58	else :
59	result = 0 # laugh
60	return Y_pred, result

52~60행: 예측한 값은 0과 1 사이의 값으로 계산되므로 이 값이 얼마 이상일 때를 배고픔, 웃음으로 분류할지의 기준을 정해 주어야 한다. 여기서는 0.79 이상일 때, 배고픔으로, 0.79 미만은 웃음으로 구분하였다.

에포크 (epoch)	모델을 최적화(optimization)한다는 것은 적절한 파라미터를 찾는다는 의미이다. 여기서 '적절한'이란 의미는 비용이 최소가 되는 파라미터를 의미한다. 우리가 앞서 학습한 K−NN, K−Means, 최소제곱법과 같은 알고리즘의 경우 한번의 연산 과정으로 적절한 파라미터를 찾을 수 있었다. 그러나 로지스틱회귀 모델에서 소개한 경사하강법은 최적의 파라미터를 찾기 위해 여러 번의 계산을 거쳐야 한다. 그런데 다루어야 할 데이터가 너무 많으면, 그 데이터를 메모리(RAM)에 전체를 불러와서 계산이 불가능할 수도 있다. 그래서 모델을 학습(training)할 때, 데이터 셋의 데이터를 나누어 사용한다. 만약 아래의 그림과 같이 데이터 셋이 있고 이것을 10개로 나누어 보자.

데이터 셋(data sets)

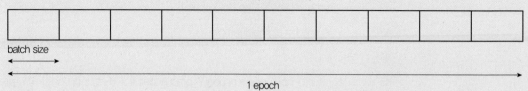

이때, 10개로 나누어진 데이터 중 1개를 1 batch(배치)라고 하며, 전체 데이터의 학습을 완료하면 1epoch(에포크)가 완료되었다고 한다. 여기서 학습이 완료되었다는 의미는 경사하강법의 경우, 비용함수를 편미분한 결과를 학습률만큼 곱해진 것을 이전 파라미터에 더하거나 빼 주는 파라미터 업데이트 과정을 완료한 것을 의미한다. 따라서 전체 데이터가 100개일 때, bach size가 10이라면, 학습을 10번 반복해야 1회 학습이 완료된 것이고 이것을 1epoch라고 한다.

[Step 3] 데이터 업데이트하기

① 경사하강법의 기울기를 계산하는 편미분 함수는 별도의 설명 없이 제공되는 함수 numerical_derivative( )를 정의한다.

61	def numerical_derivative(f, x) :
62	delta_x = 1e−4　　　# 0.0001
63	grad = np.zeros_like(x)
64	it = np.nditer(x, flags = ['multi_index'], op_flags = ['readwrite'])
65	while not it.finished :
66	idx = it.multi_index
67	tmp_val = x[idx]
68	x[idx] = float(tmp_val) + delta_x
69	fx1 = f(x)
70	x[idx] = tmp_val − delta_x
71	fx2 = f(x)
72	grad[idx] = (fx1 − fx2) / (2 * delta_x)
73	x[idx] = tmp_val
74	it.iternext( )
75	return grad

② beta1과 beta0을 경사하강법을 이용하여 비용함수의 기울기가 최소가 되는 점을 향해 값을 업데이트한다.

76	learning_rate = 1e−3
77	beta1 = np.random.rand(1, 1)

78	beta0 = np.random.rand(1)
79	F = lambda X : cost_func(X, y)
80	for step in range(10000001) :
81	beta1 -= learning_rate * numerical_derivative(F, beta1)
82	beta0 -= learning_rate * numerical_derivative(F, beta0)
83	if(step % 100000 == 0) :
84	print('Epoch = ', step, 'error value = ', Error(X, y))

```
Epoch = 0 error value = 322.3619110191665
Epoch = 100000 error value = 196.28720934555705
Epoch = 200000 error value = 139.0753310767482
Epoch = 300000 error value = 113.67648867810169
Epoch = 400000 error value = 98.57204285565997
```

```
Epoch = 9600000 error value = 30.05633093434686
Epoch = 9700000 error value = 30.00778474692381
Epoch = 9800000 error value = 29.960272974792158
Epoch = 9900000 error value = 29.913764811142464
Epoch = 10000000 error value = 29.868230579040393
```

76행: 가중치를 업데이트하는 값을 학습률(learning rate)이라고 하는데, 여기서는 $1e-3 = 0.001$ 정도로 정하였다. 숫자가 작으면 작을수록 수렴하는 값을 찾는 데까지 반복 횟수가 늘어날 수 있지만 정확하게 값을 찾을 수 있다. 다만, 무조건 작다고 좋은 것은 아니므로 적정하게 사용자가 선택해야 한다. 보통 $1e-5$정도로 지정하지만, 여기서는 빠른 수렴을 위해 $1e-3$으로 한다.

77, 78행: 파라미터 beta0, beta1의 초깃값은 무작위로 생성한다.

79행: 81, 82행에서와 같이 다른 함수의 특성으로 함수를 사용하기 위해 람다 형식으로 작성한 것으로 의미는 다음과 같다.

$$\text{def } F(X):$$
$$\text{return cost\_func}(X, y)$$

80~84행: 학습을 백만 번 반복한다. 이때, 끝에 1을 더한 이유는 마지막 백만 번 반복 시의 손실값을 확인하기 위해서 추가한 것이다.

81, 82행: 편미분을 이용해 각 파라미터의 기울기를 계산하여 원래 값에서 차감한다. 이때, 학습률을 곱하여 파라미터 값의 변화를 조절한다.

83, 84행: 10만 번 반복할 때마다 학습 횟수와 손실값을 출력한다.

5-6-2. 평가하기

앞서 정의한 predict 함수를 이용하여 학습에 이용한 40개 데이터를 잘 분류하였는지 정확도를 측정해 보자.

[완성 파일: 3-4-15.py]

1~82	(191~193쪽 1~82행 코드와 동일하므로 생략)
83	count = 0
84	for i in range(len(X)) :
85	(temp1, temp2) = predict(X[i])

86	print(i + 1, temp1, temp2, temp2 == y[i])
87	if(temp2 == y[i]) :
88	count += 1
89	print('정확도:{0}'.format(count / len(X)))

```
1 [0.84337447] 1 [ True]
2 [0.78917525] 0 [False]
3 [0.79927944] 1 [ True]
4 [0.8188851] 1 [ True]
5 [0.82120346] 1 [ True]
6 [0.83977508] 1 [ True]

35 [0.72784482] 0 [ True]
36 [0.72597789] 0 [ True]
37 [0.72827192] 0 [ True]
38 [0.72811028] 0 [ True]
39 [0.72236596] 0 [ True]
40 [0.72751737] 0 [ True]
정확도:0.925
```

83행: 정확하게 분류한 데이터의 개수를 세기 위한 count 변수를 선언한다.

84행: 학습에 이용된 데이터 X의 길이만큼 반복한다.

85행: predict 함수에 데이터를 하나씩 넣어서 계산한 결과를 temp1, temp2 변수에 저장한다. 이때, temp1은 계산된 0과 1 사이의 값이, temp2에는 우리가 정한 임의의 기준 0.79이상일 경우 배고픔에 해당하는 1이, 이보다 낮을 경우 웃음인 0이 저장된다.

86행: 반복 계수 i가 계산되는 모든 단계의 값들을 출력한다.

87, 88행: temp2 즉, 우리가 예측한 값과 실제 값 y가 같다면 count 변수에 1을 누적하여 계산하고, 누적된 계수를 전체의 반복 횟수인 len(X)로 나누어 정확도 확률을 계산한다.

89행: 정확도를 출력한다.

[실행 결과]에 따르면 학습에 이용된 실제 데이터를 이용했으므로 정확도가 0.925로 높게 나타났다.

5-6-3. 문제 해결하기

만들어진 모델을 이용하여 문제를 해결해 보자.

[Step 1] 울음 소리 파일을 숫자 데이터로 변환하기

먼저 구분하려는 아기의 울음소리가 필요하다. 울음소리 파일은 직접 녹음해도 좋고, 교재에서 사용한 test01.wav 파일을 이용할 수 있다. test01에는 배고파서 운다고 예상되는 아이의 울음소리를 녹음한 것이다. 파일이 준비되었다면, 앞서 했던 과정과 동일하게 소리 파일을 숫자 데이터로 변환해 보자.

[완성 파일: 3-4-16.py]

```python
import librosa
# test data 준비하기
audio_path = 'test01.wav'
y, sr = librosa.load(audio_path)
mfcc = librosa.feature.mfcc(y = y, sr = sr)
X_test = mfcc.mean(axis = 1)
print(X_test)
```

실행 결과

[−297.97421821 146.28289577 −55.88721584 −10.36545892 −0.58388476 −46.56438536 −8.00596854 6.91113599
−12.36408307 2.94508146 −2.4025761 −14.01791079 −1.03538779 −4.69663458 −2.44774933 8.98805696
−5.49728871 −8.13531424 1.62470917 −9.1384232]

[Step 2] 울음소리에 대한 숫자 데이터를 기울기 변화량으로 변환하기

우리는 이 모든 특성 값을 사용한 것이 아니라 기울기 변화량을 계산하여 하나의 값만을 사용하였으므로
AccumAscentCurv( ) 함수를 이용하여 변경해 보자.

[완성 파일: 3−4−17.py]

1~6	(194쪽, [Step 1]에서 1~6행 코드와 동일하므로 생략)
7	import numpy as np
8	def AccumAscentCurv(A) :
9	accVal = 0
10	for i in range(len(A) − 1) :
11	accVal = accVal + abs(A[i + 1] − A[i])
12	return accVal
13	X_test = np.array(AccumAscentCurv(X_test).reshape(1, 1))
14	print(X_test)

실행 결과

[[920.70894275]]

[Step 3] 데이터 분류하기

테스트용 데이터인 X_test에 대해 우리가 만든 모델의 predict( ) 함수를 이용하여 데이터를 분류해
보자.

[완성 파일: 3−4−18.py]

1~34	(181쪽, [시도 2]에서 1~34행 코드와 동일하므로 생략)
35~79	(191~193쪽 38~82행 코드와 동일하므로 생략)
80~83	(194쪽 3~6행 코드와 동일하므로 생략)
84	[Step 2]의 13행 코드와 동일하므로 생략
85	(Y_pred, label) = predict(X_test)
86	print(Y_pred, label)

실행 결과

[[0.99999948]] 1

[실행 결과]에 따르면 우리가 만든 모델은 test01.wav 파일의 울음소리를 배고픔에 해당하는 레이블 1
로 분류하였다.

생각해
보기

scikit−learn 모듈을 이용하여 로지스틱회귀 모델을 만들어 보자. (www.ebssw.kr/ai4u)

5 기부된 의류를 자동으로 **분류할 수 있다면**

'물품 기부로 이웃을 돕고 환경도 살릴 수 있어요!'

지오네 가족은 매년 의류 기부를 실천하고 있다. 깨끗하게 보관하였지만 잘 입지 않는 옷을 정리하여 기부하려는 단체에 인터넷으로 물품 기부를 신청하면 비교적 간단하게 나눔을 실천할 수 있다. 하지만 여러 사람으로부터 기부받은 옷들을 필요한 사람들에게 나누어 주기 위해서는 다시 종류별로 구분하는 과정이 반드시 필요하다.

문득 지오는 자연재해로 인해 피해가 생긴 지역에 여러 사람이 보내 준 의류들을 종류별로 나누어 정리하는 데 많은 봉사자의 노력이 필요하다는 뉴스를 보았던 것이 생각났다. 지오는 자동으로 의류를 분류하는 컴퓨터 프로그램이 있다면 많은 사람에게 편리함을 줄 것이라고 생각되어 프로그램 개발을 고민해 보기로 하였다.

기부받은 옷을 나눔하는 모습

01 데이터 수집하기

컴퓨터가 자동으로 의류들의 종류를 구분할 수 있으려면 어떤 데이터가 필요할까? 사람이 직접 의류를 분류하는 과정을 생각해 보자. 먼저 기부받은 의류들을 직접 눈으로 살펴보고, 그동안 우리가 본 의류들을 머릿속에 떠올리며 종류별로 분류할 기준을 어떻게 정할지 생각할 것이다.

사람이 옷을 보고 어떤 종류의 의류인지 구분하여 분류하는 과정을 컴퓨터가 할 수 있도록 하려면 다음과 같은 데이터가 필요하다.

> ☑ 컴퓨터가 인식할 수 있는 형태로 된 의류 데이터
> ☑ 컴퓨터가 자동으로 어떤 의류인지 판단하여 분류할 수 있도록 훈련시킬 수 있는 여러 종류의 의류 데이터
> ☑ 컴퓨터가 잘 판단할 수 있는 모델을 갖추었는지를 평가할 테스트 데이터

MNIST
Modified National Institute of Standards and Technology의 줄임말로, MNIST 데이터 셋은 0부터 9까지의 숫자들을 손으로 쓴 이미지 정보로 이루어진 대형 데이터 모음이다. Fashion MNIST는 10가지 종류의 의류를 바탕으로 만든 대형 데이터 모음을 말한다.

위 조건을 바탕으로 찾을 수 있는 데이터 중 전자 상거래 회사 Zalando에서 만든 Fashion MNIST 데이터 셋을 사용해 보도록 한다.

신경망 학습에 사용하며, 테스트 데이터는 학습 결과를 검증하는 데 사용한다.

Fashion MNIST는 60,000개의 훈련 데이터와 10,000개의 테스트 데이터로 나눌 수 있다. 이때 데이터는 10 종류의 의류를 구분할 수 있도록 다음과 같이 0부터 9까지의 번호로 나눈다.

▼ 의류 분류 코드

Label	0	1	2	3	4
종류	티셔츠/민소매	바지	스웨터	원피스	외투
Label	5	6	7	8	9
종류	샌들	셔츠	운동화	가방	발목 부츠

이미지를 구성하는 최소 단위인 점을 의미하며, 화소라고도 부른다.

훈련 데이터가 저장된 csv 파일을 열어 보면 각 행별로 의류 종류를 의미하는 레이블(Label)과 784개의 픽셀(pixel) 값이 저장되어 있음을 알 수 있다. 각 행별 이미지는 가로 28개 × 세로 28개의 픽셀로 구성된 정사각형 이미지이므로 784개의 픽셀 값으로 저장된 것이다.

	A	B	C	D	E	F	G	H	I	J	K	L	M	N
1	label	pixel1	pixel2	pixel3	pixel4	pixel5	pixel6	pixel7	pixel8	pixel9	pixel10	pixel11	pixel12	pixel13
2	2	0	0	0	0	0	0	0	0	0	0	0	0	0
3	9	0	0	0	0	0	0	0	0	0	0	0	0	0
4	6	0	0	0	0	0	0	0	5	0	0	0	105	92
5	0	0	0	0	1	2	0	0	0	0	0	114	183	112
6	3	0	0	0	0	0	0	0	0	0	0	0	0	46
7	4	0	0	0	5	4	5	5	3	5	6	2	0	0
8	4	0	0	0	0	0	0	0	0	0	0	0	0	159
9	5	0	0	0	0	0	0	0	0	0	0	0	0	0
10	4	0	0	0	0	0	0	3	2	0	0	60	234	215
11	8	0	0	0	0	0	0	0	0	0	0	0	1	0
12	0	0	0	0	0	1	0	0	0	0	41	162	167	84
13	8	0	0	0	0	0	0	0	0	0	0	0	0	18
14	9	0	0	0	0	0	0	0	0	0	0	0	0	0
15	0	0	0	0	0	0	0	0	0	0	0	0	0	0
16	2	0	0	0	0	1	1	0	0	0	0	49	218	208
17	2	0	0	0	0	0	0	0	0	16	43	71	55	29
18	9	0	0	0	0	0	0	0	0	0	0	0	0	0

Fashion MNIST 데이터 파일 다운로드
https://www.kaggle.com/zalando-research/fashionmnist

▲ 수집 데이터 파일(파일명: fashion-mnist_train.csv)

02 데이터 불러오기

앞에서 수집한 의류 데이터를 파이선으로 분석하기 위해 파일로 저장한 데이터를 불러오도록 한다.

[완성 파일: 3-5-01.py]

1	import pandas as pd
2	
3	df_train = pd.read_csv('fashion–mnist_train.csv')　　　# 훈련 데이터 파일 열기
4	df_test = pd.read_csv('fashion–mnist_test.csv')　　　# 테스트 데이터 파일 열기
5	print(df_train.info( ), '\n')
6	print(df_test.info( ), '\n')
7	print(df_train.shape, '\n')
8	print(df_test.shape, '\n')
9	

실행 결과

```
<class 'pandas.core.frame.DataFrame'>
RangeIndex: 60000 entries, 0 to 59999
Columns: 785 entries, label to pixel784
dtypes: int64(785)
memory usage: 359.3 MB
None

<class 'pandas.core.frame.DataFrame'>
RangeIndex: 10000 entries, 0 to 9999
Columns: 785 entries, label to pixel784
dtypes: int64(785)
memory usage: 59.9 MB
None

(60000, 785)

(10000, 785)
```

1행: 많은 양의 데이터를 처리하기 위하여 pandas 모듈을 호출한다.

3, 4행: Fashion MNIST의 훈련 데이터 파일과 테스트 데이터 파일의 내용을 각각 df_train, df_test 라는 이름으로 저장한다. 이때, df는 pandas에서 사용하는 데이터 프레임(Data Frame)을 의미한다.

5, 6행: 각 데이터 프레임에 저장된 값들이 많으므로 info( ) 함수를 사용하여 데이터에 대한 개요만 간략히 출력한다. 훈련 데이터 파일의 내용이 저장된 df_train에는 60,000개의 행과 785개의 열을 가진 정수형의 데이터가 저장되어 있고, 테스트 데이터 파일의 내용이 저장된 df_test에는 10,000개의 행과 785개의 열을 가진 정수형의 데이터가 저장되어 있음을 알 수 있다.

7, 8행: shape 명령어를 사용하여 각 데이터 프레임의 행과 열 개수를 간략히 출력한다.

03 데이터 다루기

많은 데이터를 한꺼번에 다루기 위해서는 배열에 저장해서 사용하는 것이 좋다. 따라서 파일로 저장된 각 데이터 프레임의 값은 개별적으로 다루기 쉬운 배열 형태로 저장하도록 한다.

[Step 1] 각 데이터 프레임의 값을 배열에 저장하기

[완성 파일: 3-5-02.py]

1~4	(198쪽 1~4행 코드와 동일하므로 생략)
5	import numpy as np
6	# 데이터 프레임을 배열 형태로 저장하기
7	data_train = np.array(df_train, dtype = np.float32)　　# 훈련 데이터를 배열로 저장
8	x_train = data_train[:, 1:]　　# 훈련 데이터의 각 행별 픽셀 값 저장
9	y_train = data_train[:, 0]　　# 훈련 데이터의 각 행별 레이블 저장
10	
11	data_test = np.array(df_test)　　# 테스트 데이터를 배열로 저장
12	x_test = data_test[:, 1:]　　# 테스트 데이터의 각 행별 픽셀 값 저장
13	y_test = data_test[:, 0]　　# 테스트 데이터의 각 행별 레이블 저장
14	

5행: 데이터를 배열로 저장하여 사용하기 위해 numpy 모듈을 호출한다.

7~9행: 모델 훈련에 사용할 훈련 데이터를 배열에 저장한다.

11~13행: 테스트 데이터를 배열에 저장한다. 이때, 각 행별 데이터를 더 쉽게 관리하기 위해 픽셀에 해당하는 값을 x축의 값, 레이블을 y축의 값으로 나누어 각각 저장한다.

위 코드를 실행하면 자료 처리만 이루어지고, 출력되는 내용은 아무것도 없음을 확인할 수 있다. 데이터 프레임과 배열의 차이를 이해하기 위해 출력문을 추가한 후 프로그램을 실행하면 결과물을 볼 수 있으므로 데이터들을 비교하기가 쉽다.

[Step 2] 훈련 데이터와 테스트 데이터 출력하기

[Step 1]에 의해 데이터 프레임의 형식으로 저장된 df_test와 배열 형태로 저장된 data_test를 출력하여 각 데이터를 비교해 보도록 한다.

15	print(df_test)
16	print(data_test)

	label	pixel1	pixel2	pixel3	...	pixel781	pixel782	pixel783	pixel784
0	0	0	0	0	...	0	0	0	0
1	1	0	0	0	...	0	0	0	0
2	2	0	0	0	...	31	0	0	0
3	2	0	0	0	...	222	56	0	0
4	3	0	0	0	...	0	0	0	0
9995	0	0	0	0	...	1	0	0	0
9996	6	0	0	0	...	28	0	0	0
9997	8	0	0	0	...	42	0	1	0
9998	8	0	1	3	...	0	0	0	0
9999	1	0	0	0	...	0	0	0	0

print(df_test)
실행 결과

```
[10000 rows x 785 columns]
[[0 0 0 ... 0 0 0]
 [1 0 0 ... 0 0 0]
 [2 0 0 ... 0 0 0]
 ...
 [8 0 0 ... 0 1 0]
 [8 0 1 ... 0 0 0]
 [1 0 0 ... 0 0 0]]
```

print(data_test) 실행 결과

데이터 프레임의 [실행 결과]를 살펴보면 마치 스프레드시트에서 csv 파일을 열어서 확인할 때처럼 보기 쉬운 표 형태로 나타나는 것을 알 수 있다. 마지막에는 행과 열의 개수도 한눈에 확인이 가능하다.

배열에 저장된 데이터의 출력도 살펴보면 각 행의 값이 배열로 저장되어 있음을 알 수 있지만, 각 배열의 개수는 알 수 없다. 또한 단순히 출력 형태에 차이가 있을 뿐만 아니라 두 개의 자료형에 따라 데이터가 저장된 방식에 차이가 있으므로 자료형에 따라 데이터를 다룰 수 있는 명령어를 적절하게 사용할 수 있어야 한다.

04 데이터 시각화하기

데이터 다루기를 통해 수집한 데이터를 출력해 보았다. 하지만 사람들이 숫자들로 구성된 데이터를 제대로 이해하기는 쉽지 않다. 따라서 행별로 저장한 픽셀 데이터와 레이블 데이터를 눈에 보이는 이미지 형태로 시각화해 보자.

[Step 1] 데이터를 활용하여 바지 이미지 출력하기

[완성 파일: 3-5-03.py]

1~13	(199쪽 1~13행 코드와 동일하므로 생략)
14	import matplotlib.pyplot as plt
15	# 의류 종류 레이블을 딕셔너리로 저장하기
16	label_dictionary = {0:'T-shirt/top', 1:'Trouser', 2:'Pullover', \
17	3:'Dress', 4:'Coat', 5:'Sandal', 6:'Shirt', \
18	7:'Sneaker', 8:'Bag', 9:'Ankle boot' }
19	# 훈련 데이터 중 1개 행 데이터 시각화
20	i = 109 # 임의의 숫자 지정
21	plt.imshow(x_train[i].reshape(28,28), cmap = 'gray')
22	plt.colorbar( )
23	plt.title('Label {}, {}'.format(y_train[i], label_dictionary[y_train[i]]))
24	plt.show( )
25	

실행 결과

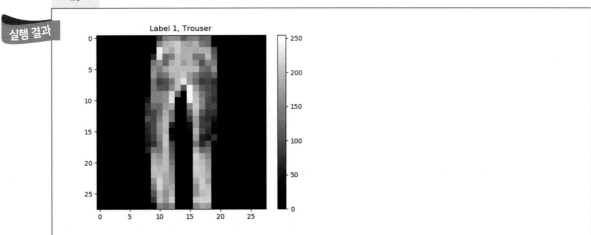

14행: 이미지 형태로 시각화하기 위해 matplotlib.pyplot 모듈을 불러와 plt로 정의한다.

16~18행: 시각화할 데이터의 레이블 값이 의미하는 단어를 딕셔너리 형태로 정의한 label_dictionary에는 0번 레이블부터 9번 레이블까지 각 값이 의미하는 의류의 종류를 저장한다. 따라서 각 의류의 레이블 값은 label_dictionary의 key에서, 레이블 값에 해당하는 의류 명칭은 value에서 불러와 사용할 수 있다.

20행: i값은 임의의 숫자 값을 저장하는 변수로서, 60,000개의 훈련 데이터 중 109번 인덱스에 해당하는 값을 의미한다. 원하는 숫자로 바꾸어 실행해 보면 다른 종류의 데이터가 시각화됨을 알 수 있다.

21행: imshow 함수를 사용하여 훈련 데이터의 픽셀 값을 불러온다. 이때, 각 행별 픽셀 값은 784개인데, 이를 reshape( ) 함수를 사용하여 가로 28, 세로 28 픽셀의 이미지로 출력하기 위해 리스트의 형태를 변형한다. cmap은 색깔 color map의 줄임말로 연속된 값을 서로 다른 색으로 표현하는 것을 의미한다. 여기에서는 cmap 특성 값을 'gray'로 지정하여 회색조로 표현한다.

22행: 값과 매칭되는 색을 막대로 표현하여 출력한다. ── 숫자 값이 0에 가까울수록 검은색, 255에 가까울수록 흰색으로 표현된다.

23행: 시각화한 결과물에 대한 제목이다. 이때, 각 데이터의 레이블 값과 의류 종류 값을 출력하기 위해 문자열을 포맷팅한다.

24행: 시각화한 결과물을 출력한다.

[실행 결과]는 60,000개의 데이터 중 109번 인덱스에 해당하는 데이터를 시각화한 것으로 바지 이미지를 확인할 수 있다. i값을 바꾸어 다양한 이미지를 확인할 수 있다.

하나의 화면에 여러 개의 데이터를 시각화하는 방법은 201쪽 [Step 1]의 소스 코드에서 20~23행에 해당하는 코드를 [Step 2]에서 적절한 반복문을 사용하여 구현하면 된다.

[Step 2] 9개의 이미지로 출력하기

[완성 파일: 3-5-04.py]

1~18	(201쪽 1~18행 코드와 동일하므로 생략)
19	for i in range(9) :
20	plt.subplot(3, 3, i+1)
21	plt.imshow(x_train[i].reshape(28, 28))
22	plt.colorbar( )
23	plt.title('Labal {}, {}'.format(y_train[i], label_dictionary[y_train[i]]))
24	
25	plt.tight_layout( )
26	plt.show( )
27	

실행 결과

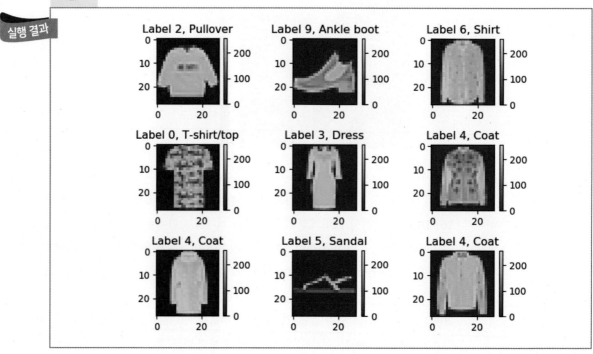

19~23행: 반복문을 사용하여 9개의 데이터를 이미지로 시각화한다.

20행: 한 화면에 여러 개의 데이터를 시각화하기 위해 subplot( ) 함수를 사용한다. subplot( ) 함수의 첫 번째 인수는 한 화면을 몇 개의 행으로 구분할 것인지를 의미하며, 두 번째 인수는 한 화면을 몇 개의 열로 구분할 것인지를 의미한다. 첫 번째와 두 번째 인수를 모두 3으로 설정하였기 때문에, 가로 3칸, 세로 3칸으로 하나의 화면을 나누었다고 볼 수 있다. 세 번째 인수는 9개의 칸 중 몇 번째 칸에 시각화한 결과를 놓을 것인지를 의미한다. i값은 0부터 시작하기 때문에 i+1로 세 번째 인수 값을 설정한다.

subplot(행, 열, 시각화 위치) 코드로 만든 9개의 칸에 부여되는 번호는 다음과 같다.

	3열	
1	2	3
4	5	6
7	8	9

▲ 3×3

[실행 결과]를 통해 60,000개의 훈련 데이터 중 0~8번 인덱스에 해당하는 9개의 값이 차례대로 시각화된 것을 확인할 수 있고, 훈련 데이터와 테스트 데이터는 숫자 형태로 저장되어 있지만 시각화를 통해 각각의 데이터가 표현하는 이미지를 확인할 수 있다.

학습하기

앞에서 살펴본 Fashion MNIST 데이터를 바탕으로 자동으로 의류를 분류하는 인공지능 프로그램을 만들어 보자. Fashion MNIST의 데이터는 학습에 사용되는 훈련 데이터와 평가에 사용되는 테스트 데이터로 나눌 수 있다.

학습에 사용되는 훈련 데이터는 60,000행 785열로 이루어진 행렬 형태이다.

총 60,000개의 데이터가 행별로 저장되어 있고, 각 데이터의 첫 번째 열 값은 옷 종류를 구분해 놓은 레이블 값이다. 두 번째 열 값부터 마지막 열 값은 이미지 정보를 784개(가로 28, 세로 28) 픽셀 정보를 저장한다. 예를 들어, 첫 번째 행의 첫 번째 열 값은 2이므로 스웨터 데이터를 의미하고, 첫 번째 행의 두 번째 열부터 마지막 열까지의 데이터는 스웨터 이미지를 표현하는 784개 픽셀 값이 저장되어 있다.

$$60{,}000행 \begin{matrix} 785열 \\ \begin{bmatrix} 2 & 0 & \cdots & 0 \\ 9 & 0 & \cdots & 0 \\ \vdots & \vdots & \vdots & \vdots \\ 7 & 0 & \cdots & 0 \end{bmatrix} \end{matrix}$$

따라서 Fashion MNIST의 학습 데이터는 이미지 데이터를 의미하는 784개 픽셀 값을 입력 변수로, 옷의 종류를 의미하는 0부터 9까지의 레이블을 출력 변수로 하는 범주형 데이터임을 알 수 있다.

범주형 데이터
(categorical data)
데이터가 사전에 정해진 특정 유형으로만 분류되는 데이터를 말한다.

이러한 범주형 데이터를 분류하는 모델 중 하나가 로지스틱회귀 모델이다. 그러나 로지스틱회귀 모델은 0, 1과 같은 두 가지 분류에는 사용할 수 있지만, Fashion MNIST 데이터는 10가지로 분류해야 하므로 적합하지 않다. 따라서 Fashion MNIST 데이터를 바탕으로 분류 모델을 만들기 위해 인공 신경망 모델을 사용해 보자.

학습하기 단계에서 진행할 전체 과정을 나타낸 것이다. [3-3]과 [3-4]절 학습하기의 내용과 유사하지만, 분류 함수와 비용함수가 다르다는 것을 확인할 수 있다. 신경망 모델을 알기 위해서는 퍼셉트론, 활성화 함수, 순전파 등의 개념을 이해해야 한다. 이제부터 하나씩 확인해 보자.

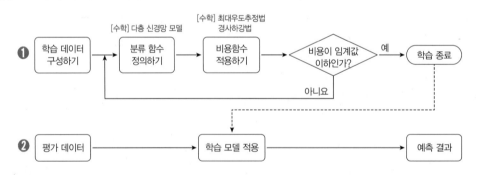

5-1. 신경망 모델의 기본 단위, 퍼셉트론(Perceptron)

인공 신경망은 사람의 뇌 동작 과정을 흉내 내도록 만든 모델이다. 사람의 뇌 기본 단위인 신경 세포, 즉 뉴런은 서로 연결되어 다른 뉴런들로부터 입력받은 전기 신호를 적당히 처리하여 또 다른 뉴런에 전달하는 동작을 한다고 알려져 있다. 이때, 전기 신호를 또 다른 뉴런으로 전달하려면 입력받은 전기 신호들의 합이 일정한 수준보다 커야 하는데 이 일정한 수준을 임계값(threshold)이라고 한다.

사람의 신경 세포(뉴런)의 이러한 작동 과정을 모방하여 만든 수학적 모델이 바로 퍼셉트론이다. 퍼셉트론 역시 x와 같은 신호(수)들을 입력받아 적당히 변형하여 더한 값이 일정한 수준(임계값)을 초과할 때 다음으로 신호 y를 보내고, 이하일 때는 신호를 보내지 않도록 설계되었다. 이때, 입력받은 값 x_1, x_2들을 더하는 과정에서 더욱 강화할지 또는 약화시킬지에 따라 적당한 계수 w_1, w_2를 각각 곱한 $w_1 x_1$, $w_2 x_2$로 변형하는데 곱하는 계수 w들을 가중치(weight)라고 한다. 이렇게 변형하여 더한 값이 임계값보다 크면 1, 크지 않으면 0의 값을 각각 출력하는 것이다. 이해를 돕기 위하여 사람의 신경 세포(뉴런)와 이를 수학 적으로 모방한 퍼셉트론의 단계별 작동 과정을 그림과 표로 나타내면 다음과 같다.

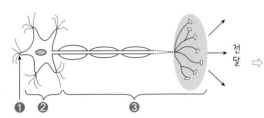 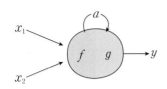

구분 단계	신경 세포(뉴런)		퍼셉트론	식으로 나타내기
❶	전기 신호를 전달받음.	⇨	입력값 x	x_1, x_2
❷	입력받은 전기 신호를 종합	⇨	함수 f	$a=f(x_1, x_2)=w_1x_1+w_2x_2$
❷	종합된 신호가 일정한 수준 (임계값)을 초과하는지 판단	⇨	함수 g	$y=g(a)=\begin{cases}0\ (a\leq(임계값))\\1\ (a>(임계값))\end{cases}$
❸	전기 신호를 전달함.	⇨	출력값 y	$y=1$이 전달을 의미함.

[**잠깐, 수학 LINK 21**] 큰 크기의 데이터를 다루면서 여러 차례 반복적인 연산을 할 경우, 행렬의 표현 및 연산이 갖는 장점은 상당히 크다. 따라서 행렬의 곱에 대해 알아보자.

LINK 21

관련 수학 개념 설명 _ 행렬의 곱(上)

1 행벡터와 열벡터의 곱

1×2 행렬 $X=(x_1, x_2)$, 2×1 행렬 $W=\begin{pmatrix}w_1\\w_2\end{pmatrix}$와 같이 성분의 개수가 같은 행벡터와 열벡터에 대하여 각 성분을 그 순서대로 곱하여 더한 값을 두 행렬 X, W의 곱이라 하고 기호로 XW와 같이 나타낸다.

$$XW=x_1w_1+x_2w_2$$

참고1 $1\times n$ 행렬과 같이 하나의 행으로 이루어진 것을 행벡터, $n\times1$ 행렬과 같이 하나의 열로 이루어진 것을 열벡터라고 한다. 위에서 정의한 '행렬의 곱'과 같은 연산을 (행벡터 또는 열벡터와 같은) 벡터에서는 '내적'이라고 한다. 다만, 여기서는 이 둘을 구별하지 않는다.

예 두 행렬 $A=(0, 1, 2)$, $B=\begin{pmatrix}3\\4\\5\end{pmatrix}$의 곱은 $AB=0\times3+1\times4+2\times5=0+4+10=14$

참고2 입력값이 x_1, x_2 두 개뿐인 경우, 행렬의 표현을 이용하는 것이 번거롭게 느껴질 수도 있지만, 우리가 이번 장에서 예시로 활용하는 데이터 셋에서는 입력값이 785개다. 이때, 입력값을 의미하는 행벡터 $X=(x_1, x_2, \cdots, x_{785})$과 가중치를 의미하는 열벡터 $W=\begin{pmatrix}w_1\\w_2\\\vdots\\w_{785}\end{pmatrix}$에서 785쌍의 성분을 하나씩 곱하여 더하는 식 $w_1x_1+w_2x_2+\cdots+w_{785}x_{785}$을 세우는 것보다 두 행렬의 곱 XW로 간단하게 같은 결과를 얻을 수 있으므로 훨씬 효율적이다.

5-1-1. 퍼셉트론을 활용하여 간단한 문제 해결하기

컴퓨터는 1(참), 0(거짓)으로 이루어진 데이터를 정해진 규칙에 따라 계산하는 기계이다. 이때, 정해진 규칙이라고 하면 AND, OR, NAND, XOR 등과 같은 논리 회로의 결합이라고 할 수 있다. 각각의 논리 회로는 다음과 같은 기호로도 표현되는데, 들어온 신호를 정해진 규칙에 따라 계산하고 하나의 신호로 보내는 역할을 한다.

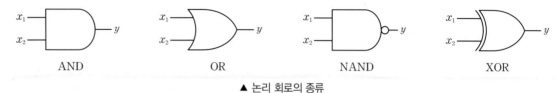

▲ 논리 회로의 종류

그렇다면, 우리의 퍼셉트론이 논리 회로 문제를 해결할 수 있을까? 간단한 논리 회로를 예로 들어 보자. 아래 표는 입력 데이터 4가지 (0, 0), (0, 1), (1, 0), (1, 1)을 AND 연산을 통해 나온 출력 0, 0, 0, 1을 표현한 것이다. AND 연산은 입력값이 모두 1일 때만 1을 출력하고, 그 외에는 0을 출력하는 특성이 있다.

▼ AND 진리표

입력		연산자	출력
x_1	x_2		y
0	0		0
0	1	AND	0
1	0		0
1	1		1

AND 진리표를 좌표평면에 표현하면 오른쪽 그림과 같이 나타낼 수 있다. 우리가 흔히 x좌표라고 생각하는 가로줄에 x_1을 표현하고, y좌표라고 불리는 세로줄에 x_2를 표현하였다. 그리고 색깔이 칠해진 원은 출력 y가 1일 때를, 색이 칠해지지 않은 원은 출력 y가 0인 것을 표현하였다.

이것을 퍼셉트론을 이용한 분류를 어떻게 해야 할까?

$$y = \begin{cases} 0 & (w_1 x_1 + w_2 x_2 \leq (\text{임계값})) \\ 1 & (w_1 x_1 + w_2 x_2 > (\text{임계값})) \end{cases}$$

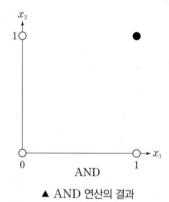

▲ AND 연산의 결과

퍼셉트론 식이 다소 복잡해 보일 수 있지만, 선형 방정식이다. 간단히 하나의 직선이라는 것이다. 그렇다면 퍼셉트론으로 0, 1을 분류한다는 것은 오른쪽 그림과 같은 위치에서 적당한 선을 긋는다는 의미이다.

오른쪽 그림에서 선의 위치는 이동할 수 있지만, (1, 0), (0, 1)보다는 크고, (1, 1)보다는 작아야 하는 범위가 있고, 이것을 결정짓는 값이 바로 w_1, w_2, 임계값이다. 그렇다면 w_1, w_2, 임계값은 어떻게 찾을 수 있을까? 아쉽지만 자동으로 찾아주는 것이 아니라, 적당한 값을 넣고 계산해 보아야 한다. 임의로 정한 w_1, w_2, 임계값을 0.2, 0.2, 0.3으로 정하고, 퍼셉트론 식에 대입해 보자.

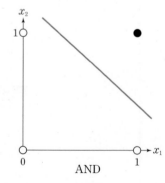

▲ AND 연산 결과를 분류하는 퍼셉트론

▼ 퍼셉트론식을 적용한 AND 진리표

입력		퍼셉트론	출력
x_1	x_2	$y=\begin{cases} 0 \ (w_1x_1+w_2x_2 \leq (임계값)) \\ 1 \ (w_1x_1+w_2x_2 > (임계값)) \end{cases}$ $(w_1, w_2, 임계값)=(0.2, 0.2, 0.3)$	y
0	0	$0 \times 0.2 + 0 \times 0.2 \leq 0.3$	0
0	1	$0 \times 0.2 + 1 \times 0.2 \leq 0.3$	0
1	0	$1 \times 0.2 + 0 \times 0.2 \leq 0.3$	0
1	1	$1 \times 0.2 + 1 \times 0.2 > 0.3$	1

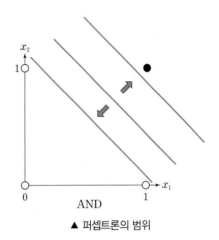

▲ 퍼셉트론의 범위

[Step 1] AND 연산과 같이 퍼셉트론을 분류하기

위 진리표에서 $1 \times 0.2 + 1 \times 0.2 > 0.3$을 만족하므로 1을, $0 \times 0.2 + 0 \times 0.2 \leq 0.3$이므로 0을, 나머지도 0을 출력하게 된다. 기존의 AND 연산과 같게 퍼셉트론이 분류하게 만든 것이다. 이것을 코드로 표현하면 다음과 같다.

[완성 파일: 3-5-05.py]

```python
1   # AND 연산 함수
2   def AND(x1, x2) :
3       # 파라미터 값(w1,w2,임계값)
4       w1, w2, threshold = 0.2, 0.2, 0.3
5       temp = w1 * x1 + w2 * x2
6       if temp <= threshold :
7           return 0
8       elif temp > threshold :
9           return 1
10
11  print(AND(0, 0))
12  print(AND(0, 1))
13  print(AND(1, 0))
14  print(AND(1, 1))
```

```
0
0
0
1
```

[실행 결과]에서처럼 AND 함수를 이용해 출력한 결과를 보면 AND(1, 1) 연산 결과는 1이고, 나머지는 0으로 문제없이 잘 분류하였음을 알 수 있다.

[Step 2] OR 연산과 같게 퍼셉트론 분류하기

OR 연산으로 퍼셉트론을 분류해 보자. 먼저 진리표를 확인하면 다음과 같다.

▼ OR 진리표

입력		연산자	출력
x_1	x_2		y
0	0		0
0	1	OR	1
1	0		1
1	1		1

AND 연산과는 다르게 OR 연산은 두 입력값 중 하나라도 1인 경우 1을 출력한다. 이것을 좌표평면에 표현하면 다음과 같다.

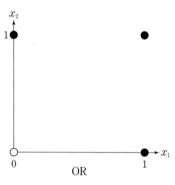

▲ OR 연산의 결과

우리가 할 일은 퍼셉트론 식을 이용해 1과 0으로 표기된 색깔이 칠해진 점과 색이 비어 있는 점을 구분하는 것이다. 두 종류의 점을 나누는 직선을 다음과 같이 그을 수 있다.

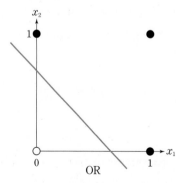

▲ OR 연산 결과를 분류하는 퍼셉트론

AND 연산 때와 마찬가지로 파라미터는 우리가 직접 대입하여 적당한 값을 찾아야 한다.
$(w_1, w_2, 임계값) = (0.3, 0.3, 0.2)$를 대입하여 계산해 보자.

▼ OR 진리표

입력		퍼셉트론	출력
x_1	x_2	$y=\begin{cases} 0\ (w_1x_1+w_2x_2\leq(임계값)) \\ 1\ (w_1x_1+w_2x_2>(임계값)) \end{cases}$ $(w_1, w_2, 임계값)=(0.3,\ 0.3,\ 0.2)$	y
0	0	$0\times0.3+0\times0.3\leq0.2$	0
0	1	$0\times0.3+1\times0.3>0.2$	1
1	0	$1\times0.3+0\times0.3>0.2$	1
1	1	$1\times0.3+1\times0.3>0.2$	1

퍼셉트론이 두 입력값을 잘 분류해 준 것을 확인할 수 있다. 이것을 코드로 표현하면 다음과 같다.

[완성 파일: 3-5-06.py]

```
1    # OR 연산 함수
2    def OR(x1, x2) :
3        # 파라미터 값(w1,w2,임계값)
4        w1, w2, threshold = 0.3, 0.3, 0.2
5        temp = w1 * x1 + w2 * x2
6        if temp <= threshold :
7            return 0
8        elif temp > threshold :
9            return 1
10
11   print(OR(0, 0))
12   print(OR(0, 1))
13   print(OR(1, 0))
14   print(OR(1, 1))
15
```

실행 결과
```
0
1
1
1
```

[Step 3] NAND 연산과 같게 퍼셉트론 분류하기

NAND 연산을 퍼셉트론으로 분류해 보자.

AND 연산의 경우에는 입력값 (1, 1)인 때만 출력값이 1이고, 나머지는 0이다. 그러나 NAND 연산은 반대로 입력값 (1, 1)일 때만 출력값이 0이고, 나머지가 1이다.

▼ NAND 진리표

입력		연산자	출력
x_1	x_2		y
0	0		1
0	1	NAND	1
1	0		1
1	1		0

NAND 역시 좌표평면에 나타내면 다음과 같다.

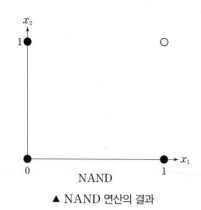

▲ NAND 연산의 결과

역시 퍼셉트론을 이용해서 $(1, 1)$과 $(0, 0)$, $(0, 1)$, $(1, 0)$을 구분하는 선을 찾아야 한다.

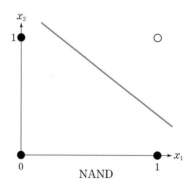

▲ NAND 연산 결과를 분류하는 퍼셉트론

NAND는 not AND를 의미하며, AND 연산의 역을 출력값으로 가지는 특성이 있다. 그러므로 퍼셉트론의 파라미터를 찾을 때 기존의 AND 연산에 사용된 퍼셉트론의 파라미터에 -1을 곱해 주면 쉽게 찾을 수 있다. AND 연산에서 사용한 파라미터가 $(w_1, w_2,$ 임계값$) = (0.2, 0.2, 0.3)$이므로, NAND 연산에서는 $(w_1, w_2,$ 임계값$) = (-0.2, -0.2, -0.3)$을 사용한다.

▼ NAND 진리표

입력		퍼셉트론	출력
x_1	x_2	$y = \begin{cases} 0 \ (w_1x_1 + w_2x_2 \leq (\text{임계값})) \\ 1 \ (w_1x_1 + w_2x_2 > (\text{임계값})) \end{cases}$ $(w_1, w_2,$ 임계값$) = (-0.2, -0.2, -0.3)$	y
0	0	$0 \times (-0.2) + 0 \times (-0.2) > -0.3$	1
0	1	$0 \times (-0.2) + 1 \times (-0.2) > -0.3$	1
1	0	$1 \times (-0.2) + 0 \times (-0.2) > -0.3$	1
1	1	$1 \times (-0.2) + 1 \times (-0.2) \leq -0.3$	0

이것을 코드로 표현하면 다음과 같다.

[완성 파일: 3-5-07.py]

```
1    # NAND 연산 함수
2    def NAND(x1, x2) :
3        # 진리표에 알맞은 값으로 조정(AND의 역이므로 AND 파라미터에 -1을 곱함.)
4        w1, w2, threshold = -0.2, -0.2, -0.3
5        temp = w1 * x1 + w2 * x2
6        if temp <= threshold :
```

7	return 0
8	elif temp 〉 threshold :
9	return 1
10	print(NAND(0, 0))
11	print(NAND(1, 0))
12	print(NAND(0, 1))
13	print(NAND(1, 1))

실행 결과

```
1
1
1
0
```

5-1-2. XOR은 퍼셉트론으로 해결할 수 없을까?

XOR 연산이란 입력 데이터가 서로 다른 경우에만 1을 출력하고, 같으면 0을 출력하는 논리 회로이다. 다음과 같은 진리표로 나타낼 수 있다.

▼ XOR 진리표

입력		연산자	출력
x_1	x_2		y
0	0		0
0	1	XOR	1
1	0		1
1	1		0

XOR 연산을 퍼셉트론을 이용해 해결할 수 있을까? 아쉽게도 AND, OR, NAND처럼 쉽지 않다. 그 이유를 좌표평면으로 확인해 보자.

지금까지와 마찬가지로 퍼셉트론으로 XOR 연산을 표현해 보자. 이때 색깔이 칠해진 점과 색깔이 칠해지지 않은 점을 구분하는 직선을 그릴 수 있을까? 아쉽게도 직선으로의 분류는 불가능하고, 아래 (a) 그림과 같이 곡선으로 분류할 수 있다. 그러나 우리가 사용하는 퍼셉트론은 기본적으로 아래 (b) 그림과 같이 선 형식이라는 한계가 있다.

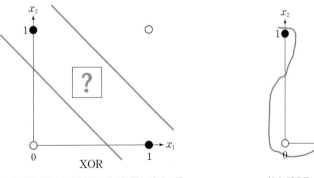

(a) XOR 연산 결과 분류에 실패한 퍼셉트론   (b) XOR 연산 결과를 분류하는 곡선

하지만 비록 하나의 퍼셉트론으로는 해결할 수 없지만, 2개 이상을 이용해 층을 추가하면 해결할 수 있지 않을까 하는 아이디어가 바로 다층 퍼셉트론(Multi Layer Perceptron) 구조이다. 다층 퍼셉트론

은 하나가 아닌 복수의 퍼셉트론 연산을 사용하는 것이다. 예를 들면, 우리가 앞서 사용한 AND, NAND, OR 퍼셉트론 함수를 2개 이상 사용하는 것을 말한다. 이것을 논리 회로로 나타내면 다음 그림과 같다.

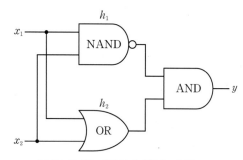

▲ XOR 문제를 해결하기 위한 논리 회로 구조

위 그림은 XOR 문제를 해결할 다층 퍼셉트론의 논리 회로 구조이다. 먼저, 가장 좌측은 데이터가 입력되는 곳이다. x_1, x_2에는 입력층의 데이터가 각각 들어가게 된다. 다음은 NAND, OR 두 개의 연산이 동시에 실행된다. (x_1, x_2) 데이터가 NAND, OR로 각각 보내지면서 연산이 이루어진다. 먼저 NAND 게이트의 연산 과정을 h_1, OR 게이트의 연산 결과를 h_2라고 할 때, h_1, h_2가 새로운 입력 신호가 되어 AND 연산에 입력되면서 마지막 출력값 y가 나온다. 과정에 따라 진리표를 작성하면 다음 표와 같다.

▼ XOR 진리표

입력		연산자		연산자	출력
		NAND	OR		
x_1	x_2	h_1	h_2		y
0	0	1	0	AND	0
0	1	1	1		1
1	0	1	1		1
1	0	0	1		0

이제 XOR 연산을 퍼셉트론 함수로 나타내 보자.

XOR 게이트를 퍼셉트론 함수로 나타내기 위해 기존의 선언한 AND, OR, NAND 함수를 이용한다. 진리표에 표시한 순서에 따라 h_1, h_2 단계를 추가하고, 마지막 출력 y는 h_1, h_2를 AND 연산한다.

[완성 파일: 3-5-08.py]

1~9	(207쪽 1~9행 코드가 동일하므로 생략)
10~18	(209쪽 1~9행 코드가 동일하므로 생략)
19~27	(210~211쪽 1~9행 코드가 동일하므로 생략)
28	
29	def XOR(x1, x2) :
30	h1 = NAND(x1, x2)
31	h2 = OR(x1, x2)
32	y = AND(h1, h2)
33	return y
34	print(XOR(0, 0))
35	print(XOR(0, 1))

36	print(XOR(1, 0))
37	print(XOR(1, 1))

실행 결과
```
0
1
1
0
```

이와 같이 2개 층 이상의 다층 퍼셉트론 구조를 이용하면, 비선형 문제를 해결할 수 있다. 이런 아이디어를 더욱 발전시킨 것을 다층 신경망(MLP; Multi-layered Perceptron)이라고 한다.

5-2. 다층 신경망(MLP)

Multi-layered Perceptron

오른쪽 그림은 기본적인 신경망의 모습이다. 신경망의 구조는 크게 입력층-은닉층-출력층으로 이루어진다. 그리고 각 층의 동그라미를 노드(node)라고 하고, 노드를 이은 선을 간선(edge)이라고 한다. 각 노드를 하나의 퍼셉트론으로 생각할 수 있다.

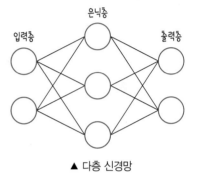

▲ 다층 신경망

먼저 신호가 입력되는 곳이라고 해서 입력층(input layer)이 있다. 만약, 데이터 셋의 입력 변수가 2개라면 위 그림과 같이 입력층은 2개의 노드로 이루어진다.

은닉층(hidden layer)은 입력층의 각 노드에서 보내온 신호들이 모이는 곳으로 위 그림의 은닉층을 이루는 노드는 3개이다. 은닉층을 이루는 노드의 개수가 많아질수록 신경망이 정교한 판단을 할 수 있게 되어 정확성이 높아지지만, 그만큼 계산량이 많아지므로 학습 속도가 느려지는 단점을 감수해야 할 것이다. 따라서 현실적으로 사용 가능할 정확성과 함께 실용적인 수준의 빠른 계산을 갖출 수 있도록 은닉층의 노드 수를 적당히 정해 주어야 한다.

마지막으로 출력층(output layer)의 경우 신경망의 목적이 입력된 신호가 무엇에 해당하는지 판단하는 '분류'와 어떤 값에 해당하는지를 예측하는 '회귀' 중에서 무엇에 해당하는지에 따라 달라진다. 만약 회귀를 위한 신경망이라면 출력층에서는 별도의 계산 없이 은닉층으로부터 전달받은 신호들을 합하여 임계치 이상이면 그대로 신호를 출력하게 된다.

우리가 사용할 예시인 'Fashion MNIST' 데이터 셋의 경우 입력 변수가 784개이므로 입력층을 구성하는 노드의 개수만 784개에 달한다. 여기에 은닉층과 출력층의 노드 수를 고려하면, 그 작동 과정을 모두 살펴보는 것은 매우 어려운 일이다. 따라서 우리는 개념적인 이해를 위해 간단하게 단순화시킨 신경망의 구조를 먼저 살펴보려고 한다. 사실, 실제적인 신경망의 이해가 복잡하다고는 하나 서로 다를 바 없는 반복된 계산이 많은 탓이 크기 때문에 다음에서 소개할 간단한 예에서 각 과정의 계산 과정을 차근차근 이해해 나가면 실제적인 데이터 셋을 다루는 데에도 자신감을 얻을 수 있을 것이다.

[잠깐, 수학 LINK 22] 다층 신경망 각 층간의 연산이 이루어지는 과정은 행벡터와 행렬의 곱의 과정으로 이루어진다. 따라서 행렬의 곱에 대한 수학 개념을 꼭 확인할 필요가 있다. 다층 신경망의 각 부분을 하나씩 자세히 알아보자.

관련 수학 개념 설명 _ 행렬의 곱(下)

① 행벡터와 행렬의 곱

$1 \times m$ 행렬 A와 $m \times n$ 행렬 B에 대하여 행렬 A의 각
성분과 행렬 B의 제j열의 각 성분을 그 순서대로 곱하여 더
한 것을 $(1, j)$ 성분으로 하는 행렬을 두 행렬 A, B의 곱
이라 하고, 기호로 AB와 같이 나타낸다.

$$A \qquad B \qquad AB$$
$$(\text{제1행}) \times \begin{pmatrix} \text{제} \\ j \\ \text{열} \end{pmatrix} = (\longleftarrow) \begin{matrix} (1, j) \\ \text{성분} \end{matrix}$$
$$1 \times m \text{ 행렬} \quad m \times n \text{ 행렬} \quad 1 \times n \text{ 행렬}$$

② 행렬 꼴의 관점에서 바라본 행렬의 곱

① 두 행렬 A, B의 곱 AB가 정의되려면 행렬 A의 열의 개수와 행렬 B의 행의 개수가 서로 같아야
한다.

② 두 행렬 A, B의 곱 AB는 행렬 A와 행의 개수가 서로 같고 행렬 B와 열의 개수가 서로 같다.

예를 들어, $A = (1, 2)$, $B = \begin{pmatrix} -1 & 1 & 0 \\ 1 & 0 & 1 \end{pmatrix}$일 때, 두 행렬 A, B의 곱을 직접 계산하면

$$AB = (1, 2) \begin{pmatrix} -1 & 1 & 0 \\ 1 & 0 & 1 \end{pmatrix} = (1 \times (-1) + 2 \times 1, \ 1 \times 1 + 2 \times 0, \ 1 \times 0 + 2 \times 1) = (1, 1, 2) \text{이고}$$

행렬 AB는 1×3 행렬이다.

참고 행렬 $B = \begin{pmatrix} -1 & 1 & 0 \\ 1 & 0 & 1 \end{pmatrix}$에서의 각 열벡터를 $B_1 = \begin{pmatrix} -1 \\ 1 \end{pmatrix}$, $B_2 = \begin{pmatrix} 1 \\ 0 \end{pmatrix}$, $B_3 = \begin{pmatrix} 0 \\ 1 \end{pmatrix}$이라고 하면 행렬 B를 열벡터들을 나
열한 행벡터의 표현 $B = (B_1, B_2, B_3)$으로 나타낼 수 있다. 이때, 행벡터와 열벡터의 곱에 의하여
$AB_1 = 1 \times (-1) + 2 \times 1 = 1$, $AB_2 = 1 \times 1 + 2 \times 0 = 0$, $AB_3 = 1 \times 0 + 2 \times 1 = 2$이므로
$AB = A(B_1, B_2, B_3) = (AB_1, AB_2, AB_3) = (1, 1, 2)$이다.
즉, 행벡터 A와 행렬 B의 곱은 행벡터와 열벡터의 곱을 일반화시킨 것으로 이해할 수 있다.

확인 문제 13

1. 다음 등식을 만족시키는 두 실수 x_1, x_2에 대하여 $x_1 + x_2$의 값을 구해 보자.

$$(x_1, x_2) \begin{pmatrix} 1 & 0 \\ -1 & 2 \end{pmatrix} + (2, 1) = (3, 5)$$

수학으로 풀어보기

등식의 좌변을 계산하면 $(x_1, x_2) \begin{pmatrix} 1 & 0 \\ -1 & 2 \end{pmatrix} + (2, 1) = (x_1 - x_2, 2x_2) + (2, 1) = (x_1 - x_2 + 2, 2x_2 + 1) = (3, 5)$
이므로 $2x_2 + 1 = 5$에서 $x_2 = 2$, $x_1 - x_2 + 2 = 3$, $x_1 - 2 + 2 = 3$이므로 $x_1 = 3$
따라서 구하는 값은 $x_1 + x_2 = 3 + 2 = 5$이다.

답 5

2. 1×784 행렬 X, 1×100 행렬 Y, $m \times n$ 행렬 W에 대하여 $XW = Y$가 성립할 때, 두 자연수 m, n의 값을 각각 구해
보자.

수학으로 풀어보기

두 행렬 X, W의 곱 XW가 정의되므로 $m =$ (행렬 X의 열의 개수) $= 784$, 또한, $XW = Y$이므로
$n =$ (행렬 W의 열의 개수) $=$ (행렬 XW의 열의 개수) $=$ (행렬 Y의 열의 개수) $= 100$
따라서 구하는 값은 $m = 784$, $n = 100$이다.

답 $m = 784$, $n = 100$

5-2-1. 퍼셉트론 식 f의 변형

이번에는 퍼셉트론 식을 변형하여 조금 더 실용적이고 복잡한 퍼셉트론을 살펴보도록 한다. 퍼셉트론에서 출력값은 부등식 $w_1x_1+w_2x_2>$ (임계값)이 성립하는지에 따라 결정된다.

이때, 임계값은 어떤 상수이므로 (임계값)$=-b$로 놓으면(단, b는 상수), $w_1x_1+w_2x_2>-b$

즉, $w_1x_1+w_2x_2+b>0$와 같이 우변에 오직 0만 위치하도록 정리할 수 있다. 이 부등식에서 상수 b는 퍼셉트론이 신호를 전달할지 (또는 전달하지 않을지) 판정하는 기준인 임계값을 조절하는 역할을 한다. 이러한 상수 b를 편향(bias)이라 하고, 앞으로는 계산의 편의를 위하여 다음과 같이 편향 b를 이용한 식을 사용한다.

<table>
<tr>
<td>기존 퍼셉트론의 식

$y=\begin{cases}0 \ (w_1x_1+w_2x_2 \leq (\text{임계값})) \\ 1 \ (w_1x_1+w_2x_2 > (\text{임계값}))\end{cases}$</td>
<td>⇨</td>
<td>변형된 퍼셉트론의 식

$y=\begin{cases}0 \ (w_1x_1+w_2x_2+b \leq 0) \\ 1 \ (w_1x_1+w_2x_2+b > 0)\end{cases}$</td>
</tr>
</table>

5-2-2. 활성화 함수 g

의자에 앉아서 무릎에 충격을 가할 때, 살살 때리면 아무런 반응이 없다가 일정한 수준을 초과하는 힘으로 때리면 나의 의지와 상관없이 다리가 움직이는 경험을 해 본 적이 있을 것이다. 이처럼 퍼셉트론에서도 입력 신호의 총합을 바탕으로 출력값을 0, 1 중에서 결정해 주는 함수를 활성화 함수(Activation Function)라고 한다.

예를 들어, 앞서 살펴본 간단한 논리 회로의 퍼셉트론에서도 활성화 함수 $g(a)$가 사용되었지만 잘 드러나 보이지는 않았다. 퍼셉트론의 식에서 활성화 함수를 구별하여 나타내면 다음과 같다.

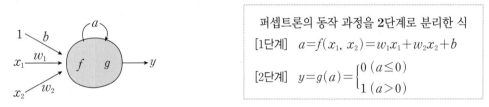

퍼셉트론의 동작 과정을 2단계로 분리한 식

[1단계] $a=f(x_1, x_2)=w_1x_1+w_2x_2+b$

[2단계] $y=g(a)=\begin{cases}0 \ (a \leq 0) \\ 1 \ (a > 0)\end{cases}$

[Step 1] 활성화 함수 g를 출력하기

여기서 활성화 함수 g를 통한 퍼셉트론의 동작 과정을 살펴보자. 입력 신호의 총합이 0보다 크면 1을, 0보다 작거나 같으면 0을 출력 신호로 변환하므로 함수 $y=g(x)$를 그래프로 나타내는 코드를 작성하면 다음과 같다.

[완성 파일: 3-5-09.py]

1	import numpy as np
2	import matplotlib.pyplot as plt
3	def Step(x) :
4	return np.array(x > 0, dtype = np.int)　　　　# 조건에 따라 참/거짓, 1/0의 값을 반환
5	

6	x = np.arange(-10.0, 10.0, 0.1)	# np.arrange의 인자는 시작, 종료, 간격을 입력
7	y = Step(x)	
8	plt.plot(x, y)	
9	plt.grid( )	
10	plt.show( )	
11		

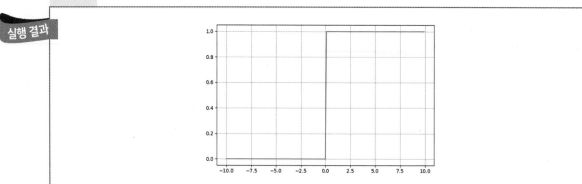

[실행 결과]를 보면 마치 계단을 오르듯이 임계값(여기서는 0)을 넘어서는 순간, 값이 1로 변하는 특성을 보인다. 그러나 신경망에서는 계단 함수를 출력 함수로 사용하지 않고, 대신 로지스틱함수를 주로 사용하므로 로지스틱함수를 그래프로 나타내어 보자.

[Step 2] 로지스틱(시그모이드)함수를 이용하여 곡선으로 출력하기

[완성 파일: 3-5-10.py]

1~4	(215쪽 1~4행 코드와 동일하므로 생략)
5	def Sigmoid(X) :
6	return 1 / (1+np.exp(-X)) # 로지스틱함수 $y=\dfrac{1}{1+e^{-x}}$을 표현한 코드
7	
8	x = np.arange(-10.0, 10.0, 0.1)
9	y1 = Step(x)
10	y2 = Sigmoid(x)
11	plt.plot(x, y1)
12	plt.plot(x, y2)
13	plt.grid( )
14	plt.show( )

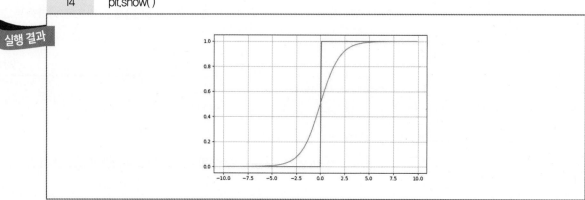

[**Step 1**]과 [**Step 2**]의 [실행 결과]를 비교해 보자. 로지스틱함수의 경우 0과 1 사이의 출력 신호를 보여 준다. 그래서 로지스틱회귀에서도 분류하려는 클래스가 0인지 1인지를 추측하는 예측을 할 수 있었다. 기계 학습에서는 완벽한 분류기나 예측 모델을 만들 수 없고, 가능한 한 현실과 가깝게 만드는 것이다. 그러므로 계단 함수와 같이 0, 1로만 출력 신호를 주는 함수로는 손실을 계산하여 최적의 파라미터를 찾는 학습을 할 수 없다.

ReLU 함수 $g(x)$의 식은 다음과 같다.
$$g(x) = \begin{cases} x & (x > 0) \\ 0 & (x \leq 0) \end{cases}$$

참고 최근에는 로지스틱함수보다 단순한 형태를 보이는 함수 ReLU(Rectified Linear Unit, 정류된 선형함수)가 신경망의 출력 함수로 더욱 많이 이용된다. ReLU는 입력값이 0보다 크면 입력값을 그대로 출력하고, 0 이하이면 0을 출력하는 함수이다.

[Step 3] ReLU 함수를 이용하여 출력하기

[완성 파일: 3-5-11.py]

1~4	(215쪽 1~4행 코드와 동일하므로 생략)
5	def ReLU(x) :
6	return np.maximum(0, x) # 0과 매개 변수 x에 입력된 값 중에 큰 값을 반환,
7	# 인자의 값이 0보다 작을 경우는 항상 0, 0보다 클 경우는 입력된 값이 반환됨.
8	x = np.arange(-5.0, 5.0, 0.1)
9	y = ReLU(x)
10	plt.plot(x, y)
11	plt.grid( )
12	plt.show( )

실행 결과

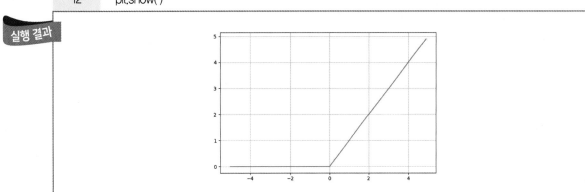

로지스틱함수를 대신해서 ReLU 함수를 활성화 함수로 사용하는 이유는 무엇일까?

로지스틱함수는 0에서 1 사이의 값만을 출력한다. 그런데 경사하강법으로 최적의 파라미터를 찾는 학습 과정에서 은닉층의 개수가 많아질수록 미분 계산이 많아져 기울기 값이 0에 가까워지는 경사 손실(vanishing gradient) 현상이 발생한다. 그래서 최적의 파라미터를 찾은 것은 아니지만 기울기가 0에 가깝게 되어 학습이 종료된다. 그런데 ReLU 함수의 경우 0보다 큰 값의 경우 출력값과 같은 값을 가지므로, 로지스틱함수보다 경사 손실이 덜 발생하게 된다.

gradient라는 것이 결국 미분값 즉 변화량을 의미하는데, 이 변화량이 매우 작다면, 신경망을 효과적으로 학습시키지 못하고, 손실값이 충분히 낮아지기 전에 수렴해버리는 문제를 의미한다.

5-2-3. 퍼셉트론 간의 신호를 전달하는 순전파(Feed Forward)

218쪽 그림과 같이 2개의 노드로 이루어진 입력층, 3개의 노드로 이루어진 은닉층, 그리고 2개의 노드로 이루어진 출력층을 가진 3층 구조의 신경망을 살펴보자. 실제의 수치를 대입한 적당한 예를 통해 신호 전달 과정을 바로 확인해 볼 수 있도록 코드를 구현하면서 함께 살펴보고자 한다.

우선 '비교적 단순화시킨' 이 신경망의 작동 과정을 그림으로 나타내면 다음과 같다.

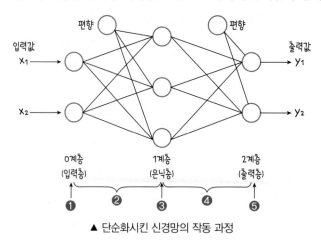

▲ 단순화시킨 신경망의 작동 과정

이제 본격적인 설명에 앞서 문자 표기에 대하여 알아보자. 우선 신경망에 최초로 입력되는 값을 x, 최종적으로 출력되는 값을 y라고 표기한다. 그리고 노드마다 입력된 신호의 합을 a, 활성화 함수에 의하여 변형된 값, 즉 출력되는 신호를 z라고 표기한다.

여기서 신경망은 보통 여러 계층으로 이루어져 있으며 계층마다 여러 개의 노드를 가지므로 같은 문자라 할지라도 이들을 구별할 필요가 있다. 이때, 문자의 우측에 첨자를 이용하여 구별할 수 있다. 다음과 같이 위첨자는 계층의 번호를, 아래 첨자는 노드의 번호를 각각 나타내었다.

> 첨자는 문자 옆 위 또는 아래에 적는 작은 글자를 의미한다. 그중 위첨자와 아래첨자는 각각 계층과 노드의 번호를 나타내는 표시일 뿐, 거듭제곱과 같은 연산 기호로 오해하지 않도록 유의한다.

> x_n: 입력층의 n번째 노드에 최초 입력되는 값 x
> y_n: 출력층의 n번째 노드에서 최종 출력되는 값 y
> a_n^k: k번째 계층의 n번째 노드에 입력된 신호의 합 a
> z_n^k: k번째 계층의 n번째 노드에서 출력되는 신호 z

위 그림에서 ❶, ❷, ❸, ❹, ❺의 각 과정에서 일어나는 계산을 자세히 살펴보자.

[과정 ❶] 입력층 내에서의 신호 전달

입력층에서는 데이터 셋의 자료를 입력받는 역할만을 담당하므로 보통 특별한 계산 없이 입력값을 그대로 출력한다고 볼 수 있다. 즉,

$z_1^0 = a_1^0 = x_1$, $z_2^0 = a_2^0 = x_2$로 표현할 수 있다.

[과정 ❷] 입력층에서 은닉층으로의 신호 전달

입력층(0계층)에서 출력한 신호 z는 은닉층(1계층)의 입력되는 신호의 합 a로 전달된다. 한꺼번에 생각하면 이해가 어려울 수 있으나 은닉층의 노드별로 한 개씩 따로 생각해 보면 앞서 [5−2−1], [5−2−2] 절에서 살펴본 퍼셉트론(단층 신경망)과 전혀 다르지 않으며, 계산 과정을 단순히(은닉층의 노드의 개수인) 3회 반복할 뿐이라는 것을 알 수 있다. 다만, 여기에서도 곱해지는 가중치 w와 편향 b의 표기에서 구별을 위하여 아래첨자를 이용하는데 그 의미는 다음과 같다.

> w_{mn}: 이전 계층의 m번째 노드에서 다음 계층의 n번째 노드로 신호 전달 시 적용되는 가중치 w
> b_n: 다음 계층의 n번째 노드로 신호 전달 시 적용되는 편향 b

이번에는 은닉층의 노드별로 전달받는 신호를 그림과 식으로 각각 살펴보자.

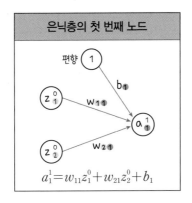

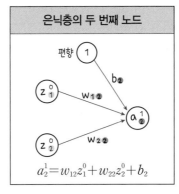

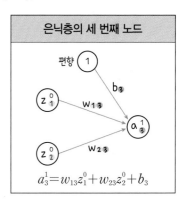

▲ 은닉층의 노드별 신호 전달 과정

위 세 과정을 종합하면 다음 그림과 같다.

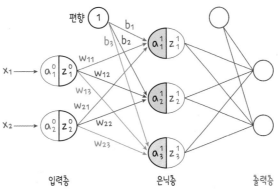

▲ 은닉층의 노드별 전달받는 신호

또한 다음과 같이 위의 세 등식에서 반복되는 규칙성에 따라 행렬의 표현을 이용하면 하나의 등식으로 나타낼 수 있음을 알 수 있다.

이해를 돕기 위하여 식에 띄어쓰기와 색을 사용하였다. 여백을 없애고 왼쪽으로 붙여 나타내도 무방하다.

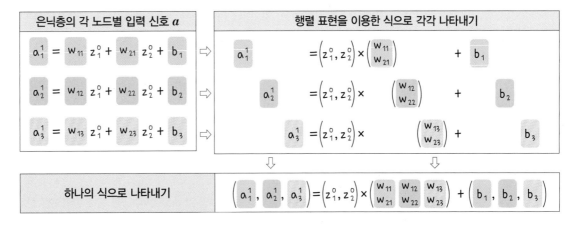

즉, 0계층의 출력 신호를 나타내는 행렬 $Z^0 = (z_1^0, z_2^0)$, 1계층의 입력 신호를 나타내는 행렬 $A^1 = (a_1^1, a_2^1, a_3^1)$에 대하여 가중치 w들의 행렬과 편향 b들의 행렬을 각각

$$W = \begin{pmatrix} w_{11} & w_{12} & w_{13} \\ w_{21} & w_{22} & w_{23} \end{pmatrix}, \ B = (b_1, b_2, b_3)$$으로 놓으면 다음의 관계가 성립함을 알 수 있다.

$$A^1 = Z^0 W + B$$

여기서 특히 두 행렬 W, B의 꼴에 주목해 볼 필요가 있다. 우선, 행렬 W의 꼴에 대하여

(행렬 W의 행의 개수)=(행렬 Z^0의 열의 개수), (행렬 W의 열의 개수)=(행렬 A^1의 열의 개수)

또한 행렬 B의 꼴에 대하여

(행렬 B의 행의 개수)=(행렬 A^1의 열의 개수), (행렬 B의 열의 개수)=(행렬 A^1의 열의 개수)

가 성립함을 알 수 있다.

이 관계에 대한 실제 신경망의 코딩에 있어서 중요한 점은 다음과 같다.

가중치와 편향의 데이터 셋의 꼴

자연수 k에 대하여 $k-1$ 계층과 k 계층의 노드 수가 각각 m개, n개이면 $k-1$ 계층에서 k 계층으로 신호가 전달될 때 적용되는 가중치와 편향의 데이터 셋(행렬) W, B의 꼴이 다음과 같다.

W: m행 n열 꼴의 데이터 셋(행렬), B: 1행 n열 꼴의 데이터 셋(행렬)

지금까지 신경망의 신호 전달의 [과정 ❷]에 대한 다소 복잡한 식의 조작을 살펴보았다. 그런 만큼 앞으로는 다음 계층으로 신호가 전달되는 과정에서 적당한 꼴을 갖는 가중치와 편향의 행렬을 각각 곱하고 더하는 간단한 처리만으로 복잡한 생각을 대신할 수 있을 것이다.

[과정 ❸] 은닉층의 노드 내에서의 신호 전달

은닉층의 노드에서는 전달받은 신호들의 합 a를 활성화 함수 g에 대응시킨 값 z를 출력한다. 즉,

$$z_1^1=g(a_1^1),\ z_2^1=g(a_2^1),\ z_3^1=g(a_3^1)$$

편의상 행렬의 표현으로 다음과 같이 나타낼 수 있다.

1계층의 입력 신호를 나타내는 행렬 $A^1=(a_1^1,\ a_2^1,\ a_3^1)$, 출력 신호를 나타내는 행렬 $Z^1=(z_1^1,\ z_2^1,\ z_3^1)$에 대하여

$$g(X^1)=A^1 \text{ (단, } g\text{는 활성화 함수이다.)}$$

지금의 예에서는 은닉층이 한 개의 계층으로만 이루어져 있으므로 다음의 [과정 ❹]에서 바로 출력층으로 신호를 전달할 차례가 된다. 하지만 만약, 은닉층이 여러 개의 계층으로 구성되는 복잡한 신경망의 경우에는 [과정 ❹]로 넘어가기 전에 앞선 두 [과정 ❷]와 [과정 ❸]을 은닉층의 계층의 수만큼 반복하게 된다.

다소 이해하기 어려울 수도 있지만 사실, 표면적으로는 동일한 구조의 단순한 계산을 몇 차례 반복할 뿐이므로 여러 계층을 갖는 복잡한 신경망도 의외로 간단하게 코딩할 수 있다.

다음 과정으로 넘어가기에 앞서 [예제 1]를 통해 학습한 순전파의 [과정 ❶] ~ [과정 ❸]을 직접 확인해 보자.

[예제 1]

입력층에 입력된 신호 $X=[0.1,\ 0.2]$에 대하여 임의로 선언한 가중치와 편향이 각각 $W=\begin{bmatrix} 1 & 2 & 3 \\ 4 & 5 & 6 \end{bmatrix}$, $B=[1,\ 2,\ 3]$일 때,

은닉층으로 전달되는 신호 A^1와 은닉층 내에서 활성화 함수인 로지스틱함수 g를 통해 출력되는 신호 Z^1을 각각 구해 보자.

수학으로 풀어보기

우선, 구하는 두 신호 A^1, Z^1를 식으로 나타내면 다음과 같다.

$A^1=X\times W+B$

$\quad=[0.1,\ 0.2]\times\begin{bmatrix} 1 & 2 & 3 \\ 4 & 5 & 6 \end{bmatrix}+[1,\ 2,\ 3]$

$Z^1=g(A^1)$

파이선으로 풀어보기

단순하게 반복되는 행렬식의 계산이나 컴퓨터의 도움 없이는 불가능할 로지스틱함수의 정확한 계산을 파이선 코드로 구현하면 다음과 같다.

1	(216쪽 5, 6행 코드와 동일하므로 생략)
2	import numpy as np
3	X = np.array([0.1, 0.2]) # 입력 신호 x1, x2를 대표한다는 의미로 대문자 X로 표기함.
4	# 1층 파라미터(가중치, 편향)
5	W1 = np.array([[1, 2, 3], [4, 5, 6]])
6	B1 = np.array([1, 2, 3])
7	# 가중치 합과 로지스틱 연산
8	A1 = np.dot(X, W1) + B1
9	Z1 = Sigmoid(A1)
10	print(A1) # 가중치 합 출력
11	print(Z1) # 노드의 최종 출력값
12	print(X.shape, W1.shape, B1.shape, A1.shape) # 각 단계별 행렬의 차원

실행 결과

```
[1.9 3.2 4.5]
[0.86989153 0.96083428 0.98901306]
(2,) (2, 3) (3,) (3,)
```

16행: 각 변수의 차원, 즉 행렬의 꼴을 출력한다. 실제 Fashion MNIST 데이터 셋과 같이 수많은 데이터를 분류하기 위한 신경망을 코딩하는 경우 가중치와 편향을 의미하는 두 변수 W, B를 선언할 때, 오류가 없도록 하기 위해서는 각 층의 노드 수에 따라 정확한 꼴을 갖도록 할 필요가 있으므로 꼼꼼하게 확인하는 것이 좋다.

[실행 결과]를 살펴보면 은닉층으로 전달되는 신호 A^1은 [1.9, 3.2, 4.5], 은닉층에서 출력되는 신호 Z^1은 [0.86989153, 0.96083428, 0.98901306]임을 알 수 있다. [2,]는 1행 2열, [2, 3]은 2행 3열, [3,]는 1행 3열을 각각 의미하고, 수식과 나란히 나열해 보면 다음과 같다.

$$X \times W + B = A^1$$
$$(1\times2) \quad (2\times3) \quad (1\times3) \quad (1\times3)$$
$$(1\times3)$$

[과정 ❹] 은닉층에서 출력층으로의 신호 전달

이제 은닉층에서의 신호 처리는 끝났다고 판단하고 출력층으로 신호를 전달할 차례이다. 우선, 은닉층에서 출력층으로 신호를 전달하는 과정을 그림으로 나타내면 다음과 같다.

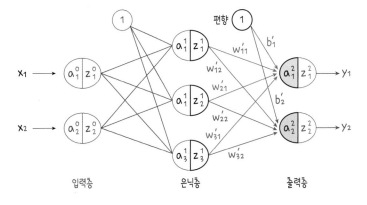

218쪽 [과정 ❷]에서 예고한 바와 같이 3개의 노드를 갖는 계층에서 2개의 노드를 갖는 계층으로의 신호 전달 과정이므로 3×2꼴의 가중치 행렬 W'와 1×2꼴의 편향 행렬 B'을 각각 곱하고 더하면 될 것이라고 결과를 예상 해볼 수 있을 것이다. 아직 계층 사이의 신호의 전달 과정이 익숙하지 않을 수 있으니 한 번 더 식으로 살펴보면 다음과 같다.

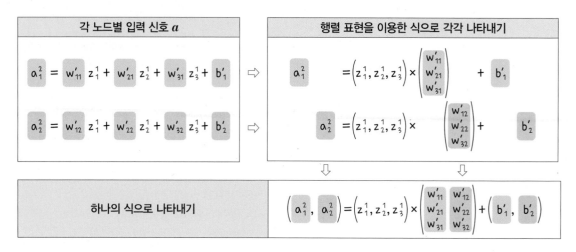

즉, 1계층의 출력 신호를 나타내는 행렬 $Z^1 = (z_1^1, z_2^1, z_3^1)$, 2계층의 입력 신호를 나타내는 행렬 $A^2 = (a_1^2, a_2^2)$에 대하여 가중치 w'들의 행렬과 편향 b'들의 행렬을 각각

$$W' = \begin{pmatrix} w'_{11} & w'_{12} \\ w'_{21} & w'_{22} \\ w'_{31} & w'_{32} \end{pmatrix}, \; B' = (b'_1, b'_2)$$로 놓으면 다음의 관계가 성립한다.

$$A^2 = Z^1 W' + B'$$

[과정 ❺] 출력층 내에서의 신호 전달

출력층에서 [과정 ❸]과 마찬가지로 전달받은 신호들의 합을 활성화 함수 g에 대응시킨 값을 출력한다. 다만 신경망의 최종 출력값인 만큼 출력값을 의미하는 문자 z 대신 y로 표기하기로 한다. 즉,

$$y_1 = z_1^2 = g(a_1^2), \; y_2 = z_2^2 = g(a_2^2)$$

조금 더 자세히 알아보면 출력층의 활성화 함수 g는 최종 출력값을 결정하기 때문에 신경망의 활용 목적에 따라 이전 계층의 활성화 함수와는 다른 특별한 것을 사용하기도 한다. 만약, 이 신경망이 '기온에 따른 아이스크림 쇼핑 클릭량'을 예측하는 선형회귀 모델이었다면 최종 출력값의 형식은 어떤 수(예측값)이어야 한다. 이때에는 출력층의 활성화 함수 g로 항등 함수를 적용한다. 즉, 출력층에 입력된 값을 그대로 최종 출력값으로 전달하는 것이다.

반면에 앞에서 '고흐가 그린 붓꽃의 종류에 따른 분류', '아기의 울음소리가 의미하는 감정 분류', '입력된 의류 관련 이미지의 종류 분류'와 같이 분류를 목적으로 하는 신경망이었다면 출력층을 이루는 10개의 노드는 각각 10가지 옷의 종류 중에서 하나씩 대응된다. 출력층의 각각의 노드가 최종 출력한 값을 통해 입력된 이미지가 어떤 옷의 종류인지 판정하기 위해서는 출력값이 확률적인 의미를 가질 필요가 있다. 이때 사용하는 대표적인 활성화 함수가 바로 '소프트맥스 함수(Softmax Function)'이다.

출력층에서 노드의 개수를 n, k번째 노드에 입력된 신호를 a_k, k번째 노드에서 출력되는 신호를 y_k라 할 때, 소프트맥스 함수 g는

$$y_k = g(a_k)$$
$$= \frac{e^{a_k}}{e^{a_1}+e^{a_2}+e^{a_3}+\cdots+e^{a_k}+\cdots+e^{a_n}}$$
(단, e는 자연상수이다.)

이다.

1	def Softmax(a) :
2	c = np.max(a)
3	exp_a = np.exp(a−c) # 오버플로우 현상 예방
4	sum_exp_a = np.sum(exp_a)
5	return exp_a / sum_exp_a

소프트맥스 함수에 의하여 최종 출력된 값은 확률의 의미가 있다. 따라서 신경망은 출력층의 각 노드가 최종 출력한 값(확률) 중에서 가장 높은 것을 택하여 '입력된 신호(이미지)는 선택된 노드가 의미하는 것(옷의 종류)에 해당한다.'고 예측·분류하게 되는 것이다.

[잠깐, 수학 LINK 23] 확률의 기본 성질과 소프트맥스 함수에 대해 알아보자.

관련 수학 개념 설명 _ 확률의 기본 성질과 소프트맥스 함수

LINK 23

1 확률의 기본 성질

① 임의의 사건 A에 대하여 $0 \leq \mathrm{P}(A) \leq 1$

② 반드시 일어나는 사건 S에 대하여 $\mathrm{P}(S)=1$

③ 절대로 일어나지 않는 사건 $\varnothing$에 대하여 $\mathrm{P}(\varnothing)=0$

2 확률의 기본 성질을 만족시키는 소프트맥스 함수

소프트맥스 함수 $y_k = \dfrac{e^{a_k}}{e^{a_1}+e^{a_2}+e^{a_3}+\cdots+e^{a_k}+\cdots+e^{a_n}}$에서

① 지수함수의 성질에서 치역은 양의 실수 전체의 집합이므로 $e^{a_i}>0$ $(i=1, 2, \cdots, n)$

따라서 위의 소프트맥스 함수의 식에서

(분모)>(분자)>0이므로 $0<y_k<1$ (확률의 기본 성질 ❶을 만족)

② 모든 함숫값 y_k의 합은

$$\sum_{k=1}^{n} y_k = y_1+y_2+\cdots+y_n = \frac{e^{a_1}}{e^{a_1}+e^{a_2}+\cdots+e^{a_n}} + \frac{e^{a_2}}{e^{a_1}+e^{a_2}+\cdots+e^{a_n}} + \cdots + \frac{e^{a_n}}{e^{a_1}+e^{a_2}+\cdots+e^{a_n}}$$

$$= \frac{e^{a_1}+e^{a_2}+\cdots+e^{a_n}}{e^{a_1}+e^{a_2}+\cdots+e^{a_n}} = 1 \text{ (확률의 기본 성질 ❷를 만족)}$$

그러므로 소프트맥스 함수의 함숫값(출력값)은 확률의 의미를 갖는다.

참고 출력층에서 소프트맥스 함수 활용의 의미

앞선 절에서 활성화 함수인 로지스틱함수의 함숫값 또한 '확률적 의미가 있다.'고 언급한 바 있다. 이는 로지스틱함수가 $0 \sim 1$ 사이의 함숫값을 가지므로 위 확률의 기본 성질 ❶을 만족시키기 때문이다. 하지만, 로지스틱함수에 의하여 출력된 값은 개별적으로 $0 \sim 1$ 사이의 값을 가질 뿐 확률의 기본 성질 ❷인 (총합)=1을 만족시키지는 않는다. 반면에 소프트맥스 함수에 의하여 출력된 값은 확률의 기본 성질을 모두 만족시킨다. 이 차이에 의하여 출력층의 활성화 함수로 로지스틱함수를 적용한다면 정답인 노드의 출력값(확률)을 높이는 것과 오답인 노드의 출력값(확률)을 낮추는 것은 별개의 의미가 되겠지만, 소프트맥스 함수를 적용한 경우 이 둘의 의미는 같다. 따라서 신경망의 학습 과정에서 출력값들이 서로 유기적으로 연관되어 진행되므로 보다 효율적인 학습을 기대할 수 있다.

다음 [예제 2]를 통해 학습한 순전파의 [과정 ❹], [과정 ❺]를 직접 확인해 보도록 한다.

[예제 2]

[Q1]에서 은닉층에서 출력된 신호 Z^1=[0.86989153, 0.96083428, 0.98901306]에 대하여 임의로 선언한 가중치와 편향

이 각각 $W'=\begin{bmatrix} 1 & 2 \\ 3 & 4 \\ 5 & 6 \end{bmatrix}$, $B'=[-1, 1]$일 때, 출력층으로 전달되는 신호 A^2와 출력층 내에서 활성화 함수인 소프트맥스 함수

g를 통해 출력되는 신호 $Y(=Z^2)$를 각각 구해 보자.

수학으로 풀어보기

220쪽 [확인 문제 2]의 풀이에서와 마찬가지로 구하는 두 신호 A^2, Y를 식으로 나타내면 다음과 같다.

$$A^2=Z^1\times W'+B'=[0.86989153, 0.96083428, 0.98901306]\times\begin{bmatrix} 1 & 2 \\ 3 & 4 \\ 5 & 6 \end{bmatrix}+[-1, 1]$$

$$Y=g(A^2)$$

파이선으로 풀어보기

이제 더욱 번거로워진 행렬식의 계산과 컴퓨터의 도움이 절실한 소프트맥스 함수의 정확한 계산을 위하여 파이선 코드를 구현해 보자.

1~9	(221쪽 1~9행 코드와 동일하므로 생략)
10~14	(223쪽 1~5행 코드와 동일하므로 생략)
15	# 2층 파라미터(가중치, 편향)
16	W2 = np.array([[1, 2], [3, 4], [5, 6]])
17	# 2층 파라미터(가중치, 편향)
18	B2 = np.array([−1, 1])
19	# 가중치 합과 소프트맥스 함수 연산
20	A2 = np.dot(Z1, W2) + B2
21	Y = Softmax(A2)
22	print(A2) # 가중치 합
23	print(Y) # 노드의 최종 출력값
24	
25	# 각 단계별 행렬의 차원
26	print(Z1.shape, W2.shape, B2.shape, A2.shape)
27	print(Z1.shape, W2.shape, B2.shape, A2.shape)

실행 결과

```
[ 7.69745964 12.5171985 ]
[0.00800431 0.99199569]
(3,) (3, 2) (2,) (2,)
```

[실행 결과]를 살펴보면 출력층으로 전달되는 신호 A^2는 [7.69745964 12.5171985], 출력층에서 최종 출력되는 신호 Y는 [0.00800431 0.99199569]임을 알 수 있다.

또한 수식과 행렬의 꼴을 나란히 나열하여 확인하면 다음과 같다.

$$\underset{(1\times 3)}{Z^1} \times \underset{(3\times 2)}{W'} + \underset{(1\times 2)}{B'} = \underset{(1\times 2)}{A^2}$$

$$\underline{(1\times 2)}$$

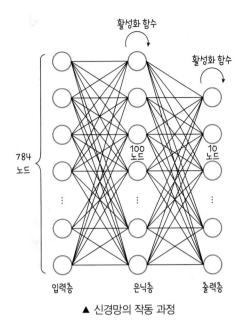

활성화 함수

활성화 함수

784
노드

100
노드

10
노드

입력층   은닉층   출력층

▲ 신경망의 작동 과정

신경망의 작동 과정에 대해 이해가 되었다면 이번에는 직접 작성해 볼 Fashion MNIST 데이터 셋에 대한 옷의 종류를 구별하는 분류 모델의 신경망 작동 과정을 대략적으로만 예상해 보도록 한다.

우선, 하나의 이미지 당 $28 \times 28 = 784$개의 픽셀을 가지므로 입력층의 노드의 수는 784이고, 10가지의 옷의 종류로 분류하므로 출력층의 노드는 10개이어야 한다. 또한, 정확한 예측을 위하여 입력층과 출력층 사이에 100개의 노드로 구성된 은닉층을 사용할 예정이다. 이와 같은 신경망의 작동 과정을 그림으로 나타내면 왼쪽 그림과 같다.

수많은 간선(edge)이 의미하는 계산들을 생각한다면 무척 부담스러운 느낌이지만, 결국 몇 가지 연산의 동일한 반복으로 진행되는 계산이므로 행렬의 표현력과 컴퓨터의 계산 능력의 도움을 받는다면 보기보다 쉽고 간단하게 구현되는 것을 기대할 수 있다.

지금까지 설명된 순전파 개념을 바탕으로 간단한 신경망 클래스를 만들어 보자.

[완성 파일: 3-5-12.py]

1	class my_NN01 :
2	# 클래스 생성자(객체 생성시 호출됨)를 선언
3	def __init__(self, input_nodes, hidden_nodes, output_nodes, learning_rate) :
4	# 입력층, 은닉층, 출력층 노드 개수
5	self.input_nodes = input_nodes
6	self.hidden_nodes = hidden_nodes
7	self.output_nodes = output_nodes
8	# 은닉층의 파라미터 W1, B1을 초기화
9	self.W1 = np.random.rand(self.input_nodes, self.hidden_nodes) / np.sqrt(self.input_nodes/2)
10	self.B1 = np.random.rand(self.hidden_nodes)
11	# 출력층 파라미터 W2, B2를 초기화
12	self.W2 = np.random.rand(self.hidden_nodes, self.output_nodes) / np.sqrt(self.hidden_nodes/2)
13	self.B2 = np.random.rand(self.output_nodes)
14	# 학습률 learning rate 초기화
15	self.learning_rate = learning_rate
16	# 순전파
17	def feed_forward(self) :
18	delta = 1e-7 # log 무한대 발산 방지를 위해 추가함.
19	A1 = np.dot(self.input_data, self.W1) + self.B1
20	Z1 = Sigmoid(A1)
21	A2 = np.dot(Z1, self.W2) + self.B2
22	y = Sigmoid(A2)
23	return -np.sum(self.target_data*np.log(y + delta) + (1-self.target_data) * np.log((1 - y) + delta))
24	

3행: 모델 생성 시 필요한 입력, 은닉, 출력층의 노드수와 학습률 초깃값 매개변수를 선언한다.

5~7행: 클래스 특성 값을 지정한다.

9행: np.random.rand( ) 메서드는 평균이 0, 표준편차 1인 정규분포 범위의 랜덤 값을 생성한다. 이때, 입력된 인자 값은 배열의 모양을 나타낸다. 만약, np.random.rand(2,4)이면, 2행 4열의 정규분포를 따르는 랜덤 행렬을 반환한다. 입력층의 노드 수의 절반의 제곱근으로 나누는 것은 수렴 값을 빠르게 찾기 위해서이다.

10행: 은닉층 바이어스를 정규분포 범위로 초기화한다.

12~13행: 9~10행과 동일한 과정으로 출력층의 파라미터를 초기화한다.

15행: 학습률 값을 지정한다.

20~23행: 이번 장에서 설명된 순전파 과정을 순차적으로 나열한 것이다.

23행: 계산의 편의를 위해 순전파 출력 시 로그최대우도추정법 계산을 적용한다.

5-2-4. 파라미터를 결정하는 비용함수

신경망 모델에서 나온 Y값과 실제의 Y값의 차이를 최소로 하는 가중치를 찾는 것이다.

비용함수의 기본 형태는 실제 값과 예측값 두 값의 차이를 최소로 만드는 파라미터를 찾는 것이다.

로그최대우도추정법: $\mathrm{Cost}(\beta_0, \beta_1) = \ln L(\beta_0, \beta_1) = \ln\left[\prod_{i=1}^{n}\{f(x_i)\}^{y_i}\{1-f(x_i)\}^{1-y_i}\right]$

로지스틱회귀 모델에서는 비용함수를 최소화하는 파라미터를 찾기 위해 사용하였다. 여기서 우리는 범주형 데이터를 다루기 때문에 비용함수로 로그최대우도추정법을 사용한다. 파라미터를 기존에는 β_0과 β_1로 사용했지만, 이제는 가중치(W)와 편향(B)을 사용한다. 이러한 개념을 이용하여 비용함수를 정의하는 코드를 작성하면 다음과 같다.

25	def cost(self) :
26	delta = 1e−7 # log 무한대 발산 방지
27	A1 = np.dot(self.input_data, self.W1) + self.B1
28	Z1 = sigmoid(A1)
29	A2 = np.dot(Z1, self.W2) + self.B2
30	y = sigmoid(A2)
31	
32	# 로그최대우도추정법
33	cost_val = −np.sum(self.target_data*np.log(y + delta) + (1−self.target_data) * np.log((1 − y) + delta))
34	return cost_val

26행: log식이 0이면 무한대로 발산할 수 있으므로, 아주 작은 값인 0.0000001(=1e−7)을 33행 로그최대우도추정법의 식에 포함한다.

27~30행: 활성화 함수로 로지스틱함수를 이용하여 은닉층에서 출력층까지의 계산 과정을 출력한다.

33행: 앞서 정의한 최대우도추정법을 코드로 표현한 식으로 로그식이 0에 가까워져 무한대로 발산하는 것을 방지하기 위해 변수 delta를 추가한다.

5-2-5. 경사하강법을 적용한 train 함수

비용함수가 최저가 되는 지점을 찾기 위해 경사하강법을 적용한다. 이전에는 파라미터를 β_0, β_1로 표현했지만, 여기서는 가중치 W, 편향 B로 표현한 것이 다르나 전체 학습의 과정은 같다. 먼저 학습 데이터가 모델에 입력되고 순전파 과정을 통해 신호가 각각의 랜덤한 파라미터와 로지스틱 연산을 한다. 최종 출력되는 결과로 비용함수를 계산한다. 비용이 충분히 적지 않다면, 경사하강법에 의해 단계별로 가중치와 편향을 수정한다.

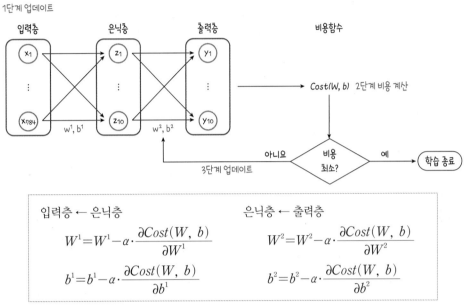

▲ 학습 과정

위 학습의 과정을 단계별로 나타내면 다음과 같다.

[1단계] 모든 가중치 W를 임의로 생성한다.

[2단계] 입력 변숫값과 입력층과 은닉층 사이의 W값을 이용하여 은닉 노드의 값을 계산하고, 선형 결합 후 출력 함수로 계산한 값을 반환한다.

[3단계] 은닉 노드의 값과 은닉층과 출력층 사이의 W값을 이용하여 출력 노드의 값을 계산하고, 선형 결합 후 출력 함수로 계산한 값을 반환한다.

[4단계] 계산된 출력 노드의 값과 실제 출력 변수의 값의 차이를 줄일 수 있도록 은닉층과 출력층 사이의 W값을 업데이트한다.

[5단계] 계산된 출력 노드의 값과 실제 출력 변수의 값의 차이를 줄일 수 있도록 입력층과 은닉층 사이의 W값을 업데이트한다.

[6단계] 비용(손실)이 충분히 줄어들 때까지 [2단계]~[5단계]를 반복한다.

이런 과정에 따라 train 메서드를 다음과 같이 선언할 수 있다.

35	def train(self, input_data, target_data) :
36	self.input_data = input_data
37	self.target_data = target_data
38	f = lambda x : self.feed_forward()
39	self.W1 -= self.learning_rate * numerical_derivative(f, self.W1)
40	self.B1 -= self.learning_rate * numerical_derivative(f, self.B1)
41	self.W2 -= self.learning_rate * numerical_derivative(f, self.W2)

42	self.B2 -= self.learning_rate * numerical_derivative(f, self.B2)
43	

lambda 인자

표현식의 순서로 입력한다. 물론 단순히 코드 길이를 줄이기 위해서만 사용하는 것은 아니다. 38행의 원래 코드는 다음과 같다.

```
def f(x):
    return self.feed_
    forward( )
```

38행: 앞서 정의한 순전파 메서드를 함수 f로 선언하고, 39~42행의 수치 미분 함수의 인자로 사용한다. 함수를 인자로 사용하기 위해 람다 형식을 사용한다.

39행: 입력층에서 은닉층의 가중치($W1$)의 편미분 값에 학습률을 곱하여 업데이트한다.

40~42행: $B1$, $W2$, $B2$를 업데이트한다.

팁

만약 두 수를 더하는 Add( ) 함수를 만든다면 다음과 같다.

1	def Add(num1, num2) :
2	return num1 + num2
3	print(Add(1 + 2))

실행 결과

```
3
```

3행: 동일한 기능의 함수를 람다 형식으로 다음과 같이 표현할 수 있다.

```
print((lambda num1, num2: num1 + num2)(1, 2))
```

5-2-6. 평가를 위한 예측(predict) 함수와 정확도(accuracy) 함수 정의하기

학습이 완료된 모델이 잘 작동하는지 확인하기 위해서는 정확도(accuracy)를 확인해야 한다. 예를 들어, 레이블 2번인 스웨터 이미지 모델에 입력했을 때, 모델의 예측(predict)값은 2가 나와야 한다. 물론 하나에 대해서가 아니라 테스트 데이터 셋 1,000개를 모두 확인해 보고, 둘이 일치하는 경우와 아닌 경우를 세어서 1,000개 중 몇 개가 일치했는지를 확률로 나타낼 수 있다. 따라서 정확도(accuracy) 함수를 정의하기 전에 예측(predict) 함수부터 정의해야 한다.

예측 함수는 순전파와 유사하다. 먼저, 입력된 데이터를 인공 신경망 모델에 넣고 출력되는 신호를 받는다. 출력 신호로 나오는 값은 1개이지만, 1×10의 배열 형태이다.

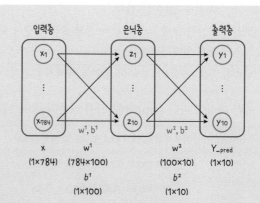

▲ 네트워크 전체 크기

우리가 예측하려는 레이블은 0~9 중 하나의 숫자이므로 10개의 원소를 갖는 리스트를 만들고, 리스트에서 가장 큰 값을 가지는 인덱스를 정답으로 판단할 수 있도록 출력 노드를 10개로 설정하였다. 이런 방식을 원-핫 인코딩(One-hot encoding) 방식이라고 한다.

예를 들어, $\begin{bmatrix} 2 & 0 & \cdots & 0 \\ 9 & 0 & \cdots & 0 \\ \vdots & \vdots & \cdots & \vdots \\ 9 & 0 & \cdots & 0 \end{bmatrix}$ 훈련 데이터 중 첫 번째 관측치 스웨터(2번 레이블)을 원 핫 인코딩 형태로 나타내면 다음과 같다.

인덱스 2번만 1이고 나머지는 모두 0으로 표현한다.

인덱스	0	1	2	3	4	5	6	7	8	9
값	0	0	1	0	0	0	0	0	0	0
노드	y_1	y_2	y_3	y_4	y_5	y_6	y_7	y_8	y_9	y_{10}

그러나 우리가 실제로 사용할 때는 값을 아래와 같이 변경해서 0을 0.01로, 1을 0.99로 변경해서 사용할 것이다. 왜냐하면, 0일 경우, 비용함수를 계산하는 과정에서 무한대로 발산하게 되는 경우가 있기 때문이다.

인덱스	0	1	2	3	4	5	6	7	8	9
값	0.01	0.01	0.99	0.01	0.01	0.01	0.01	0.01	0.01	0.01
노드	y_1	y_2	y_3	y_4	y_5	y_6	y_7	y_8	y_9	y_{10}

참고 원-핫-인코딩(One-hot Encoding)

다음과 같이 3가지 꽃의 종류가 있다고 가정하자.

0: 장미, 1: 튤립, 2: 백합

상위 3가지의 꽃이 데이터 셋에 각각 해당 타입의 숫자 배열로 되어 있다.

(예시) $[0, 1, 2, 1, 2, 0, 0, 0, 1, 2, y]$

기계 학습(머신 러닝)을 할 때, 위와 같이 0, 1, 2의 데이터가 들어간다면, 장미/튤립/백합은 서로 관계없는 꽃의 종류일지라도 숫자로 표현되므로 학습할 때 영향을 미칠 수 있다.

예로 들면, 1+1=2라는 수식이 곧, 튤립+튤립=백합이라는 결과를 초래할 수 있다는 점이다.

이를 방지하기 위해 꽃의 종류가 3가지라면, 별도로 3개의 column을 만들고, 3개의 column 중 해당 타입의 column에만 1, 다른 column은 0을 대입하는 전처리(pre-processing)를 거쳐야 하고, 이는 곧 원-핫-인코딩(one-hot encoding)의 기법이다.

즉, 다음과 같이 바뀐다.

$[1, 0, 0], [0, 1, 0], [0, 0, 1], [0, 1, 0], [0, 0, 1]$

44	def predict(self, input_data) :
45	A1 = np.dot(self.input_data, self.W1) + self.B1
46	Z1 = sigmoid(A1)
47	A2 = np.dot(Z1, self.W2) + self.B2
48	y = sigmoid(A2)
49	predicted_num = np.argmax(y)
50	return predicted_num

45~48행: 순전파 과정과 동일하다.

49행: argmax( ) 함수는 입력된 값 중 가장 큰 값의 인덱스를 반환한다. 인덱스 번호는 옷의 종류를 나타내는 레이블과도 일치한다.

이번에는 정확도(accuracy) 메서드를 정의해 보자. 이미 선언한 예측 메서드를 이용해 데이터를 관측치 단위로 하나씩 넣어서 예측된 레이블 값과 실제 레이블 값을 비교해 본다. 만약, 두 레이블이 일치한다면, 정확하게 예측한 것이므로 일치 리스트에 기록해 두고 아닐 경우, 불일치 리스트에 기록해 둔다. 마지막으로는 일치, 불일치 리스트의 개수를 비교해서 정확도를 확률로 나타낼 수 있다.

51	def accuracy(self, test_data) :	
52	matched_list = [ ]	# 일치할 경우를 기록할 리스트
53	not_matched_list = [ ]	# 불일치할 경우를 기록할 리스트
54		
55	for index in range(len(test_data)) :	
56	label = int(test_data[index, 0])	
57	data = (test_data[index, 1:] / 255.0 * 0.99) + 0.01	
58	predicted_num = self.predict(np.array(data, ndmin = 2))	
59	if label == predicted_num :	
60	matched_list.append(index)	
61	else :	
62	not_matched_list.append(index)	
63		
64	print('정확도 : ', 100 * (len(matched_list) / (len(test_data))), ' %')	
65	return matched_list, not_matched_list	

55~63행: 테스트 데이터(test_data) 셋의 개수만큼 반복한다.

56행: 정답인 실제 레이블 값만을 label 변수에 저장한다.

57행: 모델에 입력할 입력 변수 데이터(data)를 원-핫-인코딩 형태로 변환하기 위해 정규화한다.

58행: predict( ) 메서드에서는 2차원 벡터 형태로 연산하므로, 1차원인 데이터의 값을 변환해 준다.

59, 60행: 예측한 레이블 값(predicted_num)이 실제 레이블과 일치하면, matched_list에 인덱스값을 저장한다.

61, 62행: 예측한 레이블 값(predicted_num)이 실제 레이블과 일치하지 않으면, not_matched_list에 인덱스값을 저장한다.

64행: 전체 데이터 셋의 길이에서 일치한 리스트의 길이를 나누고, 100을 곱하여 전체 경우 중 일치하는 경우를 확률로 나타낸다.

5-3. 모델 학습(train)하기

지금까지 구현한 신경망 클래스인 my_NN01을 이용하여 신경망 객체를 만들어 학습해 보자.

[Step 1] 사용할 데이터 셋 분리하기

사용할 데이터 셋을 학습 데이터(data_train), 평가 데이터(data_test)로 분리하는 코드를 작성한다.

[완성 파일: 3-5-13.py]

1~65	(225~230쪽 1~65행 코드가 동일하므로 생략)
66	# 데이터
67	import pandas as pd # 모듈 추가하기
68	df_train = pd.read_csv('fashion-mnist_train.csv')

69	df_test = pd.read_csv('fashion-mnist_test.csv')	
70	# 학습(train) 데이터를 입력 변수와 출력 변수로 나누기	
71	import numpy as np	
72	data_train = np.array(df_train, dtype = np.float32)	
73	# 테스트(test) 데이터를 입력 변수와 출력 변수로 나누기	
74	data_test = np.array(df_test, dtype = np.float32)	
75	(216쪽 5~6행 코드와 동일하므로 생략)	# sigmoid( ) 함수 정의
76	(192쪽 61~75행 코드와 동일하므로 생략)	# numerical_derivative( ) 함수 정의

[Step 2] 사용할 데이터 모델 만들기

앞에서 만든 신경망 모델인 my_NN01 클래스를 이용하여 모델을 만들어 보자.

77	# 모델 객체 만들기	
78	my_model = my_NN01(784, 100, 10, 0.01)	
79	# 비용함수 값을 저장할 리스트 생성하기	
80	cost_val_list = [ ]	
81		
82	for step in range(len(data_train)) :	
83	input_data = ((data_train[step, 1:] / 255.0) * 0.99) + 0.01	
84	target_data = np.zeros(10) + 0.01	
85	target_data[int(data_train[step, 0])] = 0.99	
86	my_model.train(input_data, target_data)	
87		
88	if(step % 200 == 0) :	
89	print('단계: ', step, ', 비용(손실) 값: ', my_model.cost( ))	
90		
91	cost_val_list.append(my_model.cost( )) # 손실함수 값 저장하기	

실행 결과

```
단계: 0, 비용(손실) 값: 8.487664672808252
단계: 1, 비용(손실) 값: 2.2780018645431506
단계: 2, 비용(손실) 값: 2.1762142071977197
단계: 3, 비용(손실) 값: 1.7709948286356365

단계: 6000, 비용(손실) 값: 1.41680933366617265
```

78행: 클래스의 생성자에 전달될 값을 입력한다. 순서대로 입력층 노드 개수 = 784, 은닉층 노드 개수 = 100, 출력층 노드 개수 = 10, 학습률 = 0.01을 입력한다.

84행: 정답인 출력 변수를 은닉층의 개수인 10개만큼 생성하고 0.01로 초기화한다.

85행: data_train[step, 0] 전체 데이터 셋 중에서 0번째 열은 정답 레이블의 값을 의미한다. step 변수에 의해 관측치별로 레이블 값에 접근하여 가져온다. 이 값은 레이블 값이면서, 원 핫 인코딩 인덱스값과 일치하므로 해당 위치에 0.99를 입력한다. 이렇게 하여, 정답 레이블을 원 핫 인코딩 형태로 아래와 같이 변경할 수 있다.

인덱스	0	1	2	3	4	5	6	7	8	9
값	0.01	0.01	0.99	0.01	0.01	0.01	0.01	0.01	0.01	0.01
노드	y_1	y_2	y_3	y_4	y_5	y_6	y_7	y_8	y_9	y_{10}

[Step 3] 학습 모델 평가하기

학습이 완료되었다면, 이제 성능을 평가한다. 정확도(accuracy) 메서드를 이용하여 확인해 보자.

[완성 파일: 3-5-14.py]

1~87	(230~231쪽 1~86행, 91행 코드와 동일하므로 생략)
88	my_model.accuracy(data_test)

실행 결과

정확도 = 82.41166666666668 %

테스트 데이터 셋에 대해 약 82%의 정확도를 보였다. 전체 데이터 셋을 1회만 학습하는 1에포크(epoch)인 것을 생각하면, 나쁘지 않은 결과이다. 반복 횟수가 높다고 하여, 학습 결과가 무조건 좋다고는 할 수 없지만, 3~4회 정도 반복하면 가장 좋은 성능을 보인다.

생각해 보기

scikit—learn 모듈을 이용하여 다층 신경망 모델을 만들어 보자. (www.ebssw.kr/ai4u)

PART

IV

부록

1. 인공지능과 파이선의 이해

01. 인공지능 분야에서 가장 많이 사용하는 프로그래밍 언어는 무엇일까

바로 파이선(Python)이다. 인공지능 분야에서 앞선 기술을 가진 구글, 페이스북 등의 IT 기업에서 자신들이 사용하는 개발 도구를 공개했다. 구글의 텐서플로우(Tensorflow), 페이스북의 파이토치(PyTorch)이다. 텐서플로우, 파이토치는 모두 파이선이란 프로그래밍 언어로 이루어져 있다. 그리고 개발자들이 모이는 여러 커뮤니티(GitHub, Stack overflow 등)에서 인공지능 분야를 위한 최고의 프로그래밍 언어로 소개되는 것이 바로 파이선이다.

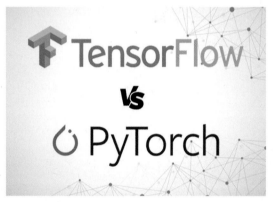

▲ 파이선 언어로 개발된 인공지능 개발 도구　　　　▲ 개발자들이 정보를 공유하는 커뮤니티

02. 파이선의 어떤 점 때문에 사용할까

첫째. 파이선은 문법이 간단하다.

마치 영어를 읽듯이 코드를 읽을 수 있다. 예를 들어, 다음과 같은 파이선 코드를 읽어 보면,

```
if 3 in [1,2,3]: print('3이 있습니다.')
[실행 결과] 3이 있습니다.
```

위 프로그램은 만약 3이 [1.2.3] 중에 있다면 '3이 있습니다.'를 출력하라.로 읽을 수 있다. 다음으로, 변수의 자료형을 일일이 지정하지 않아도 입력되는 값이 문자, 숫자인지에 따라 자동으로 지정된다.

둘째. 실행 결과를 바로 볼 수 있다.

우리가 작성한 코드를 컴퓨터가 이해하는 기계어로 변환해 주는 과정이 필요한데, C, Java와 같은 언어는 한 번에 번역해 주는 컴파일 과정을 거친다. 그러나 파이선은 코드가 한 줄 입력될 때마다 컴퓨터가 해석해 주는 인터프리터(번역기)에 의해 바로바로 프로그램 실행 결과를 알려준다.

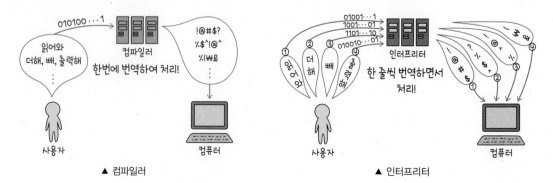

▲ 컴파일러　　　　　　　　　　　　　▲ 인터프리터

셋째. 편리하게 사용할 수 있는 라이브러리가 많이 제공된다.

도서관에 가면 많은 정보가 담긴 책이 있다. 그것처럼, 우리가 자주 사용하거나, 사용하면 편리할 만한 코드들이 라이브러리란 이름으로 묶여 있다. 대표적으로 넘파이(Numpy)란 라이브러리가 있다. 숫자 (Number)＋파이선(Python)의 합성어로, 숫자 계산에 편리한 명령어가 모여 있다. 인공지능에서 주로 사용하는 데이터는 엑셀의 테이블과 같은 행과 열의 형태로 이뤄져 있다. 넘파이 라이브러리는 이렇게 하나의 행 또는 열을 배열이란 이름으로 묶어서 계산할 때 편리하게 사용된다. 이외에도 데이터를 시각화하는 데 사용하는 matplotlib, 기계 학습의 다양한 학습 알고리즘을 몇 줄의 코드로 사용할 수 있는 scikit－learn 등이 모두 파이선 라이브러리로 제공되고 있으며, 계속적으로 버전 업이 되고 있으므로 갈수록 더 사용하기 편리하게 바뀔 것이다.

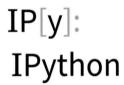

▲ 우리 강좌에서 사용하는 라이브러리들

03. 단점은 없을까

많은 라이브러리를 사용할 수 있다는 점이 분명 편리한 부분도 있지만, 불편한 부분도 있다. 주로 다른 사람의 코드를 가져와서 실행할 때 발생한다. 예를 들어, 친구의 코드를 복사해 와서 실행해 보려고 한다. 내가 설치한 것과 친구가 불러와 사용한 라이브러리의 버전이 다르거나, 라이브러리를 일부 수정하여 사용한 것이라면 실행되지 않는다. 어떻게 해결해야 할까? 친구가 코딩한 환경인 컴퓨터와 설치된 개발 환경을 나도 똑같이 적용한다면, 문제없이 실행될 것이다.

이러한 부분은 우리가 배우는 교재 안의 프로그램을 직접 실습할 여러분도 경험할 수 있는 문제이다. 이를 위해 아래의 두 가지 방법을 소개한다.

첫 번째는 인터넷 공간에 준비된 실습 환경, 이솦을 이용하는 방법이다. 두 번째는 python 기본 IDLE(통합 개발 환경)를 이용하는 방법이다. 각각의 장단점이 있지만, 프로그래밍에 익숙하지 않다면, 이솦을 활용하기를 권한다.

2. 이숲으로 실습 환경 준비하기

이숲은 EBS에서 만든 컴퓨터 과학 기초를 무료로 학습할 수 있는 사이트이다. EBS 계정이 있고, 인터넷에 접속할 수 있는 컴퓨터만 있으면 준비가 된 상태이다. 접속 과정을 따라해 보자.

▲ 이숲에서 제공하는 실습 환경

① 이숲(www.ebssw.kr) 사이트에 접속한다.

② 이숲 홈페이지에서 우측 상단의 로그인 아이콘을 눌러 로그인을 한다. 만약 아이디가 없다면, EBS 통합 회원에 가입한다.

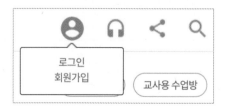

③ 로그인 후에는 우측 상단의 [코딩 실습방]−[텍스트 코딩]을 차례로 선택한다.

④ 텍스트 코딩 실습 화면에서 실습 언어가 'Python3'로 선택되었는지를 확인 후 소스 코드를 입력할 수 있는 작업 창에서 아래의 예시 코드를 입력한다.

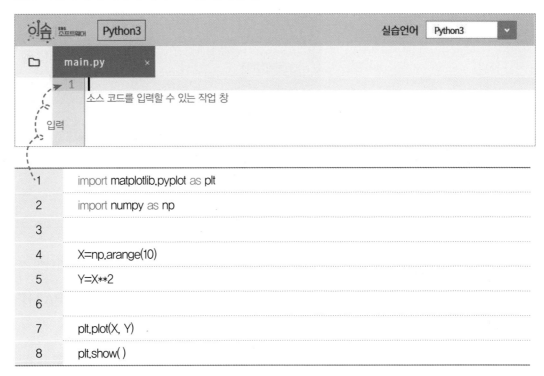

```
1  import matplotlib.pyplot as plt
2  import numpy as np
3
4  X=np.arange(10)
5  Y=X**2
6
7  plt.plot(X, Y)
8  plt.show( )
```

⑤ 우측 하단의 실행 버튼(실행)을 클릭하여 실행 결과를 확인한다.

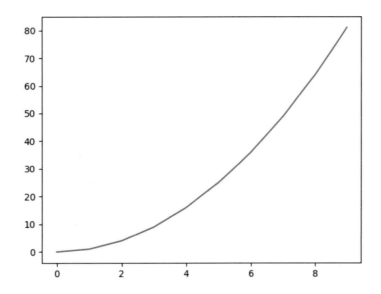

3. Python 기본 IDLE(통합 개발 환경)로 실습 환경 준비하기

01. 윈도 10에서 파이선 설치하기

① 파이선 공식 홈페이지의 다운로드 페이지(https://www.python.org/downloads/)에서 윈도용
파이선 설치 파일을 다운로드한다.

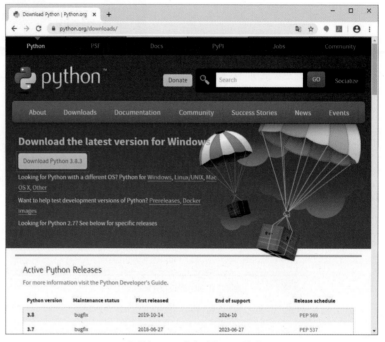

▲ 파이선 3.8.3 버전 다운로드 화면

※ Python 3.8.3은 집필 시점 사용한 버전으로 3.x.x 버전을 설치하여 사용하도록 한다.

② 설치 파일을 실행한 후 설치 화면에서 "Add Python 3.8 to PATH"를 선택하고, "Install Now"
를 클릭하면 프로그램 설치가 진행된다.

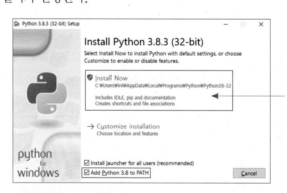

이곳은 파이선의 경로가 시스템
전반에 참조될 수 있도록 하기
위해 선택하기를 권장한다.

③ 설치가 완료되면 [Close]를 클릭하여 종료한다.

02. PIP(파이선 패키지 관리 시스템)로 패키지 설치하기

① ⊞ + R 키를 눌러 실행 창을 띄운 후 "cmd"라고 입력하고 [확인]을 누른다.

② 커맨드 창에서 "pip list"를 입력하여 설치된 PIP의 버전을 확인한다.

만약 버전을 업그레이드 하라는 WARNING 메시지가 나타나면 "python - m pip install - upgrade pip"를 입력하여 PIP의 버전을 업그레이드한다.

③ "pip install 패키지 이름"을 입력하여 필요한 패키지를 설치한다.

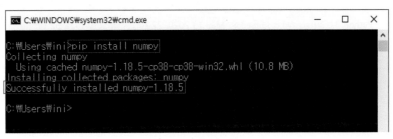

▲ numpy 설치의 예

본 교재의 실습에서 사용하는 패키지(버전)
- matplotlib (3.2.1)
- csv (1.0)
- turtle (python 3.8.2)
- numpy (1.18.2)
- PIL_Image (7.0.0)
- sounddevice (0.3.15)
- os (python 3.8.2)
- pandas (1.0.3)
- sklearn (0.22.2)
- copy (python 3.8.2)
- decimal (1.70)
- sympy (1.1.1)
- librosa (0.6.3)

03. IDLE(파이선 통합 개발 환경)로 프로그램 작성하기

IDLE(파이선 통합 개발 환경)을 실행하여 프로그램을 작성해 보자.

① [시작] 메뉴에서 [Python 3.8]−[IDLE(Python 3.8 32−bit)]를 순서대로 클릭하여 IDLE 창을 연다.

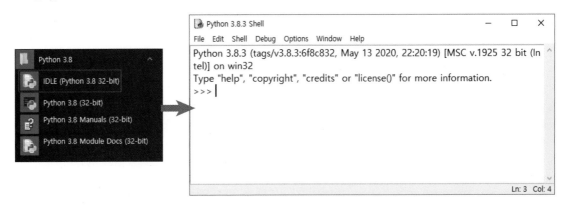

② 프로그램 작성을 위해 IDLE 창에서 [File]―[New File]을 선택하여 편집기를 연다.

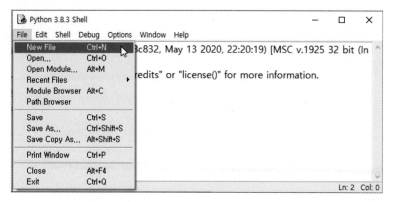

③ 편집기에서 다음의 코드를 입력한 후, [File]―[Save]를 선택하여 작성한 파일을 저장한다.

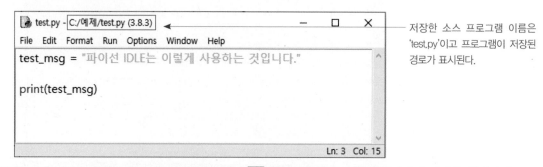

저장한 소스 프로그램 이름은 'test.py'이고 프로그램이 저장된 경로가 표시된다.

④ [Run]―[Run Module] 메뉴를 클릭하거나 F5 키를 눌러 프로그램을 실행하여 결과를 확인한다.

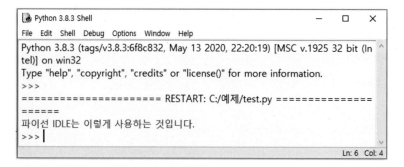

04. 작성한 파이선 소스 파일 열기

IDLE 창에서 상단의 [File]―[Open] 메뉴를 클릭한 후 파이선으로 작성한 프로그램이 저장된 폴더에서 소스 파일을 선택하여 [열기]한다.

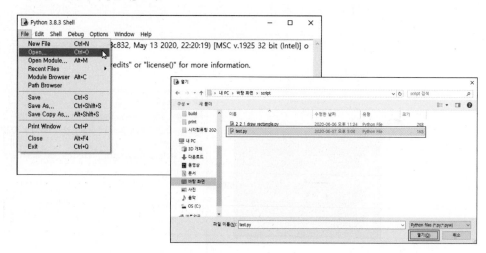